쓰레기 고서들의 반란

쓰레기 고서들의 반란

장유승 지음

글항아리

휴지 취급을 받는 쓰레기 고서입니다. 고서란 오래된 책을 말합니다. 예로부터 인쇄술이 발달한 우리 나라에는 옛사람들의 손때가 묻은 고서가 많이 남아 있습니다.

고, 유네스코 세계 기록유산처럼 전세계적으로 그 가치를 인정받기도 하지요. 여러 차례 난리를 겪으면서 자취를 감춘 것이 많다고는 하지만 우리나라에는 여전히 적지 않은 고서가 새롭게 발견되고 살아남아 있습니다. 몇십 년 전만 해도 웬만한 집에서는 고서 한두 권쯤 갖고 있기 마련이었는데, 요새는 보통 사람들이 고서를 갖고 있는 경우가 드물지요.

값을 매기기 어렵냐구요? 아, 그런 뜻이 아닙니다. 너무 흔하고 또 너무나 보잘것 없어서 값을 매기기 어렵다는 말이지요. 제가 지금부터 소개할 책들은 그렇습니다. 진귀한 고서는 국보나 보물로 지정되기도 하

제가 지금부터 소개하려는 책들은 값을 매기기 어렵습니다. 얼마나 귀한 책이길래

제가 지금부터 소개하려는 책들은 값을 매기기 어렵습니다. 얼마나 귀한 책이길래 값을 매기기 어렵냐구요? 아, 그런 뜻이 아닙니다. 너무 흔하고, 또 너무나 보잘것없어서 값을 매기기 어렵다는 말이지요. 그렇습니다. 제가 지금부터 소개할 책들은 휴지 취급을 받는 '쓰레기 고서'입니다.

고서古書란 오래된 책을 말합니다. 예로부터 인쇄술이 발달한 우리나라에는 옛사람들의 손때가 묻은 고서가 많이 남아 있습니다. 진귀한 고서는 국보나 보물로 지정되기도 하고, 유네스코 세계 기록유산처럼 전세계적으로 그 가치를 인정받기도 하지요. 여러 차례 난리를 겪으면서 자취를 감춘 것이 많다고는 하지만, 우리나라에는 여전히 적지 않은 고서가 세월을 견디고 살아남아 있습니다.

몇십 년 전만 해도 웬만한 집에서는 고서 한두 권쯤 갖고 있기 마련이었는데, 요새는 보통 사람들이 고서를 갖고 있는 경우가 드물지요. 무엇보다도 읽을 수가 없기 때문입니다. 고서는 한문이나 예스러운 한글로 적혀 있기 때문에 읽기가 어렵습니다. 책이란 읽으라고 있는 것인데, 읽지 못하면 갖고 있을 필요가 없겠지요. 혹 가지고 있어도 무슨 내용인지 모르는 사람이 많습니다. 부끄러운 일은 아닙니다. 지난 100

년 동안 우리나라 사람들은 너무나 큰 변화를 겪은 나머지 전통적인 삶의 방식을 대부분 잃어버릴 수밖에 없었기 때문입니다.

결국 집에 전해오는 고서는 구석에 처박아두게 됩니다. 그런데 책이라는 것이 종이로 되어 있기 때문에 어둡고 습한 곳에 오랫동안 놓아두면 곰팡이가 피거나 벌레 먹기 십상입니다. 요즘 종이는 방부 처리를 하니까 괜찮지만 고서는 그렇지 않습니다.

오래 방치된 고서의 특징은 대체로 이렇습니다. 손에 드는 순간 미세 먼지가 풀풀 날립니다. 표지는 반쯤 떨어져 나가고, 더럽다 못해 시커멓기까지 합니다. 책장은 해지고 찢어진 데다 곳곳에 벌레 먹은 자국인지 구멍이 숭숭 뚫려 있고, 정체를 알 수 없는 얼룩이 묻어 있습니다. 이상한 냄새도 납니다. 펼쳐보기가 두려울 정도입니다.

내다 버렸으면 속이 다 후련하겠지만, 선뜻 그렇게 하기 어려운 것이 사람 마음입니다. 읽지도 못하고 처치도 곤란한 고서일망정 '그래도 우리 집안 대대로 내려온 것인데……' 하는 소박한 마음에 차마 버리지 못하는 분도 있고, 솔직히 말해서 '혹시 값나가는 물건이 아닐까?' 하는 기대 때문에 고서를 지니고 있는 분도 적지 않을 것입니다.

이런 책들이 정말 골동품으로서의 값어치가 있을까요? 결론부터 말하자면 그럴 가능성은 매우 낮습니다. 겉모습이 볼품없더라도 아주 오래되거나 희귀한 책이라면 가치가 있을 텐데, 대개는 그렇지도 않습니다. 이런 책들은 100년 정도밖에 되지 않은 데다 흔하다 못해 발에 차일 지경입니다. 혹시 모르니 TV 프로그램 '진품명품'에서라도 감정을 받아보겠다구요? 이런 책을 들고 가면 담당 PD는 이렇게 생각할 것입니다. '우리 프로그램이 그렇게 만만해 보이나?'

그래도 인사동 고서점이라면 '적정한' 가격에 사주지 않을까 기대하

는 분들이 있는데요, 고서점에서는 이런 책을 좀처럼 취급하려 하지 않습니다. 집에 이런 책이 있는 분은 제 말이 거짓인지 그 책을 들고 인사동에 가보십시오. 돈 주고 사겠다는 고서점은 찾기 어려울 것입니다. 설령 사준다 하더라도 값을 아주 헐하게 치겠지요. 박스째 가져가도 몇만 원 받기 어려울 것입니다. 이름깨나 있는 고서점에서는 공짜로 줘도 안 받습니다. 쓸데없이 자리만 차지할 게 뻔하거든요. 고서 수집가들은 이런 책을 '섭치'라고 부릅니다. 국어사전을 찾아보니 '섭치'라는 말은 "여러 가지 물건 가운데 변변하지 아니하고 너절한 것"이라고 되어 있군요.

어떤 분은 이렇게 말할지도 모르겠습니다. 이런 책이라도 오랫동안 가지고 있으면 언젠가는 높은 값을 받을 날이 오지 않겠느냐고요. 그렇겠지요. 아주 매우 아득히 머나먼 세월이 흐른 뒤에는 이런 책들도 희귀해질 날이 오겠지요. 하지만 경제적 관점에서 보면 투자 목적으로 이런 책을 사는 것은 어리석기 그지없는 일입니다. 그럴 돈이 있다면 차라리 은행에 넣어두라고 하겠습니다. 은행 이율이 아무리 낮다 해도 '섭치'의 가치 상승률쯤이야 가볍게 넘어설 것입니다. 그래서 고서점 호산방壺山房 주인 박대헌 씨가 하신 말씀이 있습니다. "섭치는 세월이 지나도 섭치"(박대헌, 『고서 이야기』, 열화당, 2008)라고요.

겉모양이라도 온전하면 사극의 소품이나 전통 주점의 인테리어 용품으로 쓰일 수 있을 텐데, 지저분하면 그것마저 어렵습니다. 쓰레기 취급을 받는 것이 당연하지요. 그런데 이런 책을 필요로 하는 사람들이 있습니다. 아, 참으로 다행이군요. 이렇게 소중한 우리 것에 관심을 가진 분들이 계실 줄이야, 라고 생각하겠지만 실은 별로 다행스럽지 않습니다. 쓰레기 고서는 지공예紙工藝를 하는 분들이 많이 찾는다고 합니다. 아무리 종이 질이 나쁘다지만 그래도 수제手製 한지인 데다 세월의 흔적이 배어 있어 좋은 '재료'가 되기 때문입니다. 지공예가는 이 책을 낱장으로 해체하여 꼬고 자르고 다듬고 엮어서 '작품'을 만든다고 합니다.

쓰레기 고서가 예술작품으로 다시 태어난다면 좋은 일이 아니냐고 반문할 수도 있습니다. 그럴지도 모르지요. 하지만 저는 왠지 불편합니다. 지공예 세계를 폄하하는 것은 아니지만, 고서를 아끼는 사람 입장에서 보자면 고서를 그저 종이 뭉치로 여기고 분해하여 무언가를 만드는 행위는 사냥꾼이 짐승을 잡아 가죽을 벗겨 벽에 걸어놓고 자랑하는 것과 다를 게 없기 때문입니다.

쓰레기 고서는 정말 그렇게 쓸모없는 것일까요? 저는 그렇지 않다고 생각합니다. 고서를 찾아다니다보면 책더미 속에서 오래되고 희귀한 고서를 발견하기란 참으로 어렵습니다. 열에 여덟아홉은 이런 책들이지요. 그런데 왜 이런 책들이 이렇게 흔할까요? 그야 당연합니다. 많은 사람이 읽었기 때문입니다. 그리 오래지 않은 옛날, 많은 사람 곁에 있었던 책들은 분명 우리에게 들려줄 만한 이야기가 있을 것입니다.

늦었습니다만 제 소개를 하겠습니다. 저는 옛사람들이 남긴 글을 연구하는 사람입니다. 제가 하는 일이 고서와 관계가 없는 것은 아니지만, 고서에 대한 저의 지식은 몹시 부족합니다. 고서를 접할 기회야 많지요. 서울대 규장각이나 한국학중앙연구원 장서각처럼 우리나라에서 내로라하는 고서 소장 기관에서 소중히 보관하는 고서의 내용을 연구하는 것도 제가 하는 일입니다. 임금님이나 보던 책을 만지고 읽어본 덕택에 아는 것도 없으면서 눈만 높아졌지요.

그런데 희귀한 책만 관심 있게 보던 제가 우연한 기회에 쓰레기 고서를 잔뜩 얻게 되었습니다. 처음에는 팔 수도 없고 버릴 수도 없는 이 책들을 어떻게 처분할지 고민했습니다. 그렇지만 한참 동안 이 책들을 들여다보니, 희귀한 고서가 들려주지 못하는 이야기를 들려줄 수도 있겠다는 생각이 떠올랐습니다. 그래서 이런 책들을 소개하는 글을 엮으려 하는 것입니다. 제목은 '쓰레기 고서들의 반란'이라고 하겠습니다.

'반란反亂'이란 무엇일까요? 사전에는 "정부나 지도자 따위에 반대하여 나라 안에서 정권을 차지할 목적으로 벌어지는 큰 싸움"이라고 되어 있군요. 하지만 제가 말하는 반란은 정권 다툼이 아닙니다. 말하자면 민란民亂에 가깝습니다. 농사지으며 조용히 살아가던 백성이 쟁기와 낫을 들고 민란을 일으킨 까닭은 정권을 차지하기 위해서가 아닙니다. 그들은 단지 조금 나은 대접을 받고자 했을 뿐입니다.

쓰레기 고서가 희귀한 고서의 자리를 대신 차지할 수는 없습니다. 저도 잘 알고 있습니다. 모든 고서가 항균 방습 시설을 갖춘 도서관 귀중본 고서실에 들어갈 수는 없다는 것을요. 그곳에 들어갈 자격을 얻는 고서는 극히 일부에 불과합니다. 하지만 희귀한 고서의 가치는 날이 갈수록 높아지는 반면, 쓰레기 고서는 지금도 찢기고, 불타고, 썩고, 버려지고 있습니다. 더욱이 그 속도는 갈수록 빨라지고 있습니다.

저도 단지 쓰레기 고서들에게 조금 나은 대접을 해달라고 말하고 싶을 뿐입니다. 물론 희귀한 고서를 꼼꼼히 연구하고 제대로 보존해 다음 세대에 넘겨주는 것도 쉬운 일이 아닙니다. 사람들이 쓰레기 고서에 관심을 기울일 겨를이 없는 것도 당연합니다. 그래도 저는 쓰레기 고서에서 눈을 뗄 수가 없습니다. 변변치 않은 존재로 취급받다가 누구의 눈길도 받지 못한 채 사라지는 그 모습이 어쩌면 저를 비롯한 보통 사람들의 모습과 다를 바 없기 때문인지도 모르겠습니다.

민란은 성공하기 어렵습니다. 대개는 권력과 폭력에 굴복하기 마련입니다. 쓰레기 고서들의 반란도 실패로 돌아갈 것입니다. 하지만 민란의 결과가 그러하듯이, 쓰레기 고서들을 향하여 '너희는 아무것도 아니다'라고 말하는 사람들의 생각을 조금이나마 바꿀 수 있다면, 그것만으로도 충분히 해볼 만한 일이 아닌가 생각해봅니다.

들어가며

차례

1장

손안의 백과사전

—『백미고사白眉故事』

책을 만드는 방법

;

책더미 속에서 포켓북 크기의 고서가 눈에 띄어 집어봅니다. 표지에는 '백미고사 이白眉故事 二'라고 씌어 있습니다. 이 책의 제목은 '백미고사'이고 두 번째 책이라는 뜻이지요. 그렇다면 첫 번째 책이나 세 번째 책도 있을 법한데, 아무리 찾아도 보이지 않습니다. 낱권입니다. 이런 일은 드물지 않습니다. 별 볼 일 없는 책이라도 전권이 온전하게 남아 있으면 그런대로 가치가 있겠지만, 이 책은 그렇지도 않군요.

—
『백미고사』 표지
20×15cm 정도의
크기로 한 손에 들고
볼 수 있다.

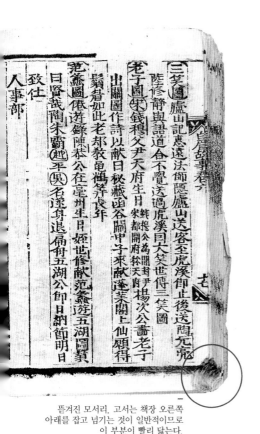

뜯겨진 모서리. 고서는 책장 오른쪽
아래를 잡고 넘기는 것이 일반적이므로
이 부분이 빨리 닳는다.

여기저기 다친 흔적도 있습니다. 아래쪽 귀퉁이는 뭉텅 잘려나가 눈에 거슬립니다. 벌레가 야금야금 갉아먹었거나 물에 젖어 너덜너덜해진 상태에서 잡아 뜯은 것 같습니다. 흐르는 물이 뾰족한 돌을 둥글게 만드는 것처럼, 세월은 날카로운 책 모서리도 둥글게 만듭니다.

우선 첫 장을 넘겨봅니다. 첫머리에는 '주석백미고사권지오註釋白眉故事卷之五'라고 되어 있습니다. '주석백미고사'라는 제목은 내제內題라고 하는데, 책의 정식 명칭입니다. 표지의 '백미고사'는 약칭인 셈이지요. 두 번째 책인데 권5로 시작되니, 아마도 발견되지 않은 첫 번째 책에는 권1부터 권4까지가 실려 있을 것입니다.

고서를 잘 아는 사람에게는 상식에 속하는 것인데, 고서의 '권' 개념은 지금 책의 수량을 세는 단위인 '권' 개념과는 다릅니다. 지금의 '장', 즉 챕터에 가까운 개념이라고 해두지요. 고서의 수량을 셀 때에는 '책'이라는 개념을 씁니다. 한 권이 한 책이 되는 경우도 있고, 수십 권이 한 책이 되기도 합니다. 같은 고서라도 어떻게 묶이느냐에 따라 달라

德器部

口人材類

豐年玉荒年穀王稚恭庾亮元康俱美才學世稱元康為豐年玉

稚恭為荒年穀言可貴可重

玉界尺玉作尺界玉為界尺也

三界尺玉代時趙光逢以文行著名且方直溫潤人謂之玉界尺

十丈松晉和嶠少有盛名庾亮見而歎曰嶠森森如十丈松

磥砢多節施之大廈有棟梁之用

礧砢小石之堅者隔後仕為臨川大守為政清簡上甚之甚

질 수 있기 때문에 고서의 수량을 이야기할 때는 보통 권과 책을 함께 말합니다.

마지막 장을 펼쳐봅니다. '백미고사권지칠종白眉故事卷之七終'이라고 씌어 있습니다. 이 책에는 권5, 6, 7이 실려 있는 것이군요. 이 책이 얼마나 흔한 책인지, 완질은 몇 권인지, 누가 펴냈는지, 무슨 내용인지는 조사해보면 다 나옵니다.

요즘은 인터넷으로 전국 각지의 도서관에 있는 고서를 한 번에 검색할 수 있습니다. 한국고전적종합목록KORCIS에 접속해서 '백미고사'로 검색을 해봅니다. 수십 곳에 소장되어 있다는 결과가 나오는군요. 비교적 흔한 책인 모양입니다. 검색 결과를 보니 이 책을 편찬한 사람은 중국 명明나라의 허이충許以忠이라고 합니다. 역시 명나라 사람인 등지모鄧志謨가 교열을 봤군요. 완질은 10권 5책이라고 합니다.

흔한 책이니만큼 누군가 한번쯤 언급했을 법도 합니다. 서울대 규장각 사이트에 접속해서 책의 내용을 소개한 해제가 있는지 찾아봅니다. 그리고 이 책에 대해 쓴 연구논문이 있는지 한국학술정보 데이터베이스KISS를 검색해봅니다. 영남대 최환 교수님이 이 책에 대해 여러 편의 논문을 쓰셨군요. 『한중유서문화개관』(영남대출판부, 2008)이라는 책에도 실려 있습니다.

해제와 논문에 따르면 허이충이라는 사람은 잘 알려지지 않았지만, 등지모라는 사람은 비교적 유명한 인물이었던 모양입니다. 『백미고사』 말고도 많은 책을 편찬했는데, 그중 상당수가 우리나라에 수입되었다고 합니다. 그렇다면 이 책은 인제쯤 우리나라에 들어왔을까요?

이의현李宜顯(1669~1745)이라는 사람이 1720년 중국에 다녀와서 「경자연행잡지庚子燕行雜識」라는 글을 남겼습니다. 그는 중국에서 구입해온

寰瀛圖逞開錄陳季常攜進士客長安十年于酉門寺催案百名

有老翁至以寰瀛圖柱壁間季卿尋江南路歎曰安得有此歸

翁析竹葉置渭水中所畫之水曰注目於此季卿乾視見一舟

渭永蒿中

甚大登舟句曰至家

輞川圖〈晉〉王維畫輞川圖山谷蔚盤雲水飛動

昭君圖〈漢〉元帝宮人欲草首披圖以名宮入多賂畫工昭君不與

工毀其狀閼奴炎美女上以昭君行帝見帝悅之而名字已云

不復留帝怒殺畫工

豪厘圖〈唐〉寧王善畫馬花萼樓上畫六馬豪厘圖明王寅愛三

畫花驄後尖之止存五馬

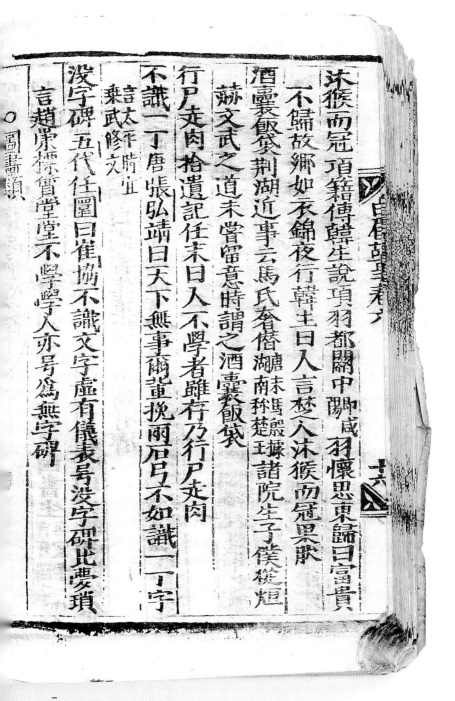

白眉故事卷

沐猴而冠　項籍傳韓生說項羽都關中即咸
陽羽懷思東歸曰富貴
不歸故鄉如衣錦夜行韓生曰人言楚人沐猴而冠果然
酒囊飯袋　荊湖近事云馬氏奢僭湖南稱楚王諸院生子僕從炬
赫文武之道未嘗留意時謂之酒囊飯袋
行尸走肉　拾遺記任末曰人不學者雖存乃行尸走肉
不識一丁　唐張弘靖曰天下無事輩挽兩石弓不如識一丁字
棄武修文
言太平時宜
沒字碑　五代任圜曰崔協不識文字虛有儀表号沒字碑此夢瑣
言趙崇標賞堂堂不學嘗字人亦号為無字碑
〇圖畫類

十六五

『백미고사』 본문. 오른쪽 면은 쓸모없는 사람을 나타내는 고사성어다. 목욕한 원숭이가 갓을 쓴 격이라는 목후이관沐猴而冠, 술 담는 주머니와 밥 담는 자루라는 뜻의 주낭반대酒囊飯袋, 걸어다니는 시체, 달려가는 고기라는 뜻의 행시주육行尸走肉이 보인다. 왼쪽 면은 도화류圖畫類로 그림에 관한 고사성어다.

책들을 이 글에 꼼꼼히 적어놓았습니다. 여기에 '백미고사白眉故事 6권' 이라고 기록한 것이 보입니다. 그 앞에는 '황미고사黃眉故事 10권'이라는 책 이름도 있구요. 『황미고사』는 『백미고사』와 약간 차이가 있으나 대체로 비슷한 책이라고 합니다. 개정증보판이라고 할 수 있습니다. 어쨌든 『백미고사』는 적어도 1720년 이전에 우리나라에 들어왔겠군요.

중요한 것은 이 책이 원래는 중국 책이지만, 지금 제가 가지고 있는 것은 우리나라에서 찍어냈다는 사실입니다. 어느 나라에서 찍었는지는 글자 모양이나 종이 질로 가늠할 수 있습니다. 중국에서 수입한 책이 우리나라에서 인기를 얻으면 당시로서는 다시 수입하는 것보다 똑같이 만들어내는 것이 비용이 훨씬 적게 들었습니다. 저작권 개념도 없는 시절이니까 뭐라 할 사람도 없었겠지요.

똑같은 책을 여러 권 만들어내는 법은 간단합니다. 판화의 원리를 떠올리면 됩니다. 초등학교 시절 고무판화를 만들어본 적이 있을 것입니다. 기억이 희미한 분을 위해 방법을 다시 설명하지요. 먼저 얇은 종이에 밑그림을 그립니다. 그림을 다 그리면 그것을 뒤집어 고무판에 붙입니다. 얇은 종이에 그렸기 때문에 뒤집어도 여전히 그림의 형체가 보입니다. 이제 조각칼을 들고 그 형체를 따라 종이와 고무를 함께 파냅니다. 그러고서 고무에 잉크를 묻히고 종이를 눌러 찍으면 됩니다. 이제 기억나시지요?

한 권의 책을 여러 권으로 만드는 원리도 이와 같습니다. 책을 묶은 끈을 풀어 한 장 한 장 낱낱이 분리합니다. 그리고 한 장씩 떼어낸 책장을 뒤집어 나무판자에 붙입니다. 옛 종이는 투명도가 높기 때문에 뒤집어도 글씨가 보입니다. 이제 글씨를 따라 판자를 파내면 판목板木이 완성됩니다. 책을 찍어내는 나무틀이라는 뜻이지요. 일단 판목을

만들면 판목이 닳을 때까지 수십 장이고 수백 장이고 마음껏 찍어낼 수가 있습니다.

이렇게 책을 만드는 방법을 복각覆刻이라고 합니다. 뒤집어 새긴다는 뜻입니다. 한두 권밖에 없는 희귀한 책을 여러 권으로 만들고 싶다면 이처럼 복각을 합니다. 복각한 책은 대체로 글씨가 투박하고 비뚤비뚤하다는 단점이 있습니다만, 어쨌든 필요하니까 그렇게라도 만들었겠지요.

이 책도 복각으로 찍어낸 것 같습니다. 글씨를 새긴 솜씨는 신통치 않지만 읽는 데는 전혀 지장이 없습니다. 인쇄 상태를 보아 하니 꽤나 많이 찍어낸 것 같습니다. 판목의 손상이 심한 부분이 눈에 띕니다. 종이의 품질도 그다지 좋지 않습니다. 지금은 종이가 흔하지만 예전에는 판목이 있어도 종이가 없어서 책을 찍어내지 못하는 경우가 많았습니다. 많은 사람에게 싼값으로 공급하려면 싸구려 종이를 사용할 수

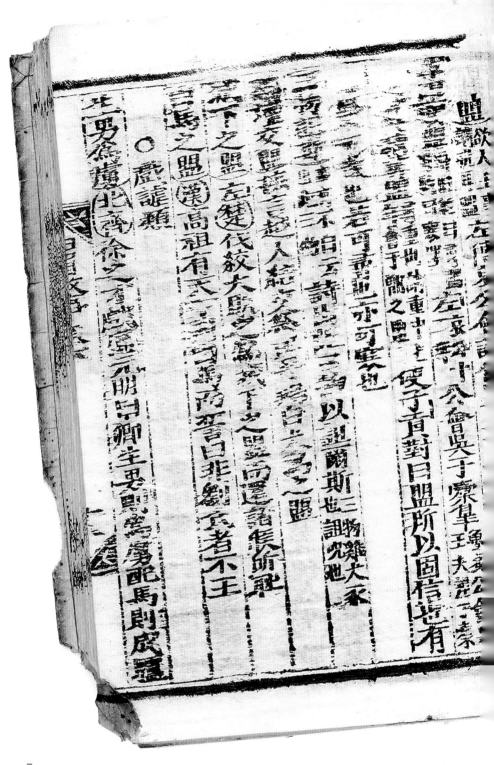

「백미고사」 본문. 글자가 마모되어 인쇄 상태가 좋지 않다. 그만큼 인기가 있었다는 사실을 증명한다.

밖에요. 그럼 이제부터 이것이 도대체 무슨 책이기에 그렇게 많이 찍어 냈는지 알아보겠습니다.

간략하면서도 충실한 고사성어 모음집

;

『백미고사』는 중국의 고사성어를 분류하여 엮은 사전입니다. '백미고 사'라는 이름은 수많은 고사성어 사전 가운데 '백미', 즉 으뜸이라는 뜻 에서 붙인 것이라 합니다. 이 책은 25부部 269류類로 구성되었다는군 요. 수천 개의 고사성어를 25항목으로 분류한 뒤 다시 세분하여 269 항목으로 나누었다는 뜻입니다. 세부 분류까지는 살펴볼 겨를이 없으 니 우선 대분류 25항목이 무엇인지 보겠습니다.

가장 앞에 있는 것은 군도부君道部입니다. 군주에 관한 내용이지요. 황제와 황후, 황족에 대한 이야기가 많습니다. 관품부官品部는 관리에 대한 내용이군요. 정승부터 말단 아전과 무장武將까지 두루 실려 있습 니다. 인도부人道部는 사람으로서의 도리에 관한 내용입니다. 남편과 아 내, 스승과 제자, 손님과 주인 등 사람과 사람이 맺는 관계 속에서 일 어나는 일을 망라하였습니다. 법교부法敎部는 종교, 인품부人品部는 직 업, 교제부交際部는 사귐에 대한 내용입니다. 여기까지가 권1부터 권4 까지입니다. 내용이 궁금하기는 하지만 갖고 있지 않으니 알 도리가 없 군요.

제가 가진 책 첫머리에 실려 있는 권5는 덕기부德器部로 시작합니다. 훌륭한 사람의 인품과 행동에 관한 내용입니다. 덕기부의 첫 번째 분 류는 인재류人材類입니다. 뛰어난 인재에 대한 이야기이겠군요.

처음에 보이는 항목은 '풍년옥豊年玉' '황년곡荒年穀'이라는 고사성어입니다. 풍년의 옥과 흉년의 곡식이라는 말인데요, 무슨 뜻일까요? 이어서 자세한 뜻풀이가 실려 있습니다.

진晉나라 왕치공王稚恭과 엄원강嚴元康은 모두 훌륭한 재주와 학문을 지닌 인물이었다. 세상 사람들은 엄원강을 '풍년의 옥'이라 하고, 왕치공을 '흉년의 곡식'이라 하였다.

그러니까 풍년의 옥과 흉년의 곡식은 엄원강과 왕치공 두 사람처럼 훌륭한 이들을 가리키는 말이었군요. 풍년에는 곡식이 흔하니, 옥 같은 보석쯤 되어야 귀하다고 할 수 있겠지요. 흉년에 곡식이 귀한 것이야 두말할 나위 없구요. 아마도 엄원강은 태평성대를 더욱 빛낸 사람이고, 왕치공은 어려운 시기를 헤쳐나간 사람이었나봅니다.

끝에는 작은 글씨로 "두 사람 모두 귀중하다는 뜻이다"라는 친절한 설명이 달려 있습니다. 하지만 제 생각에는 흉년의 곡식이 더 귀한 것 같습니다. 풍년에 옥이 없다고 사람이 죽지는 않겠지만 흉년에 곡식이 없으면 큰일이니까요. 두 사람의 자세한 행적은 다른 책을 좀더 찾아보면 나오겠지만, 여기 적힌 내용만으로도 충분히 짐작할 수 있습니다.

다음 항목은 '옥계척玉界尺'입니다. 계척界尺은 길이를 재는 자와 비슷한 물건입니다. 옥계척은 옥으로 만든 자라는 말인데, 무슨 뜻일까요? 설명을 보겠습니다.

오대五代 시절의 조광봉趙光逢은 문장과 행실이 뛰어나 이름난 인물이었다. 게다가 반듯하면서도 온화하여 사람들이 '옥계척'이라고 불렀다.

자는 곧고 딱딱해야 합니다. 그렇지 않으면 정확한 기준이 될 수 없습니다. 사람도 남의 본보기가 되려면 반듯해야겠지요. 그런데 사람이 지나치게 반듯하면 차가운 인상을 주기 쉽습니다. 이것은 동전의 양면과 같습니다. 적절한 비유인지는 모르겠지만 대체로 믿음직한 남자는 답답한 면이 있고, 애교가 많은 여자는 쉽게 토라지는 법입니다. 믿음직하면서 답답하지 않은 남자나 애교만 많고 토라지지 않는 여자는 지구상에 존재하지 않는다는 것이 제 생각입니다.

하지만 조광봉이라는 사람은 그렇지 않았나봅니다. 사람들이 옥으로 만든 자에 비유했으니까요. 옥은 단단하면서도 질감과 빛깔이 부드러운 느낌을 줍니다. 그래서 옛사람들은 낯빛과 마음씨가 따뜻한 사람을 두고 '옥처럼 온화하다'고 말하곤 했습니다. 조광봉은 반듯하면서도 온화한 성품의 소유자였던 것입니다. 동전의 양면이라면서 어떻게 그럴 수 있느냐구요? 그렇지요. 그렇게 희귀한 성품의 소유자이니 사전에 실렸겠지요.

이제 이 책의 내용을 대강 알 수 있을 것입니다. 덕기부는 인재류를 포함해 14류로 구성되어 있습니다. 지기류志氣類, 정직류正直類, 덕량류德量類 같은 덕목은 물론, 장수한 사람들의 이야기인 수고류壽考類, 부유한 사람들에 관한 내용인 부후류富厚類도 있습니다.

덕기부 다음에 실린 용렬부庸劣部는 반대로 못난 사람들에 대한 이야기입니다. 사치[시호류奢豪類], 가난[빈핍류貧乏類], 검소[검박류儉薄類] 등 10류로 나뉘어 있습니다. 사치한 사람을 못난 사람이라고 하는 건 그렇다 쳐도 가난한 사람을 두고 왜 못났다고 했는지, 더구나 검소한 것이 도대체 무슨 잘못이냐고 항의하는 분도 있을 것입니다. 그렇지만 이런 것을 가지고 저자를 탓하지 말았으면 합니다. 옛사람들의 분류 개념은 오늘날 우리가 생각하는 것과는 많이 다르니까요.

그래도 이 책의 내용은 분류만 보면 대강 짐작할 수 있습니다. 각각의 분류에 속해 있는 수많은 항목에 일일이 출전을 밝히고 주석을 달았으니, 정확한 내용의 책을 만들고자 한 저자의 노고가 돋보입니다. 무엇보다 설명이 간략하면서도 충실하다는 점이야말로 『백미고사』의 '백미'라고 하겠습니다.

손안의 백과사전

;

『백미고사』와 같은 백과사전류의 책을 유서類書라고 합니다. 주제별로 분류한 책이라는 뜻이지요. 백과사전이라는 것은 처음부터 끝까지 읽는 책이 아닙니다. 필요할 때 꺼내 원하는 내용만 찾아보면 되는 것이지요. 모르는 것을 쉽게 찾아볼 수 있도록 지금의 백과사전은 가나다순으로 되어 있습니다.

그런데 『백미고사』는 그렇지 않습니다. 한문으로 쓴 책이니, 모르는 것을 찾아보기 위해 만든 책이라면 한자의 부수部首 순서대로 내용이 배열되어 있어야 합니다. 그러나 『백미고사』는 단어의 뜻을 기준으로 분류한 책입니다. 이런 책은 무슨 용도로 쓰였을까요? 모르는 것을 찾아보기 위해서가 아님은 분명합니다. 모르는 단어가 어떤 분류에 속하는지 무슨 재주로 알고서 찾아보겠습니까?

이 책은 글을 읽는 데 도움이 되는 책이 아니라 글을 짓는 데 도움이 되는 책입니다. 조선시대 선비들의 최대 관심사였던 과거시험은 대개 글짓기였습니다. 제목이 주어지면 그 제목에 걸맞은 글을 지어내야 합니다. 그런데 한문 글쓰기는 전고典故를 많이 인용하기 마련입니다. 전고라는 것은 옛사람의 말과 행동에서 비롯된 단어 혹은 숙어라고나 할까요. 고사성어와 비슷한 말이라고 해두죠. 전고는 간략하면서도 깊은 뜻을 담는 데 적합한 글쓰기 방식입니다. 다만 그 전고가 만들어진 배경을 모르면 글을 이해할 수가 없습니다. 전고는 쓰기에 따라 효과적인 표현 수단이 되기도 하지만, 잘못하면 글을 어렵게 만들 수도 있습니다.

어쨌든 한문 글쓰기 전통에서는 자기 생각만 쓰는 글을 좋은 글이라고 여기지 않습니다. 주장의 근거를 제시하고 논지를 전개할 때, 전고와 같은 기존의 문학적 전통을 적극 활용할 것을 권장합니다. 그래서 글을 지을 때에는 적절한 위치에 적절한 전고를 넣는 것이 매우 중요했지요. 아마 조선시대 선비들은 글을 지을 때 이 책을 곁에 두었다가 종종 이렇게 찾아보았을 것입니다.

다음 달에 있을 과거시험에 대비해서 글짓기 연습을 해야지. 제목은 '훌륭한 인재를 찾는 법'이 좋겠군. 자주 출제되는 문제니까. 어떻게 시작할까? 뭐 적당한 전고가 없을까? 훌륭한 인재를 찾는 일에 대한 전고가 많이 있을 텐데, 막상 쓰려고 하니 아무런 생각이 나지 않는군. 아참 그렇지, 나에게는 『백미고사』가 있었지. 어디 보자. 인재에 관한 내용이라면 덕기부의 인재류에 있겠군. 음, 풍년옥과 황년곡이라…… 짝도 맞고 괜찮은데. 이걸 써먹어보자.

乾道門

天
一元
六氣

覆盆
覆燾　溥博　剛健　臨下　行健
碧漢　青冥
蒼穹　碧空

圓盆
高明　輕清　穹窿
在上　聽甲

玉皇　玉京
紅雲　絳霄
鷄子　蟻磨　委象
斷鼇
穹蒼　圓露　瓊宮　玉宇
虛碧　太空　瑤臺

蒼昊
玄緯　丹霄　清霄
冥冥　明明　蕩蕩　浩浩
十二樓　碧霄殿
無私覆　不可升
九萬里　白玉樓

銅渾　天門
高高　蒼蒼
者　浩浩

瑤鏡　帝閣
鬼

成萬物
鍊石補　坐井觀　側管窺
一萬八千歲
三百六十旬

覆八荒
披雲覩

陰陽
覆載　橐籥　混淪

健順　穹壤
輪囷　蟻磨　宇宙　混沌　爐鞴　造化

天根
鞭霆　駕風　兩儀　五行

天窟

『문자유집文字類集』 필사본, 같거나 비슷한 뜻의 단어를 모아놓은 동의어同義語 사전이다. 『백미고사』와 마찬가지로 글짓기를 돕는 책이다. 하늘을 뜻하는 단어 64개, 음양陰陽을 뜻하는 단어 24개가 보인다.

이것은 순전히 제 상상이지만, 『백미고사』는 이런 식으로 활용되었을 것입니다. 지금까지도 이 책이 여러 곳에 남아 있는 것으로 보아 절찬리에 판매된 베스트셀러였던 것이 분명합니다. 많은 사람이 『백미고사』를 곁에 두고 찾아보면서 글 짓는 연습을 했겠지요.

『백미고사』에는 또다른 특징이 있습니다. 이 책은 그리 크지 않습니다. 한 손에 들고 볼 정도로 아담하죠. 한 책에 100장도 되지 않는데 완질이 다섯 책이니, 부담 없이 갖고 다니며 찾아볼 수 있었겠지요. 크기만 작은 것이 아니라 내용도 간략합니다. 한 단어에 대한 설명이 대개 한두 줄, 길어야 서너 줄에 불과합니다. 그런데도 글짓기에 필요한 어지간한 정보는 다 들어 있습니다.

사전을 만들기 위한 정보나 기술이 부족해서 그런 것은 아닙니다. 훨씬 자세한 사전은 얼마든지 있습니다. 『사문유취事文類聚』가 좋은 예입니다. 『사문유취』는 180권 70책이나 되는 방대한 분량입니다. 10권 5책에 불과한 『백미고사』와는 비교가 되지 않습니다. 설명도 자세하고 예문도 많습니다. 정말 없는 것 빼고 다 있다는 말이 실감날 정도입니다. 큰 사전일수록 내용이 풍부한 것은 당연합니다. 하지만 큰 사전이 꼭 좋다고 할 수는 없습니다.

큰 사전은 가지고 다닐 수가 없으니 집에 모셔두어야 합니다. 분량이 방대하여 찾아보기도 어렵습니다. 설명이 장황하고 예문이 많은 것도 때로는 약점이 됩니다. 간단히 뜻만 알면 되는데 길고 번거로운 설명이 과연 도움이 될까요. 단어의 뜻을 철저히 파헤치겠다는 결심이 없는 이상, 큰 사전은 오히려 불편합니다. 작고 간단한 사전이 제격입니다.

한때 '포켓' 사전이라는 것이 유행했습니다. '포켓 국어사전' '포켓 영한사전' '포켓 한영사전' 등이 있었지요. 모르는 단어를 쉽게 찾아보기에는 오히려 이런 사전이 편리합니다. 사전을 자주 펼쳐봐야 하는 중고 등 학생들에게는 필수품이었지요. 그러잖아도 무거운 책가방에 넣어 가지고 다닐 수 있는 사전이기도 했지요. 브리태니커 백과사전만 백과 사전이 아닙니다. 수십 권짜리 백과사전이 나름의 쓸모가 있듯이, 작은 사전도 그 나름의 쓸모가 있습니다.

포켓사전의 시대가 가고 전자사전의 시대가 왔습니다. 손바닥만 한 전자사전에 수십만 개의 단어가 실려 있으니, 큰 사전의 정보량과 작은 사전의 휴대성을 겸비한 것이지요. 어학 공부에 많은 시간을 투자해야 하는 대학생들에게 전자사전은 필수품입니다. 이제 전자사전은 스마트폰에 자리를 내주고 있습니다만, 작고 간편한 사전에 대한 수요는 여전합니다. 형태가 다를 뿐이지요. 『백미고사』는 조선의 선비들에게 전자사전과 같은 존재였을 것입니다. 곁에 두었다가 수시로 펼쳐볼 수 있는 『백미고사』는 한손에 쏘옥 들어오는 손안의 백과사전입니다.

2장

명당을 찾아서

―『옥룡자답산가玉龍子踏山歌』

이사를 하게 되었습니다. 저는 이곳저곳의 대학에서 강의를 하거나 책을 읽고 연구하는 것이 직업인지라 일하는 곳이 일정하지 않습니다. 덕택에 서울에서 그다지 멀지만 않다면 아무 곳이나 살고 싶은 데 살면 됩니다. 학교나 직장 때문에 사는 곳을 마음대로 옮기지 못하는 사람들에 비하면 나름 자유로운 편이지요. 그래도 어디에 살아야 좋을지는 항상 고민입니다. 옛사람들도 비슷한 고민을 했으니, 그들의 지혜를 빌려보도록 하지요.

　이중환李重煥이 쓴 『택리지擇里志』라는 책이 있습니다. '택리擇里'는 『논어』에 나오는 말입니다. 인심이 좋은 마을里을 골라서擇 살라는 공자의

『택리지』, 이중환, 23.7×21.0cm, 조선시대, 국립중앙박물관
원래는 몰락한 사대부가 난세를 피해 조용히 살 만한 곳을 고르려는 목적으로 만들어진 책이다.

말씀에서 따온 것이지요. 『택리지』는 살기 좋은 곳을 고르는 데 도움을 주기 위해 만든 책입니다.

이 책에 「복거총론ト居總論」이라는 부분이 있습니다. '복거ト居'는 살 곳을 정한다는 말이니, '복거총론'은 살 곳을 정하는 중요한 원칙이라는 뜻입니다. 여기서 이중환은 살기 좋은 곳을 고르는 네 가지 기준을 제시했습니다.

첫째는 지리地理입니다. 흔히 풍수지리風水地理라고 말하는 자연환경을 가리킵니다. 이중환은 강물의 흐름, 벌판의 형세, 산의 모양과 흙의 빛깔 등을 두루 살피고서 살 곳을 정해야 한다고 주장했습니다. 지금으로 말하자면 위치 좋고 교통이 편리한 곳이라고나 할까요.

둘째는 생리生利입니다. 땅이 비옥하고 물산이 풍부한 곳에 살아야 한다는 말입니다. 뭐니뭐니해도 먹고살기 좋은 곳이 좋습니다. 지금도 사람들은 대형마트를 비롯한 각종 편의시설이 가까운 곳을 선호합니다.

셋째는 인심人心입니다. 이웃에 사는 사람들이 좋아야 한다는 말입니다. 지금처럼 이웃과의 왕래가 뜸한 세상에서는 상관없는 말인 듯하지만, 사람과 사람의 관계는 여전히 중요합니다. 교육 환경이 좋은 곳을 찾는 것도 크게 보면 인심 좋은 곳을 찾는 것과 같다는 게 제 생각입니다.

넷째는 산수山水입니다. 사는 곳 가까이에 아름다운 명승지가 있어야 한다는 것입니다. 이중환은 산수가 사람의 마음을 즐겁고 평화롭게 하므로 꼭 필요하다고 했습니다. 조망권은 집값을 결정하는 중요한 요소입니다. 한강이 바라다 보이는 아파트가 괜히 비싼 것은 아니겠지요.

쉽게 말해 위치 좋고地理 살기 좋고生利 인심 좋고人心 경치 좋은山水

곳을 골라야 한다는 것입니다. 네 가지 조건을 모두 충족시키는 곳에 사는 것은 모두의 바람이겠지요. 하지만 이런 조건을 빠짐없이 갖춘 집을 찾기란 쉬운 일이 아닙니다. 돈이 많다면 걱정할 일이 없겠지만 대부분의 사람은 한두 가지를 포기하고 그때그때 여건에 맞게 살 곳을 정하기 마련입니다.

한정된 자원을 효율적으로 쓰는 것이 경제학의 기본입니다. 그다지 많지 않은 돈으로 집을 구하려면 포기할 것은 포기해야 합니다. 그래서 저는 딱 하나만 보기로 했습니다. 고서를 연구하는 것이 제 직업이니, 고서가 많은 곳 가까이에 살기로 했습니다.

우리나라에서 고서가 가장 많은 곳은 서초동에 있는 국립중앙도서관, 신림동에 있는 서울대학교 규장각, 성남에 있는 한국학중앙연구원 장서각, 과천에 있는 국사편찬위원회 사료관 등입니다. 이 네 곳을 쉽게 오갈 수 있는 곳에 집을 정하기로 했습니다.

수도권 전체가 나온 지도를 펼친 다음 네 곳에 점을 찍고 선으로 연결합니다. 사다리꼴 모양이 됩니다. 이 사다리꼴 가운데에 사는 것이 좋겠습니다. 이제 중심을 구해보도록 하지요. 사다리꼴의 중심을 찾는 법쯤이야 중고등학교 시절에 다 배웠을 겁니다. 물론 생각은 나지 않습니다. 우리나라의 교육제도를 탓하면서 대략 가운데라고 짐작되는 곳에 점을 찍어봅니다. 어디일까요?

관악산 중턱입니다.

이런 곳에 집이 있을 리가 없습니다. 설령 집이 있다 해도 매일같이 해발 629미터의 관악산을 오르내릴 수는 없습니다. 이건 아닙니다. 뭔가 잘못되었습니다. 이때 또다시 뇌리를 스치는 생각이 있습니다. 도서관 네 곳을 쉽게 오가기 위해서는 산술적인 중심을 구할 것이 아니라도로와 대중교통 노선을 감안해 접근성이 뛰어난 실질적인 중심을 찾아야 마땅합니다. 머리가 아픕니다.

결국 주먹구구로 적당한 곳을 찾습니다. 네 곳을 연결하여 만든 사다리꼴 안에서 비교적 집세가 싼 곳이 좋겠습니다. 그래서 이사하기로 결정한 곳이 바로 경기도 안양입니다. 다행히 이곳에는 최근에 완공된 아파트가 많아 집을 구하기가 어렵지 않았습니다. 전세난이니 뭐니 해도 부지런히 발품을 팔고 현실과 적당히 타협한다면 길에 나앉으란 법은 없는 것 같습니다.

살 곳을 정했으니 이제 이사를 해야 합니다. 이사를 하려면 짐을 싸야 하지요. 책이 좀 많기는 하지만 다른 짐은 별로 없습니다. 돈이 부족하면 부족한 대로 좋은 점도 있습니다. 이삿짐센터에 전화를 합니다. 마침 제가 이사하려고 마음먹은 날이 '손 없는 날'이랍니다. 아내가 묻습니다.

"일손이 없다는 말이야?"

평화로운 부부관계를 유지하고 싶다면 어떤 경우에도 상대를 무시하는 발언을 해서는 안 됩니다. '국문과 졸업하고서 그것도 모르냐'라고 핀잔을 준다거나 '손 없는 날에 일손이 없으면 차 없는 날은 커피가 없겠군' 하고 빈정대서도 안 됩니다.

"손이 없다는 말은 손재수가 없다는 뜻이야."

"재수가 없다고?"

"그게 아니고…… . 손재수損財數는 재물財을 잃는損 운수數라는 뜻이니까, 손해 볼 일이 생기지 않는다는 말이겠지."

그런데 이렇게 대답해놓고도 왠지 찜찜합니다. 이럴 때 저는 국립국어원의 인터넷 표준국어대사전을 찾아봅니다. 확인해보니 제 설명도

틀렸습니다. '손'이라는 것은 '날짜에 따라 방향을 달리하여 따라다니면서 사람의 일을 방해하는 귀신'이라고 합니다. 그런 귀신이 있는 줄은 처음 알았습니다.

이삿짐센터 이야기를 들으니, 많은 사람이 '손 없는 날'을 골라서 이사하기 때문에 이사비도 비싸고 일할 사람도 부족하다고 합니다. '그러니까 결국 일손이 없다는 말이 아니냐'라는 아내의 항변을 한 귀로 흘리며 다른 날짜를 알아봅니다. 손 없는 날만 피하면 이사비가 싸다고 하는군요. 저는 '손'의 존재를 믿지 않으니(사실은 몰랐으니) 손 없는 날을 고집할 필요가 없습니다. 이사비만 싸다면 13일의 금요일이라도 마다하지 않습니다. 결국 제가 이사하는 날은 '손 있는 날'이 되었습니다.

풍수지리와 명당

;

우리나라 사람들은 유독 시간과 장소의 길흉吉凶에 민감합니다. 물론 우리만 미신을 믿어서 그런 것은 아닙니다. 중국이나 일본은 물론 서양에도 비슷한 관념이 있습니다. 하지만 시간과 장소의 길흉에 대한 우리나라 사람들의 집착은 남다른 면이 있습니다. 시간에 대해서는 다음 기회에 다루고, 이번에는 장소에 대해 이야기해보지요.

풍수지리風水地理라는 것이 있습니다. 풍수지리는 사람이 땅과 조화를 이루며 살아간다는 생각에 바탕을 두고 있습니다. 사람과 그 사람이 사는 곳은 유기적인 관계를 맺기 마련이니, 적절한 곳을 골라서 살아야 한다는 것입니다. 살 곳을 고르는 데는 여러 조건이 있습니다. 배산임수背山臨水가 어떻고 방향이 어떻고 하는 것이 모두 풍수지리와 관계된 이야기입니다. 그중에는 터무니없어 보이는 것도 적지 않습니다. 하지만 그런 이야기에도 옛사람들 나름의 소박한 논리와 근거가 있습니다. 이 점을 고려한다면 풍수지리는 오늘날에도 쓸모 있는 지식입니다. 물론 풍수지리서의 내용을 무턱대고 믿는 것은 곤란합니다.

우리나라 사람들은 살아 있는 사람이 살 곳만 가리는 것이 아니라 죽은 사람이 묻힐 곳도 가립니다. 이른바 '명당明堂'을 찾는 것이지요. 중국과 일본은 화장이 일반화되었으니 무덤이 많지도 않거니와, 옛날에도 풍수지리를 이유로 이장移葬하는 일은 극히 드물었다고 합니다. 반면 우리나라에서는 예로부터 이장이 잦았습니다. 풍수지리에 따라 선조의 무덤을 옮기는 일은 유독 우리나라에서 심하다고 합니다. 제가 보기에도 살아 있는 사람이 살 곳보다 죽은 사람이 묻힐 곳에 더 관심을 가지고 이것저것 따지며 꼼꼼히 골랐던 것 같습니다.

이번에 살펴볼 것은 풍수지리에 관한 책입니다. 겉모습을 보아하니 참으로 한심하기 그지없을 정도입니다. 서른 장 정도 되는 종이를 겹쳐놓은 다음 조금 두꺼운 종이로 표지를 만들고 노끈으로 묶어놓았습니다. 간신히 책이라고 부를 수 있을 정도의 형태입니다. 표지에는 열 장 정도 되는 종이가 별책부록처럼 붙어 있었습니다. 아마 책을 만들고 난 다음에 보태넣어야 할 내용이 발견되어 이런 식으로 덧붙인 것 같습니다.

표지에는 '옥룡자수신인결玉龍子授神人訣'이라고 쓰여 있습니다. '옥룡자'는 누군가의 호인 듯합니다. '신인결'은 신령한 사람의 비결이라는 뜻입니다. 그렇다면 옥룡자라는 사람이 전해준 뭔가 특별한 비법이라는 뜻이겠군요. 그 옆에는 '檀紀四二九三年'이라고 쓰여 있는데, 계산해보니 1960년이로군요. 그리 오래된 책은 아닙니다. 하지만 이것은 책 표

「대지산 도박도大枝山賭博圖」,『세전서화첩』, 유교문화박물관.
하양현감인 김휘손(1438~1509)이 안동으로 성묘를 오면서 박씨라는 사람을 만났는데 이 땅을 두고 내기장기로
거래를 했으며, 농담처럼 한 말이 현실이 되어 여기에 김휘손이 조상들의 묘소를 마련했다는 이야기가 전한다.

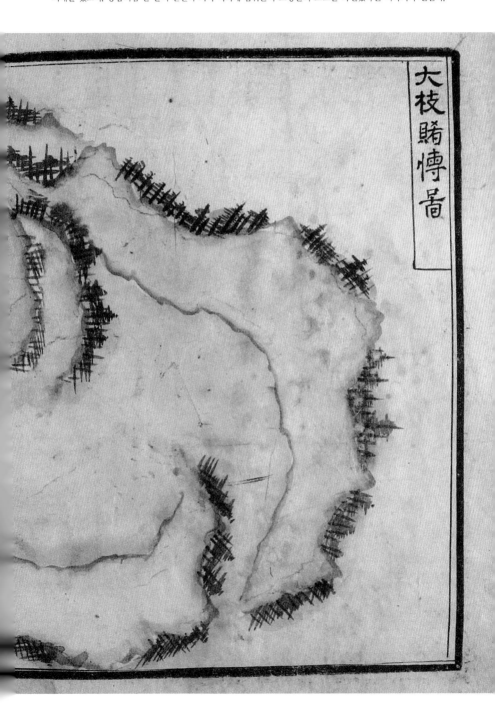

大枝賭傳圖

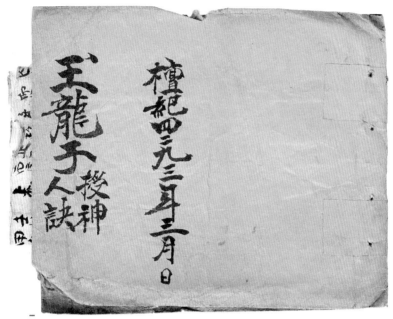

『옥룡자답산가』 표지. 표지는 근래에 장정한 것이다.

지를 새로 만들어 붙인 시기가 1960년이라는 뜻이지 책 내용이 1960
년에 완성되었다는 의미는 아닙니다. 첫 장을 넘기니 이런 내용이 있
군요.

나는 일찍부터 풍수를 익혔다. 그리하여 30년 동안 수많은 책을
읽고 10년 동안 이곳저곳의 산에 올랐다. 하지만 별달리 신통한
묘리를 깨닫지는 못하였다. 어느 날 금강산 선유암에서 하루를 묵
게 되었는데, 어떤 노인이 나타나 말했다.
"열두 가지 별을 가지고 풍수를 보는 것이 묘리다. 너는 오랫동안
풍수를 익혔는데 그 묘리를 알 수 있겠느냐?"

玉龍子授神人訣

余早習山家書千万卷、讀通

三十年、踏山十年、別無神通

理故、但擇地吉行吳末年

授窳于蓬萊山仙遊恩下、

「옥룡자답산가」서문
이 책을 얻게 된 경위를
설명하는 내용이다.

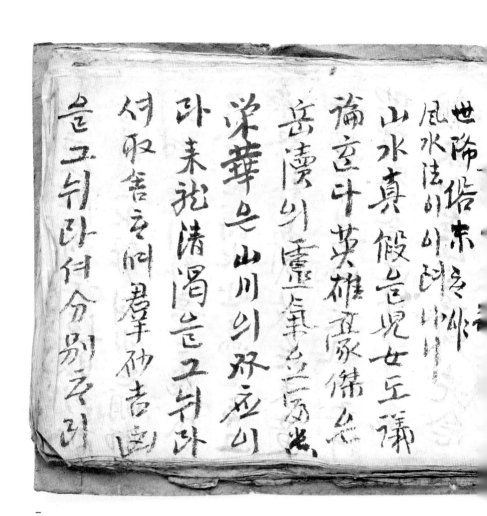

世階俗末之에
風水法이 이러나서
山水真假을兒女도論
論立斗英雄豪傑도
岳瀆의靈氣로
榮華는山川의界立이
과未花淸渭는그뒤라
서取舍호매 孝子砂吉凶
을그뒤라서分別호리

『옥룡자답산가』 본문. 길지吉地를 고르고 흉지凶地를 피하는 방법을 노래 형식으로 설명했다.

傳迴　伍美金谷裝遺貴有子

有怀蕭有屬附羹居自手成家

紫自些人來助在家為孝在

宜為忠辰印月壬年月日時夜

壬子乙庚辛生夫受呆界福些

匡五痡榷

登明　莫歎人向屬去為家

和人采法化盂羮后見富去

有子有孫登科佐明天子

莫碓豪家傑之牢世去岀

"모르겠습니다."

"네가 오랫동안 풍수를 공부하였으니 너에게 이것을 주겠다."

노인은 홀연 사라졌다. 문을 열어보니 책 한 권이 있었다. 책을 읽어보고 여러 곳의 산천에 적용해보니, 화와 복을 부르는 것이 모두 노인의 말대로였다.

이어지는 내용은 하늘의 별을 관측하여 풍수지리에 적용하는 방법입니다. 일반적으로 풍수가들은 산과 강의 모양과 위치·방향 등을 보고 집터나 묏자리를 잡습니다. 풍수지리에 천문天文을 연관짓는 일은 흔치 않은 듯합니다. 저는 풍수를 잘 알지 못해 읽어봐도 무슨 말인지 모르겠군요. 하지만 이 이야기에서는 수상한 냄새가 납니다.

옛 책 가운데에는 유명한 사람의 이름을 빌려 가짜로 만든 것이 적지 않습니다. 그런 가짜 책을 만들면 그럴듯한 이야기를 지어 붙이기 마련이지요. 어떤 집 벽에 발라놓은 종이를 보니 대단한 사람이 지은 글이 적혀 있기에 베껴왔다느니, 수백 년 동안 전하지 않던 책이 땅속에 묻어놓은 항아리에서 발견되었다느니 하는 이야기가 그런 것입니다. 그 밖에 산에 사는 도인이 전해주었다느니 중국 상인에게서 샀다느니 하는 이야기도 일단 의심하고 볼 일입니다.

금강산 노인의 이야기는 분명히 이 책을 지은이가 만들어냈을 것입니다. 별을 관측하여 풍수지리에 적용하는 방법 역시 지은이의 생각이겠지요. 지은이의 말에 권위를 부여하고 사람들로 하여금 믿게 하도록 이런 이야기를 지어냈을 것입니다. 하지만 지어낸 이야기라고 해서 전혀 가치 없는 것은 아니니 실망할 필요는 없습니다. 이런 것들은 그 나름의 의미가 있기 마련입니다.

책을 좀더 살펴보도록 하지요. 금강산 노인 이야기 다음에는 「옥룡자답산가玉龍子踏山歌」라는 글이 실려 있습니다. 한자와 우리말이 섞여 있는 글입니다. 내용을 읽어보니 「관동별곡」이나 「사미인곡」과 마찬가지 형식으로 된 한 편의 가사歌辭입니다. 첫머리를 보겠습니다.

世降俗末(세강속말)호야 風水法(풍수법)이 이려나니
山水眞假(산수진가)을 兒女(아녀)도 議論(의론)혼다
英雄豪傑(영웅호걸)은 岳瀆(악독)의 靈氣(영기)요
富貴榮華(부귀영화)은 山川(산천)의 發應(발응)이라

풀이하자면 이렇습니다. 말세가 되어 풍수지리설이 나타났는데 아녀자들까지도 산이 어떻니 물이 어떻니 할 정도로 널리 퍼졌다는 것입니다. 영웅호걸은 큰 산과 강의 신령한 기운을 타고나는 법이요, 부귀영화를 누리는 것도 산천의 형세와 긴밀한 관련이 있으니, 풍수지리는 중요하다는 이야기입니다.

지은이는 이어서 풍수지리에 관한 흥미진진한 이야기를 풀어놓습니다. 산천의 모양과 방향을 헤아려 어떤 곳에 자리를 잡으면 부자가 되고, 어떤 곳에 자리를 잡으면 자손 대대로 장원급제를 하게 되고, 또 어떤 곳에 자리를 잡으면 자식이 장군이 된다는 따위입니다. 저는 이런 이야기를 그다지 믿지 않습니다만, 솔직히 한편으로는 귀가 솔깃해지면서 좀더 자세히 살펴보고 싶은 생각이 들기도 합니다.

좋은 이야기만 있는 것은 아닙니다. 어떤 곳에 자리를 잡으면 소송을 당한다거나 배우자가 바람을 피운다거나 거지꼴을 면치 못한다는 따위입니다. 이 정도는 그나마 양호한 편입니다. 어느 곳은 남의 손에

죽임을 당한다거나 자식이 일찍 죽는다거나 자자손손 목을 매어 죽을 곳이라는 끔찍한 이야기도 있습니다. 그러고 보니 『옥룡자답산가』에는 좋은 이야기보다는 나쁜 이야기가 많은 듯합니다. 사람을 현혹하려면 감언이설로 꼬드겨야 할 때도 있지만 불안과 공포를 조장하는 것이 더욱 효과적입니다. '믿으면 천당에 간다'고 유혹하기보다는 '믿지 않으면 지옥에 간다'고 위협하는 것이 더 설득력 있다는 말입니다. 풍수지리를 믿지 않는 사람이라도 자기 조상의 산소에 끔찍한 운명이 기다리고 있다고 한다면 기분이 좋을 리 없을 겁니다.

사실 고서를 조사하다보면 책더미에 이런 책이 한두 권씩 꼭 섞여 있기 마련입니다. 풍수지리는 조선시대 지식인의 필수 교양이었기 때문입니다. 사람이 살면서 이사를 하든 묏자리를 잡든 적당한 땅을 골라야 하는 일은 늘 있기 마련이니까요. 그래서인지 『옥룡자답산가』는 책이름과 내용이 약간 다를 뿐 전국의 여러 도서관에서 찾아볼 수 있습니다. 이 책에 대해 연구하고 논문이나 책을 써낸 분도 있습니다. 그 덕택에 이 책에 대한 여러 정보를 얻게 되었습니다.

'옥룡자'는 통일신라의 승려 도선국사道詵國師(827~898)의 호입니다. '옥룡자답산가'는 '도선답산가'라는 이름으로 더욱 널리 알려져 있습니다. 그렇다면 이 책은 도선국사가 지은 것일까요? 조선 초기에 간행된 『응제시應製詩』라는 책의 주석에도 '도선답산가'가 인용되어 있으니 오래 전부터 있었던 책인 것만은 틀림없습니다. 하지만 오늘날 우리가 보는 '도선답산가'가 『응제시』의 저자가 보았던 '도선답산가'인지는 알 수 없습니다. 앞서 이야기했듯이 이런 책을 지은 이는 자신의 존재를 감추고 유명한 사람을 저자로 내세우는 경우가 많습니다. 가장 인기 있는 사람이 도선국사, 그리고 조선 중기의 술사術士 남사고南師古(1509~1571)

「도선국사 진영」, 작가미상, 비단에 채색, 142.0×79.0cm, 19세기 말, 도갑사

도선국사는 풍수지리설로 유명한 통일신라 말기의 승려다. 그러나 그의 이름으로 전해지는 풍수
서는 대부분 후대의 위작이다.

입니다. 두 사람이 풍수지리에 밝았다는 사실은 예로부터 널리 알려져 있습니다. 두 사람이 주인공으로 나오는 풍수 이야기는 이루 셀 수 없을 정도입니다. 국어학자의 연구에 따르면, 어휘나 문법으로 보아 이 책은 19세기 후반이나 20세기 초에 만들어진 것이라고 합니다.

'옥룡자답산가'가 출현한 때는 나라 안팎으로 매우 어지러웠습니다. 풍수지리서는 예로부터 있었지만 이 무렵에 더욱 인기를 끌었던 것은 혼란한 현실이 불안과 공포를 자아내 뭔가 믿고 의지할 곳을 찾으려는 사람이 많아졌기 때문 아닐까요.

책을 한 장씩 넘겨보다가 책갈피처럼 끼워진 종이 한 장을 발견했습니다. 부적입니다. 고서를 조사하다보면 책 주인이 이렇게 책장 사이에 끼워놓은 편지나 문서가 나와 뜻하지 않은 소득을 올리기도 합니다. 이 종이에는 여러 개의 부적 문양을 용도별로 그려놓았습니다. 주로 집을 지을 때 쓰는 부적 같습니다. 필요에 따라 그려서 쓰라는 것이겠지요. 일종의 별책부록입니다.

새 집을 지을 때 쓰는 신가부新家符, 문을 고칠 때 쓰는 개문부改門符, 땅을 건드렸다가 눈병이 생기는 것을 막기 위한 동토안병부動土眼病符, 터를 닦을 때 쓰는 동토부動土符가 있습니다. 동토는 우리말로 동티라고 하는데, 건드리면 안 되는 걸 건드렸다가 당하는 피해를 말합니다. 이런 걸 막기 위한 부적이지요. 여행 중에 병이 나는 것을 막기 위한 노병부路病符, 몸에 병이 나는 것을 막기 위한 신병부身病符 역시 동티 때문에 생기는 병을 막기 위한 것 같습니다. 옛날에는 집을 지을 때 이 부적들을 몸에 지니고 있었나봅니다.

부적은 나쁜 것을 막는 데만 쓰는 것이 아니라 좋은 것을 부르는 데도 쓰입니다. 구설수를 없애고 복이 절로 찾아오게 하는 소구설복록

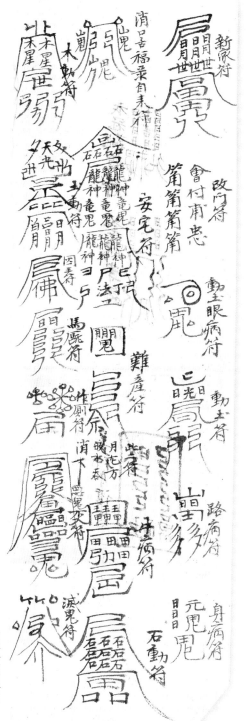

오른쪽부터 위에서 아래로 1행은 신가부新家符, 개문부改門符, 동토안병부動土眼病符, 동토부動土符, 노병부路病符, 신병부身病符, 2행은 소구설복록자래부消口舌福祿自來符, 안택부安宅符, 난산부難産符, 우병부牛病符, 석동부石動符, 3행은 목동부木動符, 토동부土動符, 조왕부竈王符, 마구부馬廐符, 작측부作厠符, 악귀불입부惡鬼不入符, 멸귀부滅鬼符다.

자래부消口舌福祿自來符, 집안을 평안하게 하는 안택부安宅符가 바로 그것입니다. 순조로운 출산을 바란다면 난산부難産符, 재산 목록 1호인 소의 병을 막으려면 우병부牛病符를 쓰면 되겠습니다.

그 밖에 바위를 깨거나 옮길 때는 석동부石動符, 나무를 벨 때는 목동부木動符, 흙을 팔 때는 토동부土動符를 씁니다. 부엌에는 조왕부竈王符, 마구간에는 마구부馬廐符, 측간에는 작측부作厠符를 붙입니다. 작측부를 붙이면 화장실 귀신은 나오지 않겠군요. 아예 귀신을 박멸하고 싶다면 나쁜 귀신이 들어오지 못하게 하는 악귀불입부惡鬼不入符, 귀신을 없애는 멸귀부滅鬼符를 쓰면 되겠습니다.

저는 부적 따위 믿지 않지만, 혹시 믿는 분이 있다면 무속인을 찾아갈 것이 아니라 이중에 필요한 것을 골라 똑같이 그려서 붙이면 되겠습니다. 단, 효과는 보증하지 못합니다. 그건 무속인도 마찬가지 아닐까요.

꿈보다 해몽

;

점치는 책으로 가장 유명한 것이 『주역周易』입니다. 본디 『주역』은 집터를 잡거나 날을 잡기 위한 책은 아닙니다. 하지만 주역점으로 모든 일을 점칠 수 있으므로 집터를 잡는 일 역시 불가능한 것은 아닙니다. 조선 중기의 문장가로 손꼽히는 택당澤堂 이식李植(1584~1647)이라는 분이 주역점을 치고 이사를 결심한 이야기가 『택당집澤堂集』 「택풍당지澤風堂志」에 실려 있습니다.

광해군 시절 택당은 정권을 잡은 사람들의 비위를 거슬리게 해 신변

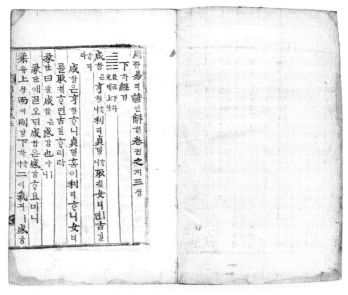

『주역』. 점치는 책으로 가장 유명했다. 택당 역시 주역점을 치고 이사를 결심했다.

의 위협을 느꼈습니다. 사람들 눈에 띄지 않는 곳에 숨어서 목숨이라도 건져야 할 판국이었습니다. 택당은 『주역』을 펼쳐놓고 어떻게 하면 화를 피할 수 있을지 점을 쳤습니다.

'등잔 밑이 어두운 법이니 그냥 서울에서 조용히 지내면 어떨까?' 하고 점을 치자 매우 불길한 점괘가 나왔습니다. 그대로 서울에 머물러 있다가는 뼈도 못 추릴 지경이었습니다. 택당은 멀리 떠나기로 마음먹고 '호남 지방으로 가면 어떨까?' 하고 점을 쳤습니다. 하지만 이번에도 점괘가 신통치 않았습니다. '그렇다면 영남 지방으로 가면 어떨까?' 하고 섬을 쳤지만 역시 좋지 않았습니다. 갈 만한 곳은 모두 점을 쳐보았지만 괜찮은 점괘는 하나도 나오지 않았습니다. '피할 곳이 없구나. 이것이 나의 운명인가' 하고 체념하려던 택당은 문득 조상들의 산소가 있는 경기도 지평砥平 백아곡白鴉谷이라는 곳이 떠올랐습니다. 그곳이 어떨지 점을 쳐보았더니 이런 점괘가 나왔습니다.

마른 버드나무에 새 잎이 돋아나고 노인이 젊은 아내를 얻으니,
이롭지 않음이 없다枯楊生稊 老夫得其女妻 無不利.

이것은 『주역』 '택풍대과괘澤風大過卦'에 나오는 말입니다. 무슨 뜻일까요? 뭔가 비유하는 바가 있는 듯합니다. 마른 버드나무에 새 잎이 돋아난다는 것은 어려운 상황에서 희망을 품을 만한 일이 생김을 비유한 말인 듯합니다. 노인이 젊은 아내를 얻는다는 말 역시 마찬가지인

택풍당. 경기 양평군 양동면 소재. 과거에는 지평현砥平縣이었다.

듯합니다. 늙은 남자와 젊은 여자가 결혼한다면 여자 입장은 모르겠지만 남자 입장에서는 대단히 감사한 일입니다. 운이 좋으면 늦둥이라도 얻을지 모르지요. 마른 버드나무에 새 잎이 돋아난다는 말과 다르지 않은 듯합니다.

택당은 이 점괘를 얻고 이사를 결심했습니다. 지평 백아곡으로 가면 곤란한 처지에서 벗어날 수 있다는 뜻으로 풀이했기 때문이겠지요. 지평으로 이사한 택당은 '택풍당澤風堂'이라는 조그마한 집을 짓고 살았습니다. '택풍대과괘'의 점괘 덕택에 살게 된 곳이라는 뜻이겠지요. 택당이라는 호 역시 여기서 따온 것입니다. 다행히 택당은 이곳으로 이사한 뒤 별 탈 없이 지냈습니다. 훗날에는 높은 벼슬에 오르기도 했지요. 점괘에 따라 이사를 한 덕택일까요? 그렇게 볼 수도 있겠지만 저는 점괘를 받아들이는 택당의 자세 덕분이었다고 생각합니다.

택당은 점을 치고 나서 버드나무가 어쩌구 하는 말만 보고 점괘가 길하다고 기뻐하지 않았습니다. 택당이 유심히 본 것은 '택풍대과괘' 전체를 설명한 부분이었습니다. 거기에는 이런 말이 있었습니다.

홀로 서서 두려워하지 않고 세상을 피해 살면서도 근심하지 않는다獨立不懼 遯世無悶.

택당은 이 말을 보고 깨달은 바가 있었습니다. 그는 세상을 피해 홀로 서더라도 두려워하거나 근심하지 않는 것은 성인聖人이나 할 수 있는 일이라고 여겼습니다. 하지만 그렇다고 포기하지는 않았습니다. 지금 세상이 피해야만 하는 세상이라면, 지금 상황이 홀로 서야만 하는 상황이라면, 어떤 시련이 닥치더라도 두려워하거나 근심하지 않고 하늘의 뜻과 성인의 말씀을 믿고 따르겠다고 결심했습니다. 택당은 12년 동안 택풍당에 살면서 이 말을 실천하기 위해 노력했습니다. 그는 갖은 애를 써도 이러한 경지에 도달하지는 못했다고 고백했지만, 오늘날 그의 이름이 전해지는 것은 그때의 노력 때문이 아닐까 생각해봅니다.

사실 『주역』의 점괘는 신문 한구석에 실리는 '오늘의 운세'와 비슷합니다. 어떤 사람이 어떤 상황에서 보더라도 그럴듯한 내용이라는 것입니다. '오늘의 운세'에는 이런 말이 자주 나옵니다. '미루던 일을 결정하라.' '가까운 사람을 조심하라.' '욕심을 버리고 현실에 만족하라.' 하나같이 누구나 새겨 들을 말입니다. 누구에게나 미루던 일은 있기 마련이고, 가까운 사람에게 뒤통수를 얻어맞은 적도 있을 것이며, 욕심을 부리다가 일을 망친 경험도 있을 것입니다. 이런 말을 듣고 나에게는 해당되지 않는다고 단언할 수 있는 사람이 있을까요? 『주역』 점괘도 마찬가지입니다. 마치 자신의 상황을 족집게처럼 집어내는 것 같고, 시키는 대로 하는 것이 좋을 것 같다는 생각이 들기 마련입니다. 그렇다면 우리는 풍수지리나 주역점을 믿고 행동했던 옛사람들의 모습을 어떻게 이해해야 할까요?

오늘날의 사람들에게 옛사람들이 믿었던 것들은 미개하고 유치하게 보일지도 모르겠습니다. 그러나 중요한 것은 그러한 믿음이 과학적 진실과 얼마나 가까운가 하는 점이 아니라 그것을 받아들이는 자세에 있다고 생각합니다. 이를 계기로 자신의 과오를 반성하거나 절망적인 상황에서도 미래에 대한 의지를 다졌던 옛사람들의 자세는 오늘날 우리로서도 배울 만한 점이 아닐까 합니다. '꿈보다 해몽'이라는 말이 있지 않습니까.

3장

경매장에서 건진 보물

-『소화아집小華雅集』

고서를 경매한다?

;

고서를 경매하는 곳이 있다는 소문을 듣고 찾아가보았습니다.

경매라고 하면 으레 미술품 경매를 떠올립니다. 법원의 부동산 경매가 먼저 떠오르는 분이라면 부자 될 소질이 보입니다. 어쨌든 최근 미술품 경매에 대한 관심이 부쩍 늘어났다고 합니다. 생활수준이 높아지면서 미술품에 대한 수요가 늘어났기 때문이겠지요. 미술품 수집을 취미로 삼는 사람도, 미술품에 투자하는 사람도 드물지 않습니다. 희귀한 작품이 고가에 거래되었다는 보도가 나오면 미술에 별로 관심 없는 사람도 귀가 솔깃해집니다.

고가의 작품은 대개 미술품 경매를 전문으로 하는 큰 회사들이 벌이는 경매에서 거래됩니다. 여기서 오가는 작품은 회화, 조각, 판화, 사진 등입니다. 김홍도의 그림이라든가 김정희의 글씨 같은 고서화古書畫도 경매에서 인기가 높습니다. 이밖에 고려청자, 조선백자처럼 희귀한 골동품의 낙찰가도 날이 갈수록 치솟고 있습니다. 그러나 이처럼 뜨거운 미술품 경매 열기에 동참하지 못하는 물건이 있으니, 그것은 바로 '고서'입니다.

여기에는 여러 가지 이유가 있습니다. 고서를 미술품이라 할 수 있는가 라는 문제도 문제이지만, 중요한 것은 가격입니다. 편지 한 장이라도 희귀하고 비싸다면 미술품으로서 경매가 이루어지는 마당이니, 책이라고 하여 미술품 경매에서 취급하지 못할 이유는 없습니다. 하지만 다행인지 불행인지 고서는 어느 미술품만큼 고가로 취급되지 않습니다. 고서 수집가들의 이야기를 들어보면 고서화나 골동품 가운데 그림과 글씨·도자기류의 가격은 상당히 높지만 고서의 가격은 한참 못

미치는 수준이라고 합니다. 아무래도 고서에 대한 관심이 대중적이지 못하기 때문이겠지요. 그래서인지 미술품 경매에서 고서가 거래되는 경우는 극히 드뭅니다.

하지만 고서 수집가들의 열정만큼은 다른 미술품 수집가들 못지않습니다. 그래서 이분들은 따로 '그들만의 리그'를 만들어 활동하고 있습니다. 고서를 전문적으로 취급하는 경매를 벌이는 것이지요. 고서 전문이라 하더라도 고서, 고문서, 고미술품, 그 외 잡다한 골동품을 함께 취급하곤 합니다만, 그래도 고서의 비중이 상당히 높으니 고서 전문 경매라고 불러도 되겠습니다. 온라인 고서 경매는 인터넷 검색으로 쉽게 찾을 수 있고, 오프라인 고서 경매도 자주 열립니다. 비교적 큰 규모를 갖추고 정기적으로 진행되는 경매는 많은 고서 수집가가 참여할 정도로 인기가 좋습니다. 이런 고서 경매장은 서울에 몇 곳이 있고, 대구에도 한 곳이 있다고 합니다.

고서 경매장은 어떤 풍경일까요? 흔히 경매장이라 하면 소더비, 크리스티 같은 세계적인 경매 회사의 경매장이 떠오르지요. 영화에서처럼 수많은 부호가 모인 호텔 연회장에서 정장을 차려입은 사회자가 경매를 진행하지요. 고서 경매장의 풍경도 아마 비슷하겠지요? 상상의 나래를 펼쳐봅니다.

"이번 물품은 고려시대에 간행된 『직지심체요절』입니다. 출발가는 50억입니다. 10억 단위로 올라갑니다. (한참 후) 자, 100억 원 나왔습니다! 110억 원 부르실 분 안 계십니까? 세계 최초의 금속활자본을 소장할 다시 오지 않을 기회입니다. 마지막으로 셋을 세겠습니다. 하나, 둘, 셋! (땅땅땅–나무망치 두드리는 소리) 네, 7번 고객님께 100억 원에 낙찰되었습니다!"

우레 같은 박수 소리와 함께 경매는 끝나고, 다음 날 신문에는 '고려 시대 『직지』 100억 원에 낙찰'이라는 기사가 실리겠지요. 저는 이런 광경을 상상했는데, 고서 경매장을 종종 출입하는 친구에게 물어보니 현실은 그렇지 않은가봅니다.

"100억? 100억 같은 소리 하고 있네. 100억은커녕 1억, 아니 1000만 원 넘는 것도 구경하기 힘들다고."

"아…… 그래? 그러면 얼마쯤 하는데?"

"글쎄. 할 때마다 다른데, 몇백만 원 하는 것도 간혹 나오지. 하지만 그렇게 비싸지는 않아. 10만 원부터 시작하는 것도 많으니까."

이쯤 되면 솔직히 실망입니다. 10만 원이 적은 돈은 아니지만 불꽃 튀는 경매에서 오가는 돈치고는 아주 평범한 액수이니까요. 그래도 궁금한 것이 많습니다. 거래되는 물량은 얼마나 되는지, 참여하는 사람은 얼마나 많은지 이것저것 캐묻자 친구는 귀찮다는 듯이 말했습니다.

"직접 한번 가보라고. 한 달에 한 번 열리는 고서 경매가 있는데 누구나 참여할 수 있으니까."

이렇게 해서 저는 고서 경매장을 취재하러 가게 되었습니다.

경매장 풍경

;

제가 찾아간 곳은 서울 종로 모처에서 열린 경매장입니다. 벌써 10년 넘게 매달 고서 경매가 벌어지는 곳입니다. 경매장은 제가 상상했던 것보다 훨씬 소박했습니다. 그렇지만 경매에 필요한 인원과 설비는 충분해 보입니다. 경매 참여자도 적지 않은 편인데, 어림잡아 60~70명은

되는 듯합니다. 대부분 중년 남성으로, 50~60대가 주를 이룹니다.

겉보기에는 하나같이 평범한 차림이라 무슨 일을 하는지, 돈은 얼마나 많이 갖고 있는 사람들인지 저로서는 알 길이 없습니다. 하지만 경매에 참여한 이들에게서는 뭔가 색다른 분위기가 풍깁니다. 저도 관련 분야에 종사하는 사람인지라 분위기만은 감지할 수 있습니다.

경매장에 들어서면 경매 규칙과 출품작에 대한 간단한 소개가 실려 있는 카탈로그를 나누어줍니다. 회원들에게는 경매에 앞서 이 카탈로그가 발송되므로 어떤 물건이 나오는지, 시작가는 얼마인지 미리 보고 응찰 여부를 결정할 수 있습니다. 경매장에는 출품된 물건들이 전시되어 있으므로 응찰에 앞서 물건을 자세히 살펴볼 기회도 있습니다. 응찰할 사람에게는 손잡이가 달린 번호표를 나누어줍니다. 응찰은 경매장에 직접 나가서 할 수도 있고, 정체를 숨긴 채 전화로 할 수도 있습니다.

일단 경매가 시작되면 모두 사회자의 진행에 귀를 기울입니다. 하지만 눈은 카탈로그에 고정되어 있습니다. 좀처럼 고개를 드는 일도 없습니다. 이리저리 주위를 둘러보는 사람은 저뿐입니다. 이분들은 점찍어놓은 물건의 차례가 오기를 기다리는 것 같습니다. 그러다가 차례가 오면 잽싸게 번호표를 들어 응찰합니다. 경매 방식은 이렇습니다.

"출품 번호 76번, 조선시대 『풍양세승豊壤世乘』 필사본 1책입니다. 시작가는 10만 원입니다."

사회자가 출품작을 소개한 뒤 시작가를 부릅니다. 사회자가 시작가를 세 번 부를 때까지 응찰자가 나타나지 않으면 그 물건은 유찰됩니다.

"10만, 10만, 10만…… 응찰자가 없으시면 유찰입니다."

제가 관찰한 바로는 그날 절반 이상이 유찰되었던 것 같습니다. 아무래도 가치에 비해 다소 높은 가격이 매겨졌기 때문이겠지요. 고서를 잘 아는 분들이 참여한 경매인 만큼, 가치에 비해 가격이 낮은 고서가 나왔다면 분명 주인을 만났으리라 생각합니다.

응찰하고 싶은 물건이 나오면 미리 받은 번호표를 들면 됩니다. 만약 경쟁자가 없다면 시작가에 낙찰받을 수 있습니다. 하지만 좋은 물건일수록 사려는 사람도 많은 법입니다. 시작가에서 번호표를 든 사람이 여럿이면 사회자는 가격을 높여 부르기 시작합니다. 11만, 12만, 13만, 이런 식입니다. 10만 단위에서는 1만 원씩 높여 부르고, 고가의 물품일수록 올라가는 가격 단위도 큽니다. 진행이 빠르다보니 순식간에 시작가의 몇 배로 가격이 폭등하는 경우도 흔합니다. 그렇게 큰 폭으로 치솟는 가격을 감당할 의지가 있다면 계속 번호표를 들고 있으면 됩니다. 하지만 그렇지 못하다면 응찰을 포기하고 번호표를 내려야 합니다. 그러다보면 결국 한 사람만 남겠지요. 그 사람이 낙찰자가 됩니다.

경매에 참여한 사람들은 미리 가격을 정해놓고 응찰하는 것 같습니다. 일단 경쟁이 붙으면 삽시간에 가격이 솟구치기 때문에 오기로 버티다가는 자기 한도를 넘는 높은 가격에 낙찰을 받고 후회할 수도 있습니다. 반대로 잠깐의 망설임 탓에 간절히 바라던 물건을 영영 놓치고 후회할 수도 있습니다. 낙찰을 받으나 못 받으나 후회하기는 매한가지입니다.

경매가 오랜 시간 진행되다보니 쉬는 시간도 있습니다. 경매장 옆방에는 경매 회사 사무실이 있는데, 여기에는 경매 참여자들을 위해 김밥이나 떡 같은 간식을 준비해놓았습니다. 모두 한 손에는 젓가락을, 한 손에는 커피믹스를 탄 종이컵을 들고 요기를 하며 이야기를 나눕니다. 소박한 풍경입니다. 저도 끼어들어 한 입 얻어먹습니다.

쉬는 시간이 끝나면 다시 경매가 시작됩니다. 사회자는 연신 땀을 닦으면서도 낭랑한 목소리로 진행을 계속합니다. 처음부터 끝까지 앉아 있는 사람도 많지만, 눈독 들인 물건만 손에 넣으면 미련 없이 자리를 털고 일어서는 사람도 있습니다. 저도 볼 만큼 봤다 싶어 중간에 일어섰습니다. 끝까지 참관하지는 못했지만 서로 자기가 낙찰받았다며 난투극을 벌인다거나, '이것은 가짜다!' 하고 폭로하는 소동은 일어나지 않았습니다. 경매장은 차분하고 질서정연했습니다.

이날 경매에는 300여 종이 출품되었습니다. 고서가 대부분입니다만, 고문서·그림·도자기도 등장했습니다. 시작가는 가장 높은 것이 700만, 가장 낮은 것이 10만이었습니다. 평균 가격은 그다지 높지 않았습니다. 시작가 10만 원짜리가 넉넉잡아 전체의 3분의 1 정도 되었습니다. 나중에 들으니, 제가 갔던 날은 연휴가 끼어서 참여자나 출품작이 적었을뿐더러 낙찰가도 낮은 편이었답니다. 그러니 제 이야기만 듣고 고서 경매를 얕봐서는 안 됩니다.

어쨌든 이렇게 고서를 사고팔 공간이 있다는 것은 참으로 다행한 일입니다. 어떤 사람들에게는 쓰레기에 불과한 고서라도 다른 사람에게는 꼭 필요한 것일 수 있습니다. 적정한 가격에 거래가 이루어진다면 파는 사람과 사는 사람 모두에게 유익하겠지요. 지금도 꾸준히 고서 경매가 열릴 수 있는 것은 각자 나름의 분야를 개척한 수집가들, 전문 연구자들, 그리고 필요한 곳으로 고서를 유통시키는 상인 등 고서에 애정을 갖고 있는 이들 모두의 덕택입니다.

경매에 출품하거나 응찰하려면 회원 자격을 갖추어야 합니다. 입회 절차도 간단하고, 회원이 아니라도 구경 정도는 할 수 있으니, 관심 있는 분들의 많은 참여를 바랍니다.

시에 얽힌 이야기, 시화詩話

;

이번에 소개할 책은 제가 아는 분이 고서 경매에서 낙찰받은 책입니다. 이분은 문학 전공자인데, 이 책을 얼핏 보고 조선시대 시인들에 대한 이야기가 많이 있는 것 같아 낙찰을 받았다고 합니다. 그런데 정작 이 책을 손에 넣고 살펴보니, 그다지 새로운 내용이 없다는 것을 알고 낙심했습니다.

하지만 이것은 전적으로 산 사람의 잘못입니다. 고서 경매에서는 입찰하기 전에 물건을 얼마든지 자세히 살펴볼 수 있으니까요. 꼼꼼히 눈여겨보지 않은 탓이지요. 그렇지만 나름의 가치를 지닌 책이니, 기대에 못 미쳤다고 할지언정 손해 본 것은 아니라고 생각합니다.

이 책은 두 권으로 이루어져 있습니다. 표지에는 '소화아집小華雅集'이라고 쓰여 있습니다. '소화小華'는 '작은 중화中華'라는 뜻으로, 우리나라를 가리키는 말입니다. 우리나라 문화가 중국과 비슷한 점이 많다는 이유로 매우 오랜 옛날부터 썼던 말입니다.

당당히 '조선朝鮮'이라 하지 않고 이런 말을 쓰다니, 사대주의가 아니냐고 비난하는 사람들도 있습니다만, 꼭 그렇게 볼 것만은 아닙니다. 신문을 보면 유망한 정치인이나 연예인에게 '리틀little 아무개'라는 별명을 붙이곤 합니다. 그 아무개와 비슷한 점이 많다는 뜻이지요. 그렇지만 그 사람을 비하하려는 의도에서 그런 별명을 붙인 것은 아닙니다. 아직은 원조에 비해 모자란 점이 있지만, 앞으로 크게 될 싹수가 보인다는 뜻이지요. '소화'라는 말도 이와 비슷하다고 생각합니다.

'아집雅集'에는 여러 뜻이 있습니다. 글자대로라면 뭔가 우아한雅 것이 모여 있다集라는 말인데, 선비들의 모임이라는 뜻도 되고, 좋은 글

『소화아집』 속표지(위)와 겉표지(아래).

을 모아놓은 책이라는 뜻도 됩니다. 여기서는 후자인 듯합니다. 책 제목에 대한 이야기는 이쯤 하겠습니다.

한쪽 귀퉁이에 '고심장古心藏'이라는 글자가 보입니다. '고심古心'은 이 책을 보관했던 사람의 호號로 생각됩니다. 장藏은 소유를 뜻합니다. 고심장은 고심이라는 사람이 갖고 있던 물건이라는 말이지요. 박이문朴履文(1673~1743)이라는 사람의 호가 고심인데, 그의 책은 아닌 듯합니다. 시대가 너무 올라갑니다. 표지는 이중으로 되어 있는데, 누군가 이 책을 아끼던 사람이 깨끗한 표지를 덧붙인 모양입니다. 새 표지는 아무리 봐도 20세기 들어 만든 것입니다.

책을 훑어보니 짤막한 이야기들이 실려 있습니다. 어림잡아 수백 가지는 되는데, 주로 한시에 얽힌 것들입니다. 앞 책의 첫머리에 나오는 사람은 태조 이성계이고, 뒤 책의 마지막에 나오는 사람은 이희지李喜之(1681~1722)입니다. 간혹 고려시대 인물들 이름도 보이지만, 이 책의 등장인물들은 대개 조선 초기와 중기의 시인들입니다.

이런 책을 시화詩話라고 합니다. 시화는 글자 그대로 시詩 이야기話입니다. 조금 전문적으로 말하자면 시 비평입니다. 하지만 현대와 같은 체계적인 문학비평서가 아니라 시인과 시에 얽힌 흥미로운 이야기를 모은 정도입니다.

재미있는 것은 이야기의 출처입니다. 시화의 내용은 책을 엮은 사람이 직접 보고 들은 이야기도 있지만, 다른 사람에게 듣거나 책에서 본 것을 옮겨 적은 경우가 많습니다. 이전에 나온 시화들을 두루 참고해 새로운 시화를 만드는 일도 흔합니다. 한 권의 시화는 이전의 시화가 켜켜이 쌓여서 만들어집니다. 『소화아집』의 내용도 대부분 다른 시화에서 옮겨온 것입니다. 딱히 새로운 이야기는 없는 듯합니다. 첫 번째 이야기를 보겠습니다.

태조가 위대한 능력으로 나라를 열어 왕위를 전하게 된 것은 위
화도 회군에서 비롯되었다. 거사를 일으킬 적에 '목자득국木子得國'
이라는 노래가 있었는데, 군사들이 모두 이 노래를 불렀다.

시 이야기라고 하기는 어렵지만, 노래에 관계된 것이라 함께 실은 모
양입니다. 시화에는 시 이야기뿐만 아니라 여러 잡다한 이야기가 끼어
들기 마련이지요. 태조의 위화도 회군은 널리 알려진 역사적 사실입니
다. '목자득국'은 글자 그대로 '목자木子가 나라를 얻는다'는 뜻인데, 목
木과 자子를 합치면 이李가 되므로, 이성계가 왕위에 오를 것이라는 예
언이라고 합니다. 잘 알려진 이야기입니다만, 역사적 사실인지는 알 수
없습니다. 이성계가 왕위에 오른 일을 정당화하기 위해 꾸며낸 것인지
도 모르지요. 어쨌든 신기하고 재미있는 이야기임에는 틀림없습니다.
본격적인 시 이야기를 보겠습니다.

변계량卞季良은 호가 춘정春亭이다. 태종조에 벼슬하여 문장으로
이름을 떨쳤다. 그런데 직전直殿 김구경金久冏이 자주 그의 잘못을
지적하자 변계량이 불쾌하게 여겨 다음과 같은 시를 지어 책망하
였다.

가도賈島의 문장은 소싯적 일이요   賈島文章少日事
횡거橫渠의 학문은 만년의 때로다   橫渠學問晩年時

김구경이 젊었을 적 승려였기 때문이다.

변계량은 조선 초기의 유명한 정승입니다. 정치만 잘한 것이 아니라 글도 잘 지었습니다. 그래서 당시 직전 벼슬을 지내던 김구경이라는 사람이 질투를 했던 모양입니다. 그는 변계량의 잘못을 자주 지적했습니다. 김구경의 행태가 못마땅했던 변계량은 시 한 편을 지었습니다. 이 시는 무슨 뜻일까요?

가도賈島는 당나라 시인이고, 횡거橫渠는 송나라 유학자 장재張載입니다. 그렇다면 이 시의 내용은 김구경이 젊어서는 가도처럼 뛰어난 시인이었고, 늙어서는 장재처럼 훌륭한 유학자가 되었다는 말입니다. 겉으로 보면 칭찬하는 말 같지만 여기에는 숨겨진 뜻이 있습니다.

가도는 한때 승려 노릇을 했던 사람입니다. 김구경을 가도에 비유한 것은 그의 시를 칭찬하기 위해서가 아니라 위 글의 말미에 언급했듯이 그가 젊은 시절 승려였기 때문입니다. 변계량은 의도는 이런 것이었겠지요.

"자네는 젊은 시절 중노릇이나 하더니, 이제 와서 점잖은 선비인 척하며 나에 대해 이러쿵저러쿵하는군."

당시는 유학을 국시로 삼은 조선 왕조가 출범한 직후였으니, 약점을 잡힌 김구경은 찍소리 못하고 입을 다물었을 것입니다. 이 이야기는 서거정徐居正의 『필원잡기筆苑雜記』, 권별權鼈의 『해동잡록海東雜錄』 등에 실려 있습니다. 『소화아집』을 엮은 이는 이런 책들을 읽다가 이 이야기를 발견하고 옮겨 적은 것이 분명합니다. 이밖에도 재미있는 이야기는 얼마든지 있습니다.

그런데 『소화아집』에는 숨겨진 비밀이 있습니다.

太祖神聖英武開國盖統實基於威化回軍舉義之時有木

子得國之謠軍中皆歌之

復定三韓境之句

東閣雜記曰有僧獻異書云得之智異山中有木子乘猪下

太祖微時夢花落鏡墜門山下土屋僧之解之曰花飛終有

實鏡破豈無聲

太祖微時登白岳

突兀高峰接斗魁漢陽形勝自天啓

山播大陸脚三角海東長江出五臺又吟

太祖眷目開山有詩曰引手攀蘿上碧峯一菴高臥白雲中若

將眼界爲吾土木之支

보통 고서는 반으로 접은 종이를 엮어서 만듭니다. 목판본이나 활자본은 인쇄된 종이를 인쇄면이 바깥쪽으로 나오도록 반으로 접고, 그것을 여러 장 엮어 만듭니다. 필사본은 반으로 접은 백지를 엮어서 공책을 만든 뒤, 책장 바깥 면에 글씨를 쓰지요. 어떤 경우든 책장 안쪽은 비게 되는데, 이곳은 유심히 살펴볼 필요가 있습니다. 의외의 보물을 발견할 수도 있기 때문이지요. 책장 안쪽에 다른 종이를 끼워넣거나, 어떤 내용이 적혀 있는 일이 흔하기 때문입니다. 『소화아집』역시 책장 안쪽에 글씨가 쓰여 있습니다.

책장 바깥쪽 글씨는 썩 잘 썼다고는 못 해도 그런대로 단정한 맛이 있습니다. 하지만 책장 안쪽 글씨는 휘갈겨 써서 알아보기가 어렵습니다. 책장 안쪽에 쓰인 내용을 자세히 읽어보면 그 역시 시화입니다. 그런데 조선 초·중기의 시인들뿐만 아니라 이서구李書九(1754~1825), 홍길주洪吉周(1786~1841) 등 19세기에 활동한 시인들에 대한 기록도 보입니다. 대부분은 이덕무李德懋(1741~1793)의 『청비록淸脾錄』같은 시화에서 발췌한 것 같습니다만, 조선 후기의 시인들이 등장하는 시화는 그리 많지 않으므로 이들에 대한 기록은 참으로 중요합니다.

『소화아집』같은 시화가 한가한 이야기를 모은 책이라고 생각할지도 모르겠습니다. 하지만 꼭 그렇지는 않습니다. 조선시대 시화들은 조선 건국, 단종 복위, 중종반정, 기묘사화 등 중요한 역사적 사건에 얽힌 이야기들을 담고 있곤 합니다. 지금은 한갓 흥미로운 역사 이야기로 들릴지 모르겠지만, 사건이 벌어졌던 당시로서는 대단히 민감한 사안이었습니다. 그런 까닭에 당대 사람들은 이런 사안과 관련한 이야기는 함부로 말하기 어려웠을 것입니다.

따라서 시화라는 것은 어둠의 경로를 통해 전해지기 마련입니다. 좀처럼 출판되는 일도 없습니다. 어느덧 세월이 흘러 시인이 죽고 상대도 죽고 더 이상 그 사건을 심각하게 생각하는 사람들이 사라지면, 한갓 가벼운 이야깃거리로 사람들 입에 오르내리게 됩니다. 그때까지 시화는 입에서 입으로, 붓에서 붓으로 정처 없이 흘러다닐 뿐입니다. 그래서 시화는 필사본으로 전해질 때가 많습니다. 이것이 『소화아집』을 비롯한 시화들의 운명입니다.

파란만장한 현대사와 고서의 운명

;

경매에서 『소화아집』을 손에 넣은 분에게 들으니, 이 책은 이명선李明善(1914~?)이라는 유명한 학자가 가지고 있던 책이라고 합니다. 이명선 씨(이하 존칭 생략)는 일제강점기에 국문학을 연구해 경성제국대학 조교수가 되었고, 해방 후에는 서울대에서 강의를 하면서 『조선문학사』를 비롯한 많은 저작을 남겼습니다. 한국전쟁 와중에 월북하다가 행방불명되었다고 합니다.

이명선은 국문학 연구사에서 상당히 중요한 인물입니다. 하지만 월북한 사람들에 대한 이야기를 하는 것이 한동안 금기시되었던 데다 자료가 부족해 그의 일생은 자세히 알려지지 않았습니다. 그러던 중 근래에 고려대에서 강의를 하고 있는 김준형 선생이 이명선의 따님으로부터 이명선의 미발표 원고 및 각종 자료를 제공받아 그의 일생을 자세히 정리했습니다. 『민족문학사연구』28호와 29호(2005)에 나누어 실린 「길과 희망: 李明善의 삶과 학문 세계 上·下」가 바로 그것입니다. 김준형 선생은 이명선의 저술을 정리해 『이명선전집』(전4권, 보고사, 2007)

을 엮기도 했습니다. 참으로 품이 많이 드는 작업이지만 꼭 필요한 일입니다. 김준형 선생의 연구 성과에 의지해 이명선의 생애를 따라가봅니다.

이명선은 충북 괴산 출신입니다. 어린 시절에는 서당에서 한문을 배웠다고 합니다. 이때의 경험은 훗날 그가 고전을 읽고 이해하는 데 큰 도움을 주었으리라 생각됩니다. 그 뒤 이명선은 청주고등보통학교를 거쳐 경성제국대학에 입학했습니다. 대학 시절의 이명선은 순수한 문학청년이었다고 하는데, 이때의 기록에 '공허하고 무미건조한 생활'이라고 했던 점으로 미루어보면, 대학생활이 그리 즐겁지만은 않았던 듯합니다.

무료한 생활에서 탈출할 계기를 마련해준 것은 바로 글쓰기였습니다. 이명선은 1937년 『매일신보』에서 주최한 역사 이야기 현상 공모에서 '양녕대군讓寧大君의 종손宗孫'이라는 글로 3등에 입상했습니다. 이 글은 예로부터 전해지는 이야기를 바탕으로 쓴 한 편의 소설이라 해도 좋을 듯합니다. 유려한 글 솜씨도 글 솜씨지만, 이 글을 통해 그가 우리 옛이야기에 얼마나 큰 관심을 갖고 있었는지 알 수 있습니다.

이명선은 대학 시절부터 직접 들은 옛이야기를 정리해 『이야기』라는 책을 엮었습니다. 여기에는 입에서 입으로 전해지는 구전 설화뿐 아니라 『용재총화』 따위의 시화에 기록되어 있는 이야기도 함께 정리해두었습니다. 이런 이야기는 그가 직접 수집한 고서에서 발췌한 것으로 보이는데, 실제로 이명선은 소설을 비롯한 각종 고서 수집에 열성을 보였다고 합니다. 그가 고서 수집에 적극적으로 나서게 된 계기는 아무래도 스승이었던 가람 이병기 선생의 영향에서 비롯된 듯합니다. 이명선이 수집한 고서는 상당한 분량이었다고 하는데, 『소화아집』도 그중 하나가 아니었나 싶습니다.

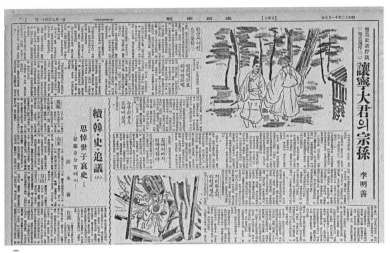

1937년 11월 7일자 『매일신보』에 실린 '양녕대군의 종손'

　1940년 대학을 졸업한 이명선은 잠시 휘문중학교에서 교편을 잡다가 경성제국대학에서 강의를 맡았습니다. 이 무렵 결혼도 했는데, 그의 부인과 장모는 훗날 그의 저술과 장서를 지키는 데 큰 역할을 하게 됩니다.

　해방을 맞자 이명선은 경성제국대학 조교수에서 서울대 조교수로 신분이 바뀌었습니다. 이 시기부터 그는 본격적으로 문학 연구에 매진했습니다. 해방 이후 그의 저술은 대략 세 부류로 나뉘는데, 첫째 중국 현대문학, 둘째 우리나라 고전소설, 셋째 조선문학사 관련 저술입니다. 중국 현대문학에 대한 관심은 혼란한 시대에 문학이 무엇을 해야 하는가에 대한 고민에서 비롯되었고, 우리나라 고전소설에 대한 관심은 평범한 사람들의 삶과 꿈이 소설에 담겨 있다는 믿음 때문이었습니다. 이명선은 소설뿐만 아니라 설화, 실기 자료에도 커다란 관심을 보였는데, 그것은 역사로부터 교훈을 얻기 위해서였다고 스스로 밝힌 적이 있습니다.

뭐니뭐니해도 이명선의 대표 업적은 『조선문학사』입니다. 『조선문학사』는 철저히 유물사관에 바탕을 두고 쓰인 책입니다. 비슷한 시기에 여러 종의 문학사가 나왔지만, 이명선의 『조선문학사』는 전혀 다른 각도에서 씌어졌기 때문에 당시 지식인 사회에 커다란 반향을 일으켰다고 합니다. 그의 문학 연구는 이미 뚜렷이 왼쪽으로 기울어 있었습니다.

결국 이명선은 1949년 좌익 교수로 낙인찍혀 교수직에서 물러났습니다. 해방 이후 조선문화건설중앙협의회, 조선문학가동맹과 같은 좌익 성향의 문화단체에 참여해 활동한 전력도 문제가 되었을 것입니다. 그런데 한국전쟁이 발발해 서울이 북측의 통치 하에 들어가자 이명선은 서울대로 복귀합니다. 북한의 교육성에서 이명선을 대학 총책임자로 지명했기 때문입니다. 자세한 경위는 알 수 없으나 해방 이후 그의 좌익활동과 무관하지 않을 것입니다. 이명선은 서울에 남아 있던 지식인들에게 인민군에 지원하라고 독려하는 등 적극적으로 북측을 지지했습니다.

전황이 바뀌어 서울이 수복되자 이명선은 월북을 시도합니다. 전란 중 그의 행적은 남측으로부터 절대 용납받지 못할 터였으니 당연한 선택이었겠지요. 이명선은 가족도 책도 서울에 남겨둔 채 홀로 북쪽으로 발걸음을 옮겼습니다. 하지만 이후의 행방은 묘연합니다. 종전 후 북측에 살아 있다는 소문이 돌기도 했지만 모두 믿을 수 없는 이야기였습니다. 유감스럽게도 월북 도중 폭격을 맞아 세상을 떠났다는 이야기가 옳은 듯합니다. 당시 그의 나이 서른일곱이었습니다.

이명선의 장모와 부인은 이명선이 월북한 뒤 그의 책을 안암동 자택 방공호에 보관했다고 합니다. 이명선이 평생에 걸쳐 수집하고 소중히 여겼던 책이었기에 언젠가 돌아와 이 책을 찾을 것이라고 믿었기 때문이겠지요. 하지만 전쟁이 끝나도 이명선은 돌아오지 않았습니다. 그리고 세월이 흘러 부인도 세상을 떠났습니다.

책이란 한곳에 모이기는 힘들지만 이리저리 흩어지기는 쉬운 법입니다. 지키는 사람이 없는 책은 금세 사라집니다. 분실, 도난, 파손, 매매를 피하기 어려운 것이 주인 잃은 책들의 운명입니다. 이명선의 장서 일부는 국립중앙박물관으로 들어갔지만 일부는 고서 시장으로 흘러나와 이 사람 저 사람의 손으로 옮겨갔습니다. 『소화아집』도 그 가운데 하나입니다. 이리저리 굴러다니다가 저에게 왔으니, 참으로 사연 많은 책이지요.

여러 시화의 내용을 짜깁기한 『소화아집』은 보잘것없는 책일지도 모릅니다. 하지만 이러한 사연을 알고 보면 이 책은 파란만장한 현대사를 겪은 소중한 보물임에 틀림없습니다.

4장

시詩의 시대
–『시전대전詩傳大全』

시를 읽습니까?

;

요즘 저는 대학에서 학생들에게 시를 가르치고 있습니다. 처음 강의를 맡았을 때는 참으로 난감했습니다. 요즘 대학생들이, 아니 대학생만이 아니라 대부분의 사람이 시를 읽지 않기 때문입니다. 제 수업을 듣는 학생들도 중고등학교 국어 시간에 억지로 시를 공부한 뒤로는 스스로의 의지로 시를 찾아 읽은 적이 거의 없었습니다. 이런 현상은 시를 단순한 말장난으로 간주하거나 글재주 있는 사람의 한가한 소일거리로 치부하는 생각 때문인 듯합니다.

사실 남을 탓할 일이 아닙니다. 문학을 전공한 저도 좀처럼 시를 읽지 않습니다. 시를 읽으려면 상당한 노력을 들여야 하기 때문이지요. 시는 깊이 생각하며 읽어야 합니다. 시는 여러 번 곱씹어보면서 글 이면에 담긴 의미를 찾고 시인의 속내를 알아내기 위해 애써야 합니다.

오랜 세월 여러 사람의 입으로 전해지면서 훌륭한 작품으로 손꼽히는 시라면 그만한 투자를 할 가치가 있을지 모르겠지만, 솔직히 말해서 잘 알지도 못하는 시인이 개인적인 감정을 배설하듯 써놓은 시를 정성껏 읽고 싶은 마음은 없습니다.

요즘 시집은 대부분 '시집 판형'이라 불리는 국판 30절(125×205밀리미터)로 출판됩니다. 한손에 들고 보기 딱 좋은 크기입니다. 두께도 100면 내외이니 무겁지 않습니다. 그러니까 서류 가방이나 핸드백에 넣어두었다가 지하철 같은 데서 살짝 꺼내 한 손으로 들고 보라는 뜻으로 이렇게 만들었겠지요.

하지만 승객이 꽉꽉 들어찬 출근 시간의 지하철에서는 가방에서 뭔가를 꺼내기조차 힘듭니다. 어떤 때는 꼼짝없이 차렷 자세로 목적지까지 가야 합니다. 이런 상황에서 책을 꺼내 읽는 것은 민폐입니다. 퇴근 시간에는 조금 한가하니까 그때 읽으라구요? 좋습니다. 그래서 잠시 시집을 꺼내 읽어볼까 하면 어김없이 방해꾼이 등장합니다.

"잠시 양해 말씀 드리겠습니다. 제가 오늘 가지고 나온 이 제품으로 말씀드리면……"

좋은 물건을 소개하겠다는 사람이 고래고래 소리를 지릅니다. 저도 책깨나 읽었다고 자부하지만, 시끄럽게 떠드는 사람을 옆에 두고 책을 읽기는 어렵습니다. 그 책이 집중을 요하는 시집이라면 더욱 그렇겠지요.

잡상인이 열차 저쪽 끝으로 사라지면 이번에는 열차 이쪽 끝에서부터 스테레오 카세트의 음악 소리가 들립니다. 걸인입니다. 어느 나라에서나 지하철에서 걸인을 마주치게 되지만, 대개는 서툰 솜씨라도 악기를 연주해서 생음악을 들려주지 우리나라처럼 녹음된 음악을 들려주는 경우는 본 적이 없습니다. 과연 IT 강국입니다.

잡상인과 걸인 외에도 많은 사람이 세상에는 시집을 읽는 것보다 중요한 것이 많다는 사실을 몸소 알려주고 싶어합니다. 저를 지옥의 뜨거운 불길로부터 구하기 위해 큰 소리로 외치는 사람도 있고, 행여 제가 책을 읽다가 불우한 이웃을 도울 기회를 놓칠까봐 구구절절한 사연을 종이에 적어 친절히 무릎 위에 올려주는 사람도 있습니다. 제가 젊은 여성이라면 수시로 엉덩이를 노리는 손길을 뿌리치느라 바쁠지도 모르겠습니다. 이런 판국에 한 손에 들기 좋게 시집을 만든들 무슨 소용이 있을까요.

제가 이 이야기를 하는 까닭은 잡상인과 걸인을 추방하고 지하철을 독서실로 만들자는 것이 아닙니다. 우리가 사는 세상이 마음 편히 시를 읽을 여건이 되지 않는다는 것이지요. 사실 요즘 사람들이 시를 읽지 않는 이유는 바로 시를 읽을 만한 마음의 여유가 없기 때문입니다.

사회가 복잡해지면서 정보량이 기하급수적으로 늘어나고, 우리가 처리해야 할 정보량도 많아졌습니다. 이런 상황에서는 하나의 정보를 되새김질할 여유가 없습니다. 따라서 풍부한 정보를 담고 있으면서도 쉽고 자세하고 재미있는 책이 인기를 얻습니다. 한마디로 떠먹여줘야 한다는 말입니다.

시는 불친절합니다. 시집은 답안 없는 문제집입니다. 독자가 시를 읽고 나름대로 해석을 하더라도 그것이 정답인지 아닌지 알 수가 없습니다. 아니, 애당초 정답이 없는 것이겠죠. 이러니 인기가 없을 수밖에요. 어째서 시가 이렇게 푸대접을 받게 되었는지, 시의 역사를 살펴보도록 하지요.

3000년 전의 시집

;

시는 한자문화권에서도 대표적인 문학 양식의 하나였습니다. 문학작품을 시, 소설, 수필, 희곡으로 나누는 서구의 기준과 달리, 한자문화권에서는 문학작품을 운율이 있고 없고에 따라 운문韻文과 산문散文으로 나누었으며, 운문과 산문 아래에는 다시 수많은 양식이 존재합니다. 시는 운문의 대표적인 양식입니다.

시의 유래는 매우 오래되었습니다. 심지어 역사가 기록되기 전부터 존재했습니다. 시의 위상도 굉장히 높았습니다. 시가 중요한 의사소통 수단이었기 때문입니다. 여기에 화려한 시의 시대를 증언하는 책이 있습니다.

표지는 '파경葩經'입니다. 파葩는 꽃이라는 뜻의 글자입니다. 당나라 문장가 한유韓愈가 「진학해進學解」라는 글에서 "『시경詩經』은 바르면서도 꽃처럼 아름답다詩正而葩"고 한 이래로 파경은 곧 『시경』을 의미합니다. 시라는 것은 언어를 세밀하게 다듬어서 그 아름다움을 최대한 발휘하는 장르입니다. 그래서 이런 별명이 붙지 않았나 합니다.

이 책은 전체가 손글씨로 쓰여 있습니다. 이런 책을 필사본筆寫本이라고 하지요. 깨알 같은 글씨로 100장에 가까운 분량을 일일이 손으로 옮겨 적으려면 상당한 시간과 노력이 들었을 것입니다. 필사본은 작정하고 공들여 쓴 것도 있지만 대충 갈겨 쓴 것이 대부분인데, 이 책은

『시전대전』 표지
'파경葩經'이라 쓰여 있다. 파경은 『시경』의 별칭이다.

시전대전
詩傳大全

상당히 공들여 쓴 편에 속합니다. 보아하니 제법 글씨를 쓰는 데 익숙한 사람의 필체입니다. 본문은 모두 현토懸吐가 되어 있습니다. 현토는 우리나라 사람이 한문 문장을 쉽게 이해하게끔 한문에 우리말 조사를 붙인 것입니다.

누가 옮겨 적었는지 알면 좋겠는데, 아쉽게도 단서가 잡히지 않습니다. 다만 어떤 책을 옮겨 적은 것인지는 알 수 있습니다. 이 책은 명나라 영락 연간(1402~1424)에 호광胡廣(1370~1418) 등이 황제의 명령으로 편찬한 『오경대전五經大全』에 실려 있는 『시경대전詩經大全』의 일부를 옮겨 적은 것입니다. 『시경』을 해설한 책은 이루 셀 수 없을 정도이지만, 『시경대전』은 국정 교과서와 같은 존재입니다. 따라서 중국은 물론 조선에서도 『시경』 해석의 표준으로 자리잡았습니다.

『시경』에 실려 있는 시의 창작 연대는 대략 주周나라 초기부터 춘추시대 중기까지라고 하니, 기원전 11세기부터 기원전 6세기, 즉 지금으로부터 3000년 전에서 2500년 전의 시를 모은 시집입니다. 『시경』은 그 머나먼 옛날부터 불과 100년 전까지만 해도 모든 시의 모범이었습니다.

『시경』은 크게 풍風·아雅·송頌의 세 부분으로 나뉩니다. 풍은 국풍國風이라고도 하는데, 중국 각 지방 민중의 입에서 입으로 전래되던 민간 가요입니다. 풍에는 애정과 결혼을 소재로 삼은 가요처럼 밝고 즐거운 작품이 있는가 하면, 권력에 짓눌린 민초의 고통스러운 삶과 지배층에 대한 분노가 숨김없이 드러나는 어둡고 슬픈 작품도 있습니다. 다른 한편으로는 당시의 정치 현실을 풍자하는 날카로운 비판의식이 담긴 작품도 찾을 수 있습니다. 『시경』에 실린 311편의 시 가운데 절반가량인 160편 정도가 여기에 속합니다. 그야말로 대중가요입니다.

아雅는 주나라 왕이 직접 통치하는 지역에서 불리던 노래입니다. 대

雅者正也正樂之歌也其篇本有大小之殊
有正焉有變焉以今考之正小雅燕饗之樂
也燕饗以發其歡欣和說以盡其忠愛也不
荀注以其歡欣發泄之辭也故或歡欣和說
定此及其歡欣之時則事未同而各以其
辭附之其次所以則有不可考者矣

呦呦鹿鳴食野之苹我有嘉賓鼓瑟吹笙吹笙承筐是將人
之好我示我周行 興也呦呦聲和也苹藾蒿也承奉筐所以盛幣
一此燕饗賓客之詩也蓋君之於嘉賓旣設以樂之又實幣帛筐篚以將其
厚意然後忠臣嘉賓得盡其心矣庶虔之義故先王因其飲食聚會而
制為燕饗之禮以通上下之情而其樂歌又以鹿鳴起興
之情而其常歌又以鹿鳴起興

呦呦鹿鳴食野之蒿我有嘉賓德音孔昭視民不恌君子是則
是傚我有旨酒嘉賓式燕以敖 興也蒿菣也即青蒿也孔甚也此
是後我有旨酒嘉賓式燕以敖 興也蒿菣也即青蒿也孔甚也此明視

賦也水林泉也後
維歐戟甬武王也
收野祥之檀車煌煌駟騵彭彭維師尚父時維鷹揚涼彼武王

賦也大商會朝清明煌煌鮮明兑彭彭大況檀木久坚为車为肆縱为也寬涼作涼佐流佐也寛朝清戰

此之曰大明八章

縣之瓜瓞民之初生自土沮漆古公亶父陶復陶穴未有家室

寬寇漬寇窋古室之宮也窋穴所經公叙成王之謀述大王姑遷收比之縣之不絶兑大四瓜大瓜瓞小瓜民周人自遷止地沮漆二水名陶

古公亶父來朝走馬率西水滸至于岐下爰及姜女聿來胥宇

賦也朝早也走居迷狄難也滸水匣也漆沮之測也岐下岐山之下也爰女太王妃也胥相也宇宅也

摯仲氏任　自彼殷商　來嫁于周　曰嬪于京　及王季　維德之行

大任有身　生此文王

維此文王　小心翼翼　昭事上帝　聿懷多福　厥德不回　以受方國

天監在下　有命既集　文王載　天作之合　在洽之陽　在渭之涘

文王嘉止　大邦有子　俔天之妹

大邦有子　俔天之妹　文定厥祥　親迎于渭　造舟為梁　不顯其光

有命自天　命此文王　于周于京　纘女維莘　長子維行　篤生武王

『시전대전』 본문
주周나라의 건국 서사시
「대명大明」의 일부다.

於論鼓鍾 於樂辟廱 鼉鼓逢逢 矇瞍奏公

無見曰矇 無眸子曰瞍

靈臺四章

下武維周 世有哲王 三后在天 王配于京

王配于京 世德作求 永言配命 成王之孚

帝謂文王子懷明德不大聲以色不長夏以革不識不知順帝之則帝謂文王詢爾仇方同爾兄弟以爾鉤援與爾臨衝以伐崇墉

臨衝閑閑崇墉言言執訊連連攸馘安安是類是禡是致是附四方以無侮臨衝茀茀崇墉仡仡是伐是肆是絕是忽四方以無拂

皇矣八章

經始靈臺經之營之庶民攻之不日成之經始勿亟庶民子來王在靈囿麀鹿攸伏麀鹿濯濯白鳥翯翯王在靈沼於牣魚躍

아大雅 31편과 소아小雅 74편이 있는데, 대부분 당시 조정 관원들이 지은 것으로, 주나라의 역사, 신화와 전설 등을 다루고 있습니다. 그리고 송頌은 산천의 신이나 조상신의 공덕을 찬미하거나 제사를 지낼 때 부르던 노래라고 합니다. 주송周頌·노송魯頌·상송商頌으로 나뉘며 모두 40편입니다. 아와 송은 교훈을 담고 있고 서사적 성격이 강해 풍과는 사뭇 다른 모습을 보입니다. 애국가를 비롯해 3·1절 노래, 광복절 노래 같은 각종 기념일 노래와 비슷하다고 보면 되겠습니다.

그런데 옛날 사람들은 어쩌자고 대중가요와 기념일 노래의 가사를 모아서 시집을 만들었을까요? 여기에 대해서는 맹자의 말에 귀기울여 볼 만합니다.

왕자王者의 자취가 사라지자 시가 없어지고, 시가 없어진 뒤에야 춘추春秋가 나타났다王者之迹熄而詩亡, 詩亡然後春秋作.

왕자는 천하를 태평하게 다스리는 사람입니다. 왕자의 자취가 사라졌다는 것은 천하가 대혼란에 접어들었다는 뜻입니다. 어떤 이는 이 말이 구체적인 사실을 가리키는 것이라고 합니다. 바로 주나라 평왕平王이 외침과 내란을 견디지 못하고 서쪽의 호경鎬京에서 동쪽의 낙양洛陽으로 수도를 옮긴 일을 의미한다는 것이지요. 이 때문에 수도를 옮기기 전의 주나라를 서주西周, 수도를 옮긴 뒤의 주나라를 동주東周로 구별합니다. 주나라의 수도 이전은 춘추전국시대의 개막을 알리는 사건이기도 합니다. 주나라 왕이 힘을 못 쓰고 수도를 옮기는 신세가 되자, 그 아래 있던 제후들이 각 지역의 실질적인 통치권을 장악하고 서로 다투는 시대로 접어든 것입니다. 이것이 춘추전국시대입니다. 그런데 시는 왜 없어졌을까요?

여기에 대해서는 몇 가지 설명이 있습니다. 먼저 맹자가 말한 시라는 것이 통치자의 덕을 칭송하고 태평성대를 기뻐하는 노래인 아와 송이라는 설명입니다. 춘추전국시대의 왕은 실권을 빼앗기고 이름만 남아 있던 힘없는 존재입니다. 칭송의 대상이 아닙니다. 게다가 태평성대가 끝나고 대혼란의 시대가 도래했으니 기뻐할 일도 없겠지요. 시가 없어지는 것도 당연합니다.

또다른 설명은 '채시采詩'와 연관지은 견해입니다. '채시'란 시를 채집한다는 말인데, 이때 시는 민간의 노래입니다. 주나라 왕실에서는 백성의 풍속이 어떤지, 정치가 잘되고 있는지 알아보기 위해 전담 관원을 두어 백성이 부르는 노래를 수집했습니다. 민간의 노래야말로 사회상을 제대로 반영하고 정치의 잘잘못을 올바로 평가한다고 생각했기 때문이겠지요. 이렇게 수집한 노래 가운데에는 역사적으로 중요한 사건을 언급하고 통치자의 잘잘못을 칭찬하거나 비판한 것도 있으니, 이것이 쌓이면 자연스럽게 나라의 역사가 됩니다.

그러나 주나라가 쇠퇴하자 채시의 전통도 끊겼습니다. '왕자의 자취가 사라지자 시가 없어졌다'는 말이 이를 의미한다는 것이지요. 시가 없어진 빈자리를 채운 것은 역사입니다. '시가 없어진 뒤에야 춘추가 나타났다'는 것입니다. 춘추는 공자가 편찬한 노魯나라 역사책 이름이기도 하지만, 주나라 제후국들의 역사책을 범칭하는 말이기도 합니다. 그래서 맹자는 '춘추'의 예로 진晉나라의 승乘, 초楚나라의 도올檮杌, 노나라의 『춘추』를 언급했지요. 주나라 백성의 공론에서 나온 시는 사라지고, 이제 제후국들이 제각기 입맛대로 만든 역사책이 나타났다는 것입니다.

맹자의 말은 시의 기능에 대한 중요한 단서를 제공합니다. 옛사람들은 시의 기능을 '미자美刺', 즉 찬미美와 풍자刺라고 했습니다. 시를 지어 사람을 칭찬하기도 하고 비판하기도 한다는 것입니다.

사람을 칭찬하는 가장 좋은 방법은 다른 사람을 통해서 칭찬하는 것이라지요. 면전에서 하는 칭찬은 아부 같기도 하고, 놀리는 것 같기도 하고, 무슨 부탁을 하려는 것 같기도 합니다. 사람을 칭찬하려거든 그 사람이 없는 곳에서 해야 합니다. 그래야 그 칭찬이 진심에서 나왔다고 믿을 수 있습니다. 칭찬을 할 때 또 하나 명심해야 할 것은 에둘러 말하기입니다. 적나라한 칭찬은 부담스럽기 때문이죠.

사람을 비판하는 것도 마찬가지입니다. 면전에서 대놓고 하면 기분 좋을 사람이 없겠지요. 때로는 비판하는 사람이 해를 입을 수도 있습니다. 그러니 완곡한 말로 빙 돌려서 하는 것이 좋습니다. 비판받는 사람은 크게 마음 상하지 않고, 비판하는 사람도 무사할 것입니다. 언어 이면에 의미를 숨기는 것, 이것이 바로 시의 가장 큰 특징입니다.

저물어가는 시의 시대

;

춘추시대는 시의 값어치가 가장 높았던 때였습니다. 그 시대 각국의 외교관들은 시를 인용하여 자신의 뜻을 넌지시 전했다고 합니다. 그렇다고 아무 시나 읊었던 것은 아니고 『시경』에 있는 시를 인용했다는군요. 『시경』은 당시 지식인들의 공통 교양이었으므로 거기에 실린 시 가운데 뜻에 맞는 것을 골라 읊으면 의사소통이 이뤄졌다고 합니다. 그러기 위해서는 『시경』에 실린 시 300여 편을 달달 외우고 있어야 합니다.

시만 외울 것이 아니라 시에 얽힌 이야기들도 모두 알고 있어야 오해가 없겠지요.

언어는 그 본질상 오해를 사기 쉽습니다. 개인과 개인 사이에서도 오해가 생기면 풀기 어려운 법인데, 국가 대 국가의 외교에서 오해가 생긴다면 자칫 수습할 수 없는 지경에 이르기도 합니다. 때문에 외교 현장에서는 말조심이 중요합니다.

지금도 그렇지만 국제 외교에서 오가는 말은 대체로 무난하면서도 애매모호합니다. 이 때문에 각국은 상대국 외교관의 '발언의 진의'를 파악하기 위해 애를 씁니다. 무난해야 문제를 일으키지 않을 테고, 애매모호해야 문제가 생겼을 때 말을 뒤집기 쉬워서이겠지요. 그러면 입을 다물면 되지 않느냐고 반문하는 사람도 있겠지만, 그것도 안 됩니다. 입을 다무는 것도 의사 표시의 한 가지이기 때문입니다. 따라서 외교관들의 발언은 거의 예술적인 수준으로 다듬어져 있습니다. 한 편의 시나 다름없지요.

우리나라에도 시 한 편으로 외교 문제를 해결한 사람이 있습니다. 바로 고구려의 을지문덕 장군입니다. 612년 수隋나라 장군 우중문于仲文이 대군을 이끌고 고구려를 침공하자 을지문덕은 거짓으로 패배하며 이들을 평양성 근처까지 유인했습니다. 우중문은 여러 차례 승리를 거두긴 했지만 평양성의 방비가 견고하여 쉽사리 함락시키기 어렵다는 사실을 깨달았습니다. 게다가 적국 깊이 들어온 터에 군량도 떨어지고 군사들의 사기도 저하되어 난감한 처지에 놓였습니다. 철수하고 싶었지만 고구려를 정벌하겠다고 큰소리치며 여기까지 왔는데, 그냥 물러난다면 체면이 말이 아닙니다. 그야말로 진퇴양난입니다. 이때 을지문덕이 시를 보냈습니다. 그 유명한 「수나라 장군 우중문에게 주는 시與隋

「將于仲文詩」입니다.

신기한 책략은 천문을 다 헤고	神策究天文
교묘한 계산은 지리를 꿰뚫었네	妙算窮地理
싸움 이겨 공이 이미 높으니	戰勝功旣高
만족하고 이제는 그쳐주기를	知足願云止

어떤 분들은 조롱하는 내용이라고 하는데 그렇지는 않은 듯합니다. 조롱하는 내용이었다면 우중문이 이 시를 읽고 쉽사리 물러나지 않았 겠지요. 이 시는 우중문을 추켜세우며 우회하여 설득한 것입니다. 당 신은 참으로 훌륭한 장수다, 당해낼 수가 없다, 하지만 너무 몰아세우 지 말라, 알았으니 이제 그만하자, 이렇게 말입니다.

우중문은 이 시를 받고 이렇게 생각했을 겁니다. 그러면 그렇지, 내 가 두려운 모양이군. 이쯤 했으면 됐겠지. 실제로 우중문이 이 시를 받 고 답장을 보내자 을지문덕은 군사만 물린다면 왕을 모시고 가서 항복 하겠다고 약속했습니다. 그러고는 철수하는 수나라 군사를 뒤쫓아가 서 살수薩水의 물살로 휩쓸어버렸지요.

이 이야기는 널리 알려져 있습니다만, 저는 이것을 다른 각도에서 보려 합니다. 이 시화는 시의 시대가 끝나가고 있음을 알려줍니다. 사 실 엄격하게 따지자면 을지문덕은 우중문의 뒤통수를 친 것입니다. 정 중히 시를 보낸 행위는 결국 속임수에 불과했습니다. 하지만 상대를 죽이지 않으면 자신이 죽는 전쟁터에서 상대를 속이는 것은 잘못이 아 닙니다. 누가 더 잘 속이는가, 이것이 전쟁의 승패를 좌우합니다.

전쟁터에서 예의를 찾는 사람은 이미 춘추시대부터 바보 취급을 받앗습니다. 송나라 양공襄公은 강물을 건너느라 정신없는 적군을 공격하자는 장군의 건의를 무시했습니다. 군자가 할 짓이 아니라는 이유에서였습니다. 결국 송나라는 크게 패배하고, 사람들은 두고두고 양공을 비웃었습니다.

질서가 무너지고 균형이 깨지면 남는 것은 싸움뿐입니다. 싸움터는 신뢰가 통하지 않는 곳입니다. 같은 질서 아래에서 같은 문화를 공유하는 사람들이 신뢰에 바탕해 시 한 편으로 문제를 해결하는 시대는 이미 저물어가고 있었습니다.

재미있는 사실은 지난 한미 FTA 협상 과정에서도 이 시가 등장했다는 것입니다. 협상이 교착상태에 빠지자 한국 협상단이 미국 협상단에게 이 시의 원문과 영역문을 건네주었다지요. 양보할 만큼 양보했으니 적절한 선에서 타협하자는 뜻이었다고 합니다. 미국 협상단이 이 시를 제대로 이해했는지 모르겠는데, 그들의 언어와 문화는 우리와 다르니 이해하기 어려웠을 겁니다.

삼국시대 이후로도 한동안 시는 중요했습니다. 명나라가 멸망하기 전까지 조선에서는 외교 업무를 담당하는 사람을 뽑을 때 시 짓는 능력을 중시했습니다. 명나라 사신이 조선에 오면 으레 조선 측에서 마중 나온 관원과 시를 주고받았기 때문입니다. 조선 관원의 시는 명나라에 조선의 문화 수준을 과시하는 수단이었습니다. 국가적 자존심을 걸고 명나라 사신과 겨루어보려는 생각도 있었겠지요. 조선 문인이 시를 지어 명나라 사신의 콧대를 납작하게 만들었다는 이야기는 시화에 자주 등장합니다. 하지만 양국의 문인이 시를 주고받은 까닭은 무엇보다 조선이 명나라 천자가 지배하는 세계질서 속에서 같은 문화를 공유하고 있다는 사실을 증명해 양국의 관계를 원만히 하려는 의도에서 비롯된 것 같습니다.

그러나 명나라가 멸망하고 청나라가 그 자리를 차지하자, 사신들이 서로 시를 주고받는 일도 어느새 자취를 감추었습니다. 조선과 청나라 사이에 수많은 사신이 오갔지만, 시를 주고받았다는 공식적인 기록은 확인되지 않습니다. 이 점에 대해 이정직李定稷(1841~1910)은 이렇게 말했습니다.

정묘호란과 병자호란 이후 다시는 중국 사신과 시를 주고받는 일이 없어졌다. 문단에서는 오로지 외교 문서만 중요시하였고, 유학자들은 시를 사소한 재주로 여겼다. 그리하여 시는 귀하지 않게 되었다.

청나라가 동북아시아를 제패한 이후로도 대부분의 조선 문인은 그들을 세계의 주인으로 인정하지 않았습니다. 청나라의 지배질서에 포섭되는 과정에서 당한 굴욕도 굴욕이지만, 그들을 오랑캐로 치부하여 문화 수준만은 우리가 우위에 있다고 여겼던 자존심이 빚어낸 결과입니다. 동일한 세계질서 아래에서 동일한 문화를 공유한다는 의식이 없었으니, 시를 주고받을 이유도 없었습니다. 사무적인 외교 문서나 주고받으면 그만입니다. 게다가 유학자들이란 본디 시를 하찮은 재주로 여기는 사람들입니다. 결국 시의 값어치는 폭락을 면하지 못했습니다. 그러고는 곧 근대를 맞이하였습니다.

시를 위한 변명

;

근대는 소설의 시대입니다. 서구 문학이 소개되면서 가장 주목받아온 장르는 소설입니다. 거기에는 여러 이유가 있겠지만, 소설이 차지하는 자리가 넓어지는 만큼 시가 설 자리는 좁아졌습니다.

출판이라는 분야에 한정해서 말하자면, 세계적으로 시집 출판이 사양 산업임을 부정하기란 어렵습니다. 1980~1990년대 우리나라에서도 100만 부를 넘기는 베스트셀러 시집이 있었지만, 요즘은 상당히 위축되었다고 합니다. 그나마 비교적 인기 있는 시집들은 젊은 계층의 표피적 감성을 자극하는 가벼운 시풍을 보인다는 점도 문제로 지적되고 있습니다.

하지만 전망이 불투명한 세계적인 출판 시장의 불황 속에서도 우리나라 시집 출판은 제법 선전하고 있다고 합니다. 시집이 전체 출판 시장에서 차지하는 지분은 어느 정도 유지되고 있다니 그나마 다행입니다. 더욱 다행스러운 것은 외국 시보다 우리 시를 읽는 사람이 더 많다는 사실입니다. 소설이나 논픽션의 베스트셀러 가운데 상당수는 외국 작가의 작품을 번역한 것입니다. 반면 시집 분야에서 판매 순위 상위에 올라 있는 책은 대부분 우리나라 사람이 우리말로 쓴 것입니다. 이것은 번역이 까다로운 시의 속성 때문입니다.

시를 제대로 이해하려면 시인과 독자가 언어와 문화를 어느 정도 공유해야 합니다. 서로 다른 문화권의 사람들이 과연 서로의 시를 제대로 이해할 수 있을까요? 상대방의 언어와 문화에 대해 깊이 있게 공부했다면 몰라도, 그렇지 않다면 어렵습니다. 한때 영미 시가 유행했지만 그 흐름은 오래가지 못했습니다. 외국 시를 이해하려고 하면 머리에 쥐가 날 지경입니다. 제 생각에 우리나라 사람들에게는 영미 시보다는 차라리 한시가 더 쉽게 다가올 거라 봅니다. 우리는 19세기 영국 사람이었던 엘리엇이나 예이츠보다는 조선의 시인들과 더 많은 것을 공유하고 있기 때문이지요. 시는 같은 문화권에 사는 사람들만이 공유할 수 있는 문학입니다.

전 세계 사람들이 비슷한 생활을 하고 있는 지금도 다른 문화권의 시를 이해하기란 여전히 어렵습니다. 문화의 차이도 크지만 언어 차도 크기 때문이지요. 시인의 의도를 읽어내려면 시인이 쓴 언어를 제대로 이해해야 합니다. 번역을 하면 되지 않겠느냐고 하겠지만, 시를 번역한다는 것은 날것으로 먹는 음식을 익혀 먹는 것에 비할 법합니다. 익힌 음식은 먹기 쉽고 소화하기도 쉽지만, 익히는 과정에서 상당량의 영양소가 파괴됩니다. 시를 번역하면 다른 언어를 사용하는 독자가 읽을 수는 있겠지만 시인이 애써 만들어놓은 함축과 여운이 파괴됩니다. 함축과 여운, 그 밖에 운율 따위의 각종 언어적 효과를 그대로 살리면서 시를 외국어로 옮기기란 불가능에 가깝습니다. 그래서 영미 시를 이해하려면 영어를 공부해야 하고, 한시를 이해하려면 한문을 배워야 합니다. 시는 같은 언어를 사용하는 사람들만이 공유할 수 있는 문학입니다.

흔히 시는 행간行間을 읽어야 한다지요. 언어 이면에 숨겨진 뜻을 읽어야 한다는 것입니다. 따지고 보면 소설도 행간을 읽어야 하는 것은 마찬가지입니다. 줄거리만 따라가고 마는 소설은 재미있는 소설일지는 몰라도 좋은 소설은 아닌 듯합니다. 등장인물의 대화와 행동에 숨겨진 의미를 찾는 것이 소설을 제대로 읽는 방법입니다. 영화도 화면과 화면 사이를 봐야 합니다. 행간을 읽으려는 독자가 사라지면 의미 없는 자극적인 줄거리와 볼거리만 남게 될 것입니다.

시인은 시를 지을 적에 언어 이면에 다른 의미를 숨겨두기 마련입니다. 독자가 시를 읽으면서 이것을 찾아내려면 시인과 같은 언어, 같은 문화를 공유해야 합니다. 그렇지 않으면 시인이 감춰둔 의미를 찾기 힘듭니다. 이렇게 보자면 시는 우리 문학의 최후의 보루라고 하겠습니다.

저는 시가 여전히 우리 문화에서 결코 무시할 수 없는 위상을 차지하고 있다고 봅니다. 단지 형태가 다를 뿐이지요. 우리는 시의 범주를 지나치게 협소하게 보는 경향이 있습니다. 교과서에 실려 있는 "깃발은 소리 없는 아우성" "내가 그의 이름을 불러주었을 때 그는 나에게로 와서 꽃이 되었다"가 시의 전부가 아닙니다. 지금도 노래 가사, 광고 카피, 신문 기사 등에 시의 속성이 그대로 남아 있습니다. 블로그에, 미니홈피에 올리는 짤막한 글도 넓은 의미에서는 모두 시라고 할 수 있지 않을까 합니다.

또 시의 인기가 바닥에 떨어진 지금도 노래의 인기는 여전합니다. 시를 읽지 않는 사람도 노래는 듣지요. 노래에서 가사의 역할은 무엇일까요. 말로 의미를 전달하는 것입니다. 말의 참뜻은 겉으로 드러나기도 하지만 속에 숨겨져 있기도 합니다. 그리고 말이 짧을수록 숨겨진 뜻은 깊어집니다. 이렇게 보면 우리가 사용하는 언어는 모두 본질적으로 시의 속성을 지니고 있다고 할 수 있습니다.

지금 사람들에게 시를 읽으라고 강요하기는 어렵습니다. 하지만 이것만은 말해둘 수 있습니다. 좋든 싫든 우리는 언어로 의사소통을 하면서 살아야 합니다. 시를 배운다는 것은 우리가 일상생활에서 사용하는 언어의 속성을 배우는 것입니다. 그렇다면 시를 읽는다는 것은 다른 사람의 언어를 좀 더 깊이 이해하려는 노력이라고 할 수 있지 않을까 합니다.

5장

손수 만든 시집

—『과시科詩』

「평생도」에 그린 일생

;

「평생도平生圖」라는 그림이 있습니다. 한 사람의 일생에서 중요한 장면을 몇 가지 골라 그린 그림입니다. 대개는 병풍으로 만들어지는데, 병풍에 넣을 수 있는 그림은 여섯 장 또는 여덟 장이니까 평생의 수많은 사건을 여섯 가지 또는 여덟 가지 장면으로 압축해야 합니다. 지금 남아 있는 조선시대 평생도는 인생의 황혼기에 접어든 남성 사대부가 지난 인생을 반추하며 그리게 한 것으로 짐작되는데, 이들이 선정한 인생의 주요 장면은 돌잔치, 결혼식, 과거 급제, 관직 부임, 환갑잔치, 은퇴직 이후의 생활 등입니다.

만약 여러분이 인생의 황혼기에 접어들었을 때, 그동안의 삶에서 여섯 가지 중요한 장면을 고르라고 한다면 무엇을 꼽겠습니까? 저마다 인생의 의미는 다르니까 중요한 장면도 달리 떠오르겠지만, 일반적인 관점에서는 옛사람과 별 차이가 없을 것 같기도 합니다.

돌잔치와 결혼식은 지금도 여전히 중요하고, 입학과 졸업을 반복한 끝에 취직에 성공하는 것은 과거에 급제해 관직에 오르는 것과 마찬가지입니다. 관직생활은 직장생활과 같고, 일정한 나이가 되면 일을 그만두는 것도 같습니다. 연로하신 부모님을 위해 특별한 자리를 마련해 건강과 장수를 기원하는 자녀들의 심정도 지금과 다름없지요. 지금처럼 아무 때나 사진을 찍기 어려웠던 시절에도 돌 사진과 졸업 사진, 결혼 사진, 그리고 환갑잔치 사진만은 꼭 찍었지요. 이걸 이어붙인 것이 바로 평생도입니다.

물론 인생에 좋은 일만 있는 것은 아닙니다. 부모님이 돌아가시는 일을 겪기도 하고, 회사에서 잘리거나 사업에 실패할 수도 있습니다.

요새 아무리 이혼이 비일비재하다지만, 당사자에게는 잊히지 않는 기억입니다. 이런 일들도 인생의 중요한 장면이 될 수 있습니다. 인생의 불행한 사건이 주는 고난과 역경을 이겨낸 사람이라면 더욱 그렇겠지요. 하지만 「평생도」에는 좋지 않은 일을 그리지 않습니다.

좋지 않은 일은 종교화의 소재입니다. 고난과 역경을 이겨내고 깨달음에 이르는 것이 종교의 본질이기 때문입니다. 교회나 절에 가보면 좋은 일보다 좋지 않은 일을 그린 그림이 많습니다. 예수님이 피를 뚝뚝 흘리며 십자가를 끌고서 골고다 언덕을 올라가는 모습을 그린 그림을 '수난도受難圖'라고 하지요. 부처님이 피골이 상접한 몸으로 보리수나무 아래에서 도를 닦는 모습을 그린 그림은 '고행도苦行圖'라고 합니다. 이렇게 처절한 장면을 묘사하는 데는 이유가 있습니다.

레오나르도 다빈치의 「최후의 만찬」을 떠올려봅시다. 예수님과 제자들이 음식을 앞에 놓고 앉아 있습니다. 음식을 차려놓은 자리에 앉은 구도 자체는 친구들과 패밀리레스토랑에 가서 셀프카메라로 찍은 것과 같습니다. 그렇지만 분위기는 사뭇 다릅니다.

"이 중에 나를 배신한 사람이 있다."

충격적인 발언을 듣고 '이럴 수가' 하고 비탄에 빠진 사람이 있는가 하면, '어떤 놈이지?' 하고 벌떡 일어설 듯한 사람도 있습니다. 모두 공포와 혼란, 분노와 절망에 휩싸인 모습입니다. 그러나 정작 가운데에 자리한 주인공은 담담한 표정입니다. 무서운 고난이 다가올 줄 알면서도 의연한 태도를 잃지 않는 그 모습은 이미 인간의 영역을 벗어났다고 봐야 합니다. 종교는 인간의 한계를 벗어난 영역을 추구하며 수난과 고행에 의미를 부여합니다. 이것이 종교화에 비극적인 소재가 자주 등장하는 이유입니다.

楊度弧莚

「모당 홍이상 평생도」
김홍도,
종이에 엷은색,
각 122.7×47.9cm,
1781, 국립중앙박물관

'초도호연初度弧莚'
돌잔치를 묘사한 그림이
다. 가운데 돌상을 앞에
두고 앉아 있는 아이가
주인공이다.

'혼인식婚姻式'
혼례를 치르기 위해 신부
집으로 가는 모습이다.
가운데 관복 차림으로 말
을 타고 있는 사람이 주
인공이다. 뒤에서 장옷
차림으로 말을 타고 있는
여인은 유모로 보인다.

'한림원겸수찬시
翰林院兼修撰時
처음 관직에 올랐을 때의
모습이다.

'병조판서시兵曹判書時' 병조판서 때의 모습이라 하는데, 홍이상은 병조판서를 지낸 적이 없다. 초헌軺軒을 타고 있는 사람이 주인공이다. 초헌은 종2품 이상의 관원만 탈 수 있는 바퀴 달린 수레다.

'회혼식回婚式'
혼인 60주년을 맞이해 다시 혼례를 올리는 광경을 묘사한 그림이다. 홍이상은 안동 김씨와 혼인해 6남3녀를 두었다.

비극적이면서도 숭고한 장면이지만, 평범한 인간으로서는 감당할 수 없는 인생입니다. 인류를 구원하고 중생을 구제하는 일은 아무나 할 수 없습니다. 평범한 인간은 숭고한 불행보다는 소박한 행복을 추구합니다. 인간으로서 인간의 행복을 추구하는 건 잘못이 아니라고 봅니다.

종교는 인간의 영생을 이야기하지만, 인간이 진정 바라는 것은 몸의 영생이 아니라 기억의 영생입니다. 이 몸은 비록 죽더라도 누군가 나를 기억해주기를, 그리고 내가 가지고 있는 기억이 먼 훗날까지 전해지기를 바랍니다. 예술이라는 것이 존재하는 이유는 바로 여기에 있습니다.

돌잔치와 결혼식과 환갑잔치는 거대한 세계의 기나긴 역사 속에서는 아무것도 아니지만, 한 사람의 일생에서는 무엇과도 바꿀 수 없는 소중한 추억입니다. 이런 추억을 그림으로 그린 것이 「평생도」입니다. 「평생도」의 주인공은 지금 남아 있지 않지만, 추억은 그림과 함께 지금도 살아 있습니다.

기억을 오래 남기려는 인간의 염원이 「평생도」를 만들었지만, 달랑 여섯 혹은 여덟 폭으로 인생의 모든 장면을 묘사할 수 없는 것은 분명합니다. 삶의 장면마다 사진 찍듯 모두 그림으로 남길 수 있으면 좋으련만, 옛날의 그림 값은 상상을 초월합니다.

지금처럼 미대 졸업생이 1년에 수천 명씩 쏟아지는 시대가 아닙니다. 일단 그림을 그릴 줄 아는 사람이 드뭅니다. 사군자四君子는 아무나 그릴 수 있을지 몰라도, 초상화나 기록화는 전문 화가가 아니면 손대기 어렵습니다.

그림 재료도 비쌉니다. 수묵화는 붓과 먹만 있으면 되지만, 컬러로 제작한다면 색깔을 내는 안료顔料를 모두 만들어 써야 합니다. 온갖 희귀한 재료가 필요하므로 제작비가 만만치 않습니다. 게다가 색깔 있는 그림은 아무 종이에나 그릴 수 없습니다. 비단에 그려야 합니다. 그 밖에도 필요한 도구는 한두 가지가 아닙니다. 화가가 그림을 그리는 동안 먹여주고 재워주는 비용은 별도입니다.

『계추기사癸秋記事』라는 책이 있습니다. 1783년 이명기李命基라는 화가가 표암豹菴 강세황姜世晃(1713~1791)의 초상화를 그린 과정을 기록한 것입니다. 이 책을 연구한 이태호 교수의 설명에 따르면, 초상화 한 폭을 그리는 데 걸린 기간은 20일, 비용은 50냥 안팎이 들었다고 합니다. 50냥이면 지금 돈으로 400만 원 정도라는데, 정조 임금의 명령으로 국가의 힘을 빌려 제작했으니 망정이지. 그렇지 않았다면 이 정도 비용에 그치지 않겠지요. 개인이 주문 제작한다면 그림 한 점에 집 한 채 값은 쏟아부어야 했을 겁니다.

『계추기사癸秋記事』, 강관, 종이에 먹, 36.4×51.8cm, 1783, 개인
초상화 제작 과정을 자세히 기록한 책이다.

과시
科詩

그림 값이 이렇게 비싸니, 그림으로 기억을 남기려면 대단한 각오가 필요합니다. 웬만해서는 엄두를 낼 수 없으니, 다른 방법을 찾아야 합니다. 과거의 기록 수단은 그림 아니면 글뿐입니다. 글은 그림에 비해 아무래도 리얼리티가 떨어지지만, 생각과 감정을 전달하는 데는 글이 훨씬 효과적입니다. 그래서 옛사람들은 인생의 중요한 계기마다 글을 썼습니다. 순간의 기억을 오래 간직할 목적으로 남긴 글 중에 대표적인 것이 바로 시詩입니다.

시와 일생

;

옛사람의 일생은 시로 시작해서 시로 끝난다고 해도 과언이 아닙니다. 먼저 아이가 태어나면 아버지는 시를 지어 기쁨을 기록합니다. 옛 시 가운데는 아들딸 손자 손녀를 얻고서 지은 시가 많습니다. 조선시대에는 남아선호 사상이 지배적이었을 것 같지만, 시를 보면 전혀 그렇지 않습니다. 아들도 딸도, 손자도 손녀도 모두 소중히 여겼음을 알 수 있습니다. 딱딱한 글에서는 좀처럼 내보이지 않는 솔직한 감정이 잘 드러나는 것이 시의 특징입니다.

아이는 크면서 시 짓기를 배웁니다. 한시를 제대로 지으려면 엄격한 형식을 따라야 하지만, 아이에게는 그런 것을 요구하지 않습니다. 형식 따위 관계없이 대강 뜻이 통하게만 지으면 그만입니다. 형식의 제약이 없던 먼 옛날의 시와 같다는 뜻에서 고풍古風이라고 합니다. 어려서부터 시를 잘 지으면 신동 소리를 들을 수 있지요.

머리가 굵어지면 제대로 된 시를 배우기 시작합니다. 교재는 옛 시인들이 남긴 명시名詩들을 엮은 책입니다. 중국 당唐나라의 시를 모은 『당음唐音』, 아름다운 시구 100개를 엄선한 『백련초해百聯抄解』, 1000편의 시를 통해 시 짓는 법을 설명한 『연주시격聯珠詩格』 따위입니다. 이 책들은 서당에서 시를 배울 때 썼던 교재입니다.

사춘기가 되어 행여 연애라도 하게 되면 시는 더욱 긴요해집니다. 시를 짓지 못하면 연애를 할 수가 없습니다. 옛 소설에 등장하는 남녀 주인공은 반드시 시를 통해 서로의 마음을 확인했습니다. 우리 편견과 달리 조선시대 사대부 집안 여성들은 대부분 시를 읽고 지을 줄 알았던 듯합니다. 부부가 평생 시를 주고받은 일도 드물지 않습니다. 출장이나 외지 근무가 잦아 함께 있는 날보다 떨어져 있는 날이 많았던 조선시대 부부는 시와 편지를 자주 주고받았습니다.

놀기만 할 수는 없겠지요. 과거시험을 준비해야 합니다. 과거에도 시가 출제됩니다. 과체시科體詩라고 합니다. 시를 배우지 않으려야 않을 수가 없습니다. 과거에 합격해서 벼슬길에 오르면 시 지을 일은 더욱 많아집니다. 월과月課라고 하는 시 짓기 숙제를 매달 제출해야 하고, 시를 주고받을 사람도 늘어납니다. 동료, 선후배와 어울리려면 시를 지어야 하고, 임금님이 시를 지으면 따라서 지어 바쳐야 합니다. 잘 지으면 상도 받습니다.

벼슬하면서 사람들과 만나고 헤어질 때에도 시를 짓습니다. 누군가 중국에 사신으로라도 가게 된다면 주위 사람들이 모두 송별시를 지어줍니다. 그 시를 엮어 첩帖으로 만드는 것이 관례이니 나만 빠질 수도 없는 노릇입니다. 처지가 바뀌어 내가 먼 길을 떠난다면 다른 사람들이 시를 지어주겠지요.

출장을 떠나거나 지방관으로 부임하게 되면 오가는 길 내내 시를 짓

「북원수회도北園壽會圖」, 정선, 비
단에 엷은색, 간송미술관. 이광적
李光迪의 과거 급제 60주년을 기념
하는 모임을 그린 것인데 이런 자리
에도 시는 빠지지 않는다.

습니다. 숙직이라도 한다면 밤새 뭐하겠습니까. TV도 없으니 시를 지으며 시간을 때웁니다. 잘못을 저질러 유배를 가도 시를 짓습니다. 시가 아니면 억울하고 답답한 심정을 달랠 길이 없습니다. 그래서 유배지에서 좋은 시가 많이 나옵니다. 유배지에서는 백성의 생활을 자세히 살펴볼 수 있으니, 민간의 풍속을 노래한 시도 종종 짓게 됩니다.

시 말고는 즐길 거리가 없을까요? 그림도 있고 음악도 있고, 책을 읽거나 여행을 갈 수도 있습니다. 그렇지만 이것들도 모두 시의 소재입니다. 누가 그림을 보여주면 그림 귀퉁이에 시를 써줍니다. 음악을 들으면 노랫말을 시로 옮겨봅니다. 책을 읽으면 시로 독후감을 씁니다. 경치 좋은 곳으로 놀러 가도 시를 짓습니다. 술자리에서도 시는 빠지지 않습니다. 누가 누가 빨리 잘 짓는지 겨루기도 합니다. 지는 사람은 벌주罰酒를 마셔야 합니다.

일상생활의 모든 것도 시의 소재가 됩니다. 해가 떠도 시를 짓고 해가 져도 시를 짓습니다. 자연현상도 모두 시의 소재입니다. 새 한 마리, 꽃 한 송이 그냥 지나치는 법이 없습니다. 먹는 것 가지고 장난치면 안 되지만 먹는 것 가지고도 시를 씁니다. 덕택에 우리는 옛사람들이 뭘 먹었는지 알 수 있지요.

정 지을 거리가 없으면 방 안을 한 번 둘러봅니다. 책상도 있고 벼루도 있고 베개도 있고 이불도 있습니다. 전부 시의 소재입니다. 방 안의 사물을 소재로 짓는 기물시器物詩는 드물지 않습니다. 그래도 지을 거리가 없으면 마당으로 나가봅니다. 갖가지 꽃과 채소가 있습니다. 이걸로 시를 짓습니다. 김창업金昌業은 영의정씩이나 지낸 양반인데, 꽃과 채소를 소재로 수십 수의 시를 남겼습니다. 이런 사람이 한두 명이 아닙니다.

유배지에서 약사발을 들이키는 일을 모면하고 무사히 돌아오면 벌써 나이 먹고 벼슬에서 물러날 때입니다. 일단 은퇴 기념으로 한 수 짓습니다. 은퇴하면 남는 시간에 뭘 할까요? 시를 지어야지요. 이 무렵이면 지난 인생을 돌아보는 시를 자주 짓게 됩니다. 친구들이 하나둘 세상을 떠나면 애도하는 시를 짓습니다.

이렇게 살다보면 어느덧 죽을 때가 다가옵니다. 사실인지 모르겠지만 사람은 죽을 때가 되면 심상치 않은 예감이 찾아온다고 하더군요. 그래서 마지막으로 한 편 짓고 세상을 떠납니다. 절필시絶筆詩라고 합니다.

이렇게 평생 지은 시가 몇 편쯤 될까요? 많이 지은 사람은 수만 편을 지었다는 기록이 있습니다. 문집에 실려 전하는 것은 평생 지은 시의 극히 일부분에 불과하지만, 웬만큼 이름이 알려진 사람들의 문집에는 수백 편에서 1000편 정도의 시가 실려 있습니다. 게다가 평생 지은 글의 절반 정도는 시입니다. 예를 들어볼까요?

지금 전하는 고려시대 문집 가운데 가장 분량이 많은 것은 이색李穡(1328~1396)의 『목은집牧隱集』입니다. 『목은집』은 총 55권인데, 이 가운데 35권이 시입니다. 시가 절반을 웃돕니다. 이색은 고려에서 조선으로 넘어오던 시기에 고려 왕조를 지키기 위해 애썼던 사람인데, 그 혼란의 와중에서도 이렇게 많은 시를 지었던 것입니다.

반면 조선 왕조 편에 섰던 정도전鄭道傳(1342~1398)의 『삼봉집三峯集』은 14권 중에 2권, 권근權近(1352~1409)의 『양촌집陽村集』은 40권 중에 10권이 시입니다. 개국 초기라서 할 일이 많았는지 시가 좀 적은 편입니다. 그렇지만 나라가 안정기에 접어들면서 시의 비중은 다시 늘어납니다. 이것은 정치 성향에 관계없이 공통으로 나타나는 현상입니다.

훈구파에 속하는 신숙주申叔舟(1417~1475)의 『보한재집保閑齋集』

은 17권 중에 11권, 서거정徐居正(1420~1488)의 『사가집四佳集』은 36권 중에 25권이 시입니다. 이들과 대립한 사림파의 영수 김종직金宗直(1431~1492)의 『점필재집佔畢齋集』은 27권 중에 무려 23권이 시입니다. 훈구파도 사림파도 아닌 자유로운 영혼이었던 방외인方外人 김시습金時習(1435~1493)의 『매월당집梅月堂集』 역시 전체 23권 중 시가 15권으로 절반이 넘습니다. 구왕조의 수호자도, 신왕조의 개척자도, 훈구파의 거물도, 사림파의 지도자도, 그리고 시대의 반항아도 모두 일생을 시와 함께했습니다. 시는 그들 삶의 기록이자 삶의 일부였습니다.

손수 만든 시집

;

고서는 활자본, 목판본, 필사본의 세 가지로 나눌 수 있는데, 지금 전하는 고서의 대부분은 필사본입니다. 그리고 필사본 고서의 상당수를 차지하는 것이 바로 여기에 늘어놓은 것과 같은 종류의 책입니다.

크기는 보통의 고서와 비교해 절반도 되지 않습니다. 펼쳐보면 깨알 같은 글씨로 뭔가 잔뜩 적어놓았습니다. 빨강 파랑으로 점을 찍거나 줄을 친 곳도 많습니다. 과거시험 준비를 위해 만든 책입니다.

과거시험은 종류도 많고 과목도 다양합니다. 그렇지만 입시 제도가 아무리 바뀌어도 국·영·수 위주라는 점에 변화가 없듯이, 과거시험에서 가장 중요한 과목은 시詩, 부賦, 표表, 책策 네 가지입니다. 모두 독해가 아니고 작문입니다. 정해진 답이 있는 것이 아니므로 온갖 지식을 총동원해서 지어야 합니다. 모두 종합적인 사고력과 표현력을 측정하는 과목입니다.

시와 부는 모두 운문韻文입니다. 한시는 원래 형식적인 제약이 엄격한 정형시인데, 과거시험에서 짓는 시의 형식은 더욱 엄격합니다. 부 역시 마찬가지입니다. 표는 변려문駢儷文으로 지어야 합니다. 변려문이란 일정한 글자 수가 짝을 이루도록 짓는 글로, 운문과 산문의 중간 형식입니다. 책은 논술에 해당됩니다. 형식적인 구속은 다른 과목에 비해 덜한 편이지만, 시사에 대한 이해가 뒷받침되어야 합니다. 이렇게 과거시험에 출제되는 글을 과시문科詩文이라고 하는데, 이 책들은 각종 과시문을 모은 것입니다.

과시문에 관한 책은 지금 전하는 고서의 상당수를 차지합니다. 헌책방에 가도 제일 많은 건 참고서와 문제집이지요. 다만 참고서와 문제집은 몇 년만 지나면 쓸모없어집니다. 입시 제도도 바뀌고 출제 경향도 바뀌니까요. 그렇지만 조선시대 과거 제도는 크게 바뀌지 않았습니다. 그러니 이런 책이 많을 수밖에요.

지금 수험생들은 몇몇 유명 출판사에서 만든 참고서와 문제집을 봅니다. 그렇지만 조선시대에는 그런 출판사가 존재하지 않았습니다. 따라서 과거를 준비하는 사람들은 자기 참고서와 문제집을 직접 만들어 보았습니다. 그래서 지금 남아 있는 과시문 선집은 내용이 제각각입니다.

책 이름도 제각각입니다. '시학詩學' '기교綺橋' '적려摘驪' '경보輕寶' '성진聲振' '금성金聲' '영금쇄옥零金碎玉' 등 제목만 봐서는 대체 무슨 책인지 알 수가 없습니다. 이것도 과시문 선집의 특징인데, 차근차근 살펴보면 궁금증이 풀립니다.

시학은 시를 배운다는 뜻입니다. 이런 이름이라면 그래도 어떤 책인지 짐작할 수 있습니다. 하지만 대개는 내용과 거리가 먼 제목을 붙입니다. 기교는 아름다운 다리라는 뜻인데, 과거 급제로 가는 다리라는

뜻인지도 모르겠습니다. 적려의 적摘은 뽑는다는 뜻이고, 여麗는 운문에서 짝을 이루는 구절을 말합니다. 짝을 이루는 구절을 뽑았다는 말인데, 과시문의 관건은 짝을 얼마나 정교하게 맞추는가에 있으니 이런 이름을 붙인 것도 이해가 갑니다. 경보는 가벼운 보배라는 말입니다. 작고 가볍지만 중요한 내용이 담긴 책이라는 뜻이지요.

성진은 소리를 떨치다, 금성은 쇳소리라는 뜻입니다. 예로부터 좋은 글에서는 아름다운 소리가 난다고 했습니다. 중국 진晉나라 문장가 손작孫綽이 천태산天台山을 유람하고 글 한 편을 지었는데, 잘 지었다고 자부한 나머지 "이 글을 땅에 던지면 쨍그랑 소리가 날 것이다"라고 친구에게 말했다는 일화가 전합니다. 끝으로 영금쇄옥零金碎玉은 금 부스러기와 옥 조각이라는 말인데, 귀한 글의 일부라는 뜻입니다. 하여간 초라하기 그지없는 겉모습과 달리 책 이름은 죄다 화려합니다.

책 이름은 제각각이지만, 내용은 대략 세 가지로 나눌 수 있습니다. 첫째는 기출 문제와 답안입니다. 과시문을 잘 짓기로 이름난 사람이나 높은 성적으로 과거에 급제한 사람들의 과시문을 엮어 만든 책입니다. 이런 책에 실린 과시문에는 작자와 성적이 함께 기록되어 있습니다.

유만주俞晩柱의 『흠영欽英』이라는 책에 따르면 당시 과시문을 잘 짓는다고 알려진 사람이 여럿이었는데, 시는 이사명李師命, 부는 김석주金錫胄, 표는 이광덕李匡德, 책은 임징하任徵夏를 으뜸으로 쳤다고 합니다. 이들은 입시계의 스타 강사처럼 수험생들에게 인기를 끌었습니다. 직접 가르치지는 않았겠지만, 이들이 지은 과시문이 실려 있는 책은 드물지 않습니다. 이밖에도 『홍길동전』의 저자 허균許筠, 18세기의 대표적 시인 김창흡金昌翕, 「관서악부關西樂府」라는 시로 전국에 명성을 떨친 신광수申光洙 등이 지은 과시科詩가 수험생들 사이에서 인기가 높았습니다.

둘째는 예상 문제와 답안입니다. 과시문의 출제 범위는 매우 넓습니다. 경전, 역사책, 문학작품을 가리지 않고 곳곳에서 출제됩니다. 사서오경의 본문은 기본이고, 주석까지 암기해야 합니다. 역사책은『사기史記』『한서漢書』『통감通鑑』등에서 출제될 때가 많은데, 주요 인물의 행적은 모조리 꿰고 있어야 합니다. 역사책에 실려 있는 각종 제도라든가 지리地理 등도 출제 범위에 포함됩니다. 문학작품으로 말하자면 흔히 당송팔대가唐宋八大家라고 하는 유명한 문장가 여덟 사람의 글, 그리고 이백李白, 두보杜甫, 소식蘇軾 같은 대시인들이 지은 시에서 출제되곤 했습니다.

출제자가 이 넓은 범위에서 문장 하나를 뽑아 문제로 내면, 수험생은 그 문장을 제목으로 삼아 작문을 해야 합니다. 작문 실력을 향상시키려면 뭐니뭐니해도 많이 지어보는 것이 제일입니다. 이렇게 지은 습작을 엮어 책으로 만들면 예상 문제와 답안이 됩니다.

셋째는 중국 시인들의 시문을 엮은 책입니다. 이것은 과시문과 직접적인 관계는 없어 보이지만, 작문의 기초를 닦는다는 점에서 수험생들에게는 꼭 필요한 책이었습니다. 잘 지은 글은 옮겨 적는 것만으로 공부가 되고도 남는 법이지요. 두율杜律이니 고문古文이니 하는 이름이 붙은 책은 대개 이런 목적으로 만들어진 것입니다.

이렇게 옛날 수험생들은 기출 문제와 답안을 얻어서 옮겨 적기도 하고, 나름대로 출제 경향을 가늠하며 예상 문제와 답안을 작성해보기도 하고, 이름난 문인들의 글을 베끼면서 기초를 닦기도 했습니다.

모든 과목이 중요하지만, 첫걸음은 시입니다.『동시품휘東詩品彙』라는 방대한 과시 선집을 편찬한 남종현南鍾賢에 따르면, 과거시험의 첫 관문이라 할 수 있는 진사시進士試에서는 시가 중요하고, 그 밖의 부·표·

「고문」. 중국 문인들의 글을 엮은 책으로 수험생들의 작문 기초서가 되었다.

上秦皇逐客書　李斯

臣聞吏議逐客竊以為過矣昔者繆公求
士西取由余於戎東得百里奚於宛迎蹇
叔於宋來邳豹公孫支於晉此五子者不
産於秦而繆公用之幷國二十遂霸西戎
孝公用商鞅之法移風易俗民以殷盛國
以富強百姓樂用諸侯親服獲楚魏之師
擧地千里至今治強惠王用張儀之計拔

책은 최종 관문인 문과文科에서나 써먹을 수 있었다고 합니다. 진사시에만 합격해도 충분히 행세할 수 있으니, 과거를 준비하는 사람은 시를 익히는 것이 먼저입니다.

옛날 과거시험의 목적은 원래 관원을 선발하기 위한 것이었지만, 그게 전부는 아닙니다. 일단 합격하기만 하면 굳이 관직에 오르지 않아도 주위 사람들의 시선과 대접이 확 달라집니다. 따라서 과거는 관원을 뽑는 시험이라기보다는 사회적 지위를 결정짓는 시험입니다. 이 점에서 과거는 공무원 시험보다는 입시에 가깝습니다. 불행히도 우리나라에서는 개인의 사회적 지위를 결정짓는 데 입시가 여전히 중요한 역할을 하고 있기 때문입니다. 공무원 시험에 관심을 가진 사람이 적지는 않지만, 입시에 비하면 아무것도 아닙니다. 입시는 전 국민의 관심사이니까요.

과거는 사회적 지위를 결정하는 시험이고, 과거 합격을 결정하는 것은 시 짓는 능력입니다. 이쯤 되면 옛사람들에게 시가 얼마나 중요한 것이었는지 알 수 있겠지요. 과거시험장에서 짓는 시와 평소에 짓는 시가 다르기는 하지만, 관계없지는 않습니다. 과거시험을 위한 시 공부가 평소 짓는 시에 상당한 영향을 미쳤다는 점에 대해서는 많은 사람의 지적이 있었습니다. 어차피 시로 시작해서 시로 끝나는 인생, 과거시험에 시가 나온대도 이상할 건 없겠지요.

인생은 일상의 집합

;

강희언姜熙彦(1710~1784)의 「사인시음도士人詩吟圖」라는 그림이 여기 있습니다. 시 짓는 선비를 그린 그림이라는 뜻입니다. 한번 자세히 살펴보죠.

가운데 앉아 있는 사람이 시를 짓는 사람입니다. 그 바로 아래에 등을 보이고 앉아 있는 사람 앞에는 커다란 종이가 있습니다. 가운데 있는 사람이 시를 읊으면 등을 보이고 있는 사람이 종이에 받아 적습니다. 지금 짓고 있는 시는 아마도 누군가에게 주려는 것 같습니다. 남에게 주는 시라면 이렇게 커다란 종이에 멋진 글씨로 써주는 것이 예의입니다.

왼쪽에 허리를 굽히고 공책에 뭔가 적고 있는 사람이 있습니다. 역시 시를 받아 적고 있는 것입니다. 큰 종이에 받아 적은 시는 누군가에게 주어야 합니다. 일단 주고 나면 나중에 내가 무슨 시를 지었는지 알 수가 없지요. 그래서 노트에 따로 적어두는 것입니다.

편한 자세로 누워 있는 사람은 이 광경을 지켜보며 훈수를 두고 있는 듯합니다. 한가로운 모습입니다. 그 옆에 반쯤 펼친 부채를 들고 있는 사람 역시 한가해 보이는데, 앞에 책이 하나 놓여 있습니다. 무슨 책인지는 알 수 없지만 시를 지을 때 참고하는 사전이 아닌가 싶습니다. 아무리 시를 잘 짓는 사람이라도 때때로 사전을 펼쳐볼 필요가 있기 때문이지요.

나무 옆에 서 있는 사람은 한 손으로 뒷짐을 진 채 다른 한 손으로 수염을 꼬고 있습니다. 손으로 '브이'자를 만드는 행동이 사진을 찍는다는 사실을 의미하듯이, 수염을 꼬는 행동은 깊은 생각에 잠겨 있음을 뜻합니다. 더 좋은 표현은 없는지 고민하는 듯한 모습입니다.

이 그림을 보면 어떤 생각이 드나요? 아, 저렇게 시를 지었구나. 어떤 시를 지었을까. 저렇게 수백 수천 년 동안 지은 시는 과연 어떤 것

「사인시음도士人詩吟圖」, 강희언, 종이에 엷은색, 26.1×21.0cm, 18세기, 개인

시 짓는 광경을 사실적으로 묘사했다.

일까 하는 생각이 드는가 하면, 한편으로는 참 할 일 없구나. 다 먹고 살 만하니까 저러고 있는 것 아닌가. 이런 한량들이 남긴 시를 지금 우리가 다시 읽을 필요가 있는가 하는 생각도 들 것입니다.

그렇습니다. 한 편 한 편의 시는 별 의미가 없을지도 모릅니다. 그렇지만 그것이 모이면 일생의 기록이 되고, 그것이 모이면 역사가 됩니다. 인간의 일생도, 국가의 역사도 결국은 일상의 집합입니다.

우리 일상에서는 수많은 사건이 일어납니다. 그때마다 우리는 여러 생각을 하고, 다양한 감정을 느낍니다. 시간이 지나도 그것을 되새기며 기뻐하고 슬퍼합니다. 어쩌면 우리는 그 일상의 생각과 감정 때문에 살아가는 것인지도 모릅니다. 그렇지만 그걸 붙잡아두려 하지는 않습니다. 시간이 흐르는 대로 잊히게 내버려둡니다. 결국 기억에 남는 것은 사건 그 자체뿐, 그때의 절실한 마음은 기억에서 지워집니다.

과거의 시는 머리를 쥐어짜는 창작의 고통 끝에 만들어낸 문학작품이 아닙니다. 손 가는 대로 아무렇게나 써놓은 일상의 기록이 대부분입니다. 지금 우리가 SNS와 블로그, 미니홈피에 끄적이고 있는 글이 바로 시입니다. 매일까지는 아니더라도 일상의 생각과 감정이 떠오르는 대로 글로 써서 남겨둔다면, 우리 인생은 달라지지 않을까요.

만약 일상의 생각과 감정을 붙잡아둘 수 있다면, 우리는 과거의 경험을 좀 더 입체적으로 기억할 수 있을 것입니다. 그 기억을 통해 때로는 반성하고, 때로는 위안을 얻으면서 성숙해질 것입니다. 지난 인생은 더욱 소중해지고, 앞으로의 인생을 살아가는 데는 큰 힘이 될 것입니다. 일상의 생각과 감정은 사소하지만 소중합니다. 인생은 일상의 집합이기 때문입니다.

6장

세상과 소통하는 방법
-『척독요람尺牘要覽』

편지의 본질

;

우리나라에 이메일 서비스가 시작된 지도 10년이 훌쩍 넘었다고 합니다. 많은 사람이 이메일을 통해서 인터넷에 입문했으니, 이메일이야말로 인터넷 혁명의 선봉이었습니다. 그런데 이메일 서비스가 시작되었을 때 성공하리라고 예상한 사람은 드물었다고 합니다. 심지어 '시골의사'라는 필명으로 잘 알려진 경제전문가 박경철 씨조차 이메일 사업을 시작한 친구에게 이렇게 말했다고 합니다.

"너 1년에 편지 몇 통 쓰냐? 대부분의 사람이 편지를 안 쓰는데 그게 되겠냐? 설령 1년에 세 통 이상 편지를 쓴다고 해도 우표 값이 아까워서 사용 안 할 거다. 그리고 편지는 자고로 육필로 써야 한다. 이 사업은 무조건 안 된다."

그러나 모든 사람이 컴퓨터로 편지를 쓸 날이 올 거라고 확신한 친구는 사업을 계속했고, 결국 큰돈을 벌었다고 합니다. 세상의 변화를 예측하기란 정말 어려운 일입니다. 하지만 이렇게 변화의 기미를 알아차리고 앞서가는 사람도 있는 법이지요.

이메일이 널리 쓰이게 된 데에는 여러 이유가 있습니다. 우선 편지보다 빠르고 쓰기가 쉽습니다. 또 한 번에 여러 사람에게 보낼 수 있고, 그림이나 문서 파일도 덧붙여 보낼 수 있습니다. 받았는지 안 받았는지 확인할 수도 있습니다. 그리고 무엇보다도 공짜입니다. 이 때문에 스팸메일이 난무하기도 하지만, 그렇다고 이메일의 가장 큰 장점을 포기할 수는 없습니다.

이처럼 여러 장점이 있다지만, 저는 이메일의 근본적인 성공 요인은 편지의 본질에 있다고 생각합니다. 사람들은 어떠한 방식으로든 글을 주고받을 필요가 있기 마련입니다. 이것은 문자가 생긴 이래로 변치 않는 진리입니다. 이메일은 그러한 사람들의 필요를 만족시켜주었을 뿐입니다.

이메일이 널리 쓰이면서 편지의 역할이 크게 줄어든 것은 사실이지만, 편지의 본질은 이메일에 여전히 남아 있습니다. 바로 이것이 우리가 편지에 대해 생각해볼 필요가 있는 까닭입니다. 이메일 없는 현대사회를 상상하기 어려운 것처럼 편지 없는 전통사회도 생각하기 어렵습니다.

별다른 용건도 없는 안부 편지에서부터 국가의 중대사를 결정하는 비밀 편지에 이르기까지, 편지는 옛사람들에게 꼭 필요했던 의사소통 수단이었습니다. 이메일 다음에 무엇이 등장할지는 알 수 없지만, 글을 주고받는다는 편지의 본질을 파악하고 있다면 성공 가능성을 점칠 수 있지 않을까요?

편지 쓰는 방법

;

다음 쪽에 얇은 책이 한 권 있습니다. 표제는 '간독簡牘'입니다. '간簡'은 종이가 없던 시절 종이 대신 사용한 대나무 조각을 말합니다. '독牘'은 글씨를 쓰는 판자를 뜻합니다. 두 글자에는 모두 편지라는 뜻이 있습니다.

표지를 넘기니 '척독요람尺牘要覽'이라고 쓰여 있습니다. 척독은 짧은 편지입니다. 요람은 지금도 쓰는 단어인데, 요점을 간추렸다는 말이지요. 결국 척독요람은 편지 쓰는 요령을 소개한 책이라는 뜻입니다. 희

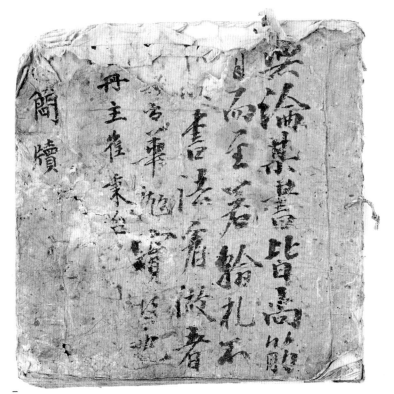

『척독요람』 표지
편지에서 중요한 것은 글씨가 아니라 내용이라는 책 주인 최병태崔秉台의 말이 적혀 있다.

미한 글씨로 갑진년甲辰年 4월 만취정晩翠亭에서 베껴 썼다고 되어 있습니다. 책 상태를 보아 하니 갑진년은 1904년일 가능성이 높습니다. 만취정은 어디인지 모르겠군요. 같은 이름의 정자가 워낙 많으니까요.

이 책은 『척독요람』이라는 편지 쓰기 교본을 발췌한 것입니다. 『척독요람』은 비교적 흔한 책입니다. 어지간한 대학 도서관에서는 하나씩 소장하고 있습니다. 서문이 붙어 있는 이본異本을 보면, 직서유인稷西幽人이라는 사람이 병오년丙午年에 지었다고 되어 있을 뿐 누가 언제 지은 책인지 정확히 알 수는 없습니다.

『척독요람』에는 수백 가지 투식의 편지가 실려 있습니다. 대개의 편지 쓰기 교본은 구성이 비슷하므로『척독요람』의 구성을 자세히 살펴보는 것이 좋겠습니다. 이 책은 내편內篇과 외편外篇으로 이루어져 있습니다. 내편은 가족이나 친지와 주고받는 편지의 투식입니다. '부모님께事親' '집안 어른께敬兄' '아내에게夫婦' '친척들에게長幼' '친구에게朋友' 등의 항목이 있습니다.

외편은 관직생활에 필요한 편지 투식입니다. '나라에 경조사가 있는 경우邦國慶哀' '자손을 얻은 경우子孫' '관례나 혼례가 있는 경우冠婚' '과거에 합격한 경우科擧' '관직에 임명되거나 그만두는 경우官爵' '증직贈職을 받은 경우追榮' '시호를 받은 경우贈諡' '정려旌閭를 받은 경우綽禊' '장수를 축하하는 경우壽耉' '먼 곳으로 가는 경우遠遊' '견책, 파직, 유배되는 경우遭罹' '풀려나는 경우敍用' '병문안하는 경우疾病' '조문하는 경우

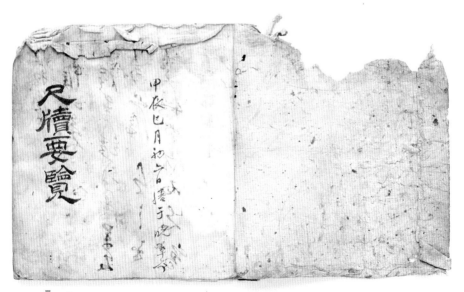

『척독요람』 속지. 갑진년(1904) 4월 6일, 만취정晩翠亭에서 썼다고 되어 있다.

척독요람
尺牘要覽

仰之市以各晉眊援府

地穀右摩身危經府石

玉澄誰兇兇但君子絕

安不出意聲　軺谷澄

希似以久別方石兒而結

勾僾辱成華一身以縈

『척독요람』 본문. 암행어사의 탄핵을 받고 파직된 수령을 위로하는 편지다.

『척독요람』에 쓰인 초서체. 하루에도 여러 통의 편지를 써야 하므로 편지에는 쉽고 빠르게 쓸 수 있는 초서체를 사용하는 것이 일반적이다.

弔慰' '산림山林의 선비에게 보내는 경우儒賢問答' '문관과 무관이 주고받는 경우文武書例' 등이 있습니다.

이처럼 『척독요람』에 실려 있는 편지 투식은 편지를 받는 상대와 편지를 쓰는 상황에 따라 분류되어 있습니다. 각 항목은 다시 세부 항목으로 나뉘어 있으므로, 필요에 따라 쓸 수 있습니다. 답장의 투식도 함께 실려 있으니, 편지를 보내는 입장에서나 받는 입장에서나 모두 참고가 됩니다. 내편은 대개의 편지 쓰기 교본에 있는 내용이지만, 외편은 그렇지 않습니다. 『척독요람』 외편은 관직생활에서 만날 수 있는 거의 모든 상황을 망라하였으므로 매우 유용하게 쓰였던 것 같습니다. 외편만 필사한 이본이 많이 발견된다는 사실에서 알 수 있지요.

그런데 재미있는 것은 그 수많은 이본 중에 목판본이나 활자본은 하나도 없다는 점입니다. 지금 남아 있는 『척독요람』은 죄다 손으로 쓴 필사본입니다. 분량이 적지 않지만, 너도나도 베껴 써서 돌려봤나봅니다. 지금도 이렇게 많이 남아 있으니, 그만큼 널리 읽혔다는 뜻이겠지요.

제가 가지고 있는 이 책 역시 『척독요람』의 일부를 베껴 쓴 것입니다. 글씨는 초서체로 제법 정성들여 썼습니다. 첫 장은 대뜸 "삼가 절하며 문안 편지를 올립니다謹拜候上"로 시작됩니다. 편지 쓰는 요령이고 뭐고 없습니다. 첫 번째 편지는 조상님이 시호諡號를 받게 되었을 때 힘써준 사람에게 보내는 감사의 편지입니다. 본디 시호는 높은 관원이나 저명한 유학자가 죽은 뒤에 붙여주는 호칭입니다. 아무나 받을 수 있는 것이 아니죠. 하지만 조선 말기에는 시호가 남발되는 경향이 있었으니, 아마 이 책을 베껴 쓴 사람은 조상님이 시호를 받으리라고 기대했던 모양입니다. 사람 이름이나 날짜가 들어가는 자리에는 '모某'라고 써놓았으니, 그런 부분은 각자 상황에 맞춰 채워넣으면 됩니다. 일

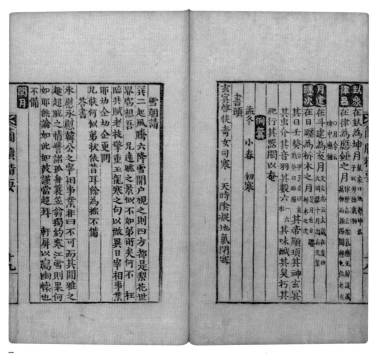

『간독정요』, 규장각한국학연구원. 편지 쓰는 요령을 설명한 책으로 19세기 무렵 널리 유행했다.

종의 견본입니다.

　『척독요람』 외에도 편지 쓰기 교본은 셀 수 없이 많습니다. 『한훤차록寒暄箚錄』 『간독정요簡牘精要』 『간식유편簡式類編』 등은 그중에서도 베스트셀러입니다. 내용은 비슷비슷합니다. 편지를 받는 상대와 쓰는 상황에 따라 견본으로 삼을 만한 편지를 모은 것입니다. 조선 후기로 갈수록 이러한 책이 더욱 많이 간행되는 현상을 볼 수 있는데, 그만큼 문자를 읽고 쓸 수 있는 사람이 늘어났다고 볼 수 있겠죠.

　조선 중기까지만 해도 선비들은 이런 편지 쓰기 교본 따위를 배우지 않았던 것 같습니다. 대신 『구소수간歐蘇手簡』이나 『주자서절요朱子書節

要』같은 책을 읽었습니다.『구소수간』은 중국 송나라의 문장가 구양수와 소식의 편지를 모은 책입니다. 두 사람은 문장가로서 워낙 명망이 높았으니, 그들의 편지 또한 좋은 글의 모범으로 삼을 만했기 때문입니다.『주자서절요』역시 송나라 유학자 주희의 편지를 모은 책입니다. 이 책은 단순한 편지 모음집이 아닙니다. 조선시대 주자학의 위상을 생각하면 경전이나 다름없었습니다. 이런 책들을 암송할 정도로 읽고, 평소 스승이나 집안 어른들이 편지를 주고받는 모습을 보았다면, 자연스럽게 편지 쓰는 법을 터득했을 것입니다.

그런데 우리가 알다시피 조선 후기는 신분 제도가 흔들렸던 시대입니다. 먹고살 만해진 서민이나 중인들은 슬금슬금 양반 행세를 하려고 했지요. 하지만 돈깨나 있다고 양반 노릇을 할 수 있는 건 아닙니다. 그에 걸맞은 교양을 갖추어야 합니다. 문제는 이들이 제대로 배울 기회를 얻지 못했다는 것이지요. 무식하다는 소리를 듣지 않고 편지라도 한 통 제대로 쓰려면『척독요람』같은 편지 쓰기 교본을 읽고 속성으로라도 배워야 합니다. 여기에는 숱한 예문이 등장하니 적절한 것을 골라 쓴다면 쉽게 편지를 작성할 수 있습니다. 그러고 보면 조선 후기에 등장한 수많은 편지 쓰기 교본은 지식의 대중화를 보여주는 증거가 아닌가 합니다.

편지를 전하는 방법

；

옛날에는 편지 한 통을 보내는 데 비용이 꽤나 들었습니다. 우선 종이가 비쌉니다. 종이가 아까우니 뒷면에도 쓰고, 여백에도 쓰고, 그래도 쓸 곳이 없으면 행과 행 사이의 틈새에도 씁니다. 그깟 종이 한 장을 뭐 그렇게 아끼느냐고 생각할지 모르지만, 종이는 비싼데 편지 쓸 곳은 많으니 어쩔 수 없습니다. 큼직큼직한 글씨로 시원스럽게 편지를 썼다가는 종이 값을 감당하지 못하고 살림이 거덜날 것입니다.

편지를 전달하는 비용도 비쌉니다. 지금은 몇백 원이면 전국 어느 곳이든 편지를 보낼 수 있습니다. 하지만 옛날에는 어림도 없었습니다. 역참驛站이라든가 파발擺撥 같은 전국 통신망은 국가가 독점하며, 이를 통해 전달할 수 있는 문서는 공문밖에 없습니다. 사적인 편지는 배달해주지 않습니다. 결국 알아서 편지를 보내야 합니다.

예전에 상주尙州의 이름난 유학자 권상일權相一의 『청대일기淸臺日記』라는 책을 읽은 적이 있습니다. 대개의 일기가 그렇듯이 시시콜콜한 일상생활이 자세히 기록되어 있었습니다. 그중에 편지에 대한 이야기를 소개해보겠습니다.

권상일에게는 하루가 멀다 하고 편지가 왔습니다. 성호星湖 이익李瀷이라든가 식산息山 이만부李萬敷 같은 당대의 이름난 유학자들과도 가끔 편지를 주고받았습니다만, 대부분은 친척과 친지들이 보낸 일상적인 편지였습니다. 편지만 오가는 것이 아니라 음식과 갖가지 생활용품도 주고받았습니다. 간혹 손녀와 손자며느리에게도 편지를 보냈고, 아내가 세상을 떠난 뒤에는 아내가 쓴 편지를 묶어 책으로 만든 것으로 보아 근엄하면서도 다정다감한 분이었던 것 같습니다.

편지를 받으면 답장을 해야 합니다. 이분은 많은 편지를 받았으니, 답장을 쓰는 데도 꽤나 시간이 걸렸을 것입니다. 문제는 답장을 전하는 방법입니다. 집배원도 없는데 편지는 누가 전했을까요? 집안에 데리고 있는 노비에게 심부름을 시키기도 했지만, 대개는 주위 사람들에게

「구종이 편지 드리는 것」, 국립민속박물관.
구종驅從은 관원의 시중을 드는 하인으로 편지 배달을 비롯한
각종 심부름을 도맡아 했다.

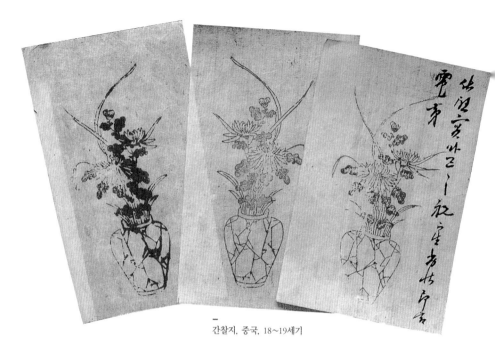

–
간찰지, 중국, 18~19세기

부탁해 편지를 전했던 것 같습니다.

쉽게 예를 들어 설명하자면, 한양으로 과거 보러 가는 사촌동생에게 "한양에 가거든 이 편지를 남대문에 살고 계시는 내 장인어른께 전해드리게" 하고 부탁하는 식이지요. 이렇게 한 번에 전달되면 좋겠지만, 대개는 좀더 복잡한 과정을 거쳐야 합니다. 오랜만에 인사하러 온 조카에게 "돌아가는 길에 대구를 지나거든 거기 살고 있는 내 사위 김서방에게 부탁해서 안동에 있는 사돈댁에 이 편지를 전해드리라고 해라" 하는 식으로 한 번 거쳐서 전달하는 것이지요. 더 복잡할 수도 있습니다. 이번에 큰맘 먹고 금강산 유람을 떠나는 형님께 편지 세 통을 한꺼번에 드리며 부탁합니다.

간찰. 김상헌. 도승지, 대사헌, 대사성, 대제학을 거쳐 좌의정, 영돈녕부사 등을 역임한 김상헌(1570~1652)의 편지.

형님, 가시는 길에 이 편지들 좀 전해주십시오. 먼저 여기 이것은 제 스승님께 보내는 편지입니다. 가다보면 원주를 지날 것인데, 거기 박 생원이라고 하는 사람이 있습니다. 박 생원은 제 스승님과 사돈을 맺은 박 판서의 조카입니다. 박 생원에게 이 편지를 주시면 건너 건너 제 스승님께 전해드릴 것입니다.

그리고 여기 한 통 더 있습니다. 이 편지는 제 친구 김 진사에게 보내는 것입니다. 춘천 원님의 부친은 김 진사 아버지 김 첨지와 오랜 친구 사이입니다. 원주를 지나 춘천에 도착하거든 관아에 가서 전해달라고 하십시오.

잠깐만요. 또 있습니다. 돌아오는 길에 경포대에 들르실 거죠? 그

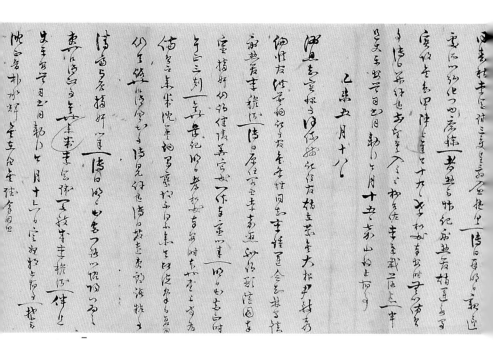

「조보朝報」, 종이에 먹, 36.0×482.0cm, 1895, 순천대박물관.
승정원에서 장흥부사에게 보낸 조보로, 조선시대 조보의 한 양식을 볼 수 있다. 지방 관리들은 조보를 통해 서울의 기별을 들을 수 있었다.

러면 강릉 최 진사 댁에 이 편지를 전해주십시오. 이 편지는 한양
에 있는 최 진사 아버지 최 참판께 보내는 것입니다. 혹시 최 진사
가 어디 가고 없거든 양양에 최 진사 처남이 살고 있으니 그쪽에
전해주시면 됩니다.

참 복잡하지요. 한두 통만 더 부쳤다가는 형님께서 내가 집배원이냐
고 화를 내실 것 같습니다. 하지만 오가는 사람들에게 '이 편지 좀……'
하고 부탁하는 일은 흔히 있었던 듯합니다.

얼마나 빨리 편지를 받아봤을까요? 편지와는 조금 다르지만, 조보
朝報라는 것이 있습니다. 조정에서 발행하는 일종의 소식지입니다. 이

척독요람
尺牘要覽

조보는 매일 발행되는데, 조정 관원들은 물론이고 서울에 있는 각 지방 관아의 출장소에 배포되어 전국 각지로 전달되었습니다. 권상일은 시골에 있으면서도 이 조보를 받아보고 조정의 동향에 주의를 기울였습니다. 권상일은 대략 열흘 이내에 이 조보를 받았던 것으로 확인됩니다. 빠를 때는 일주일도 안 된 조보를 받아보기도 했습니다. 결국 한양에서 무슨 사건이 생기면 늦어도 열흘 안에는 시골 사람들도 알게 된다는 것이지요.

시골에서 한양으로 소식을 전달하는 경우는 시간이 조금 더 걸렸던 것 같습니다. 권상일은 시골에 있으면서 간혹 상소문을 올렸는데, 이 상소문이 상주 관아에서 경상 감영을 거쳐 대궐로 들어가는 데는 20일 정도가 걸렸던 것으로 확인됩니다. 아무래도 중요한 공문이니 여러 단계의 복잡한 절차를 거쳤기 때문이겠지요. 하지만 그보다 훨씬 빨리 전달된 경우도 보입니다.

편지가 오가는 속도는 생각보다 빨랐지만, 여러 사람의 손을 거치다 보니 도중에 편지가 멈추거나 분실되는 일이 비일비재했습니다. 돌고 돌아 몇 달 뒤에나 도착하는 경우도 숱하게 보았습니다. 마땅한 인편이 없어 다 써놓은 편지를 오랫동안 보내지 못하는 일도 많았습니다. 그러고 보면 옛사람들이 먼 친척과도 안면을 트고 지냈던 데에는 의외로 실질적인 이유가 있었는지도 모르겠습니다.

아는 사람이 늘어나면 그 사람을 통해 연결되는 사람의 수는 제곱으로 늘어난다고 합니다. 그래서 우리나라 사람들은 두세 명만 거치면 누구나 연결된다고 합니다. 심지어 세계 어느 곳에 있는 사람도 여섯 다리만 건너면 서로 연결된다고 합니다. 이것이 이른바 SNSSocial Networking Service가 위력을 발휘하는 원리입니다. 인적 네트워크가 가진 무서운 힘이지요.

조선시대에는 대개 한두 명, 많아야 두세 명만 거치면 누구에게나 편지를 보낼 수 있었던 듯합니다. 편지를 주고받는 일은 인적 네트워크를 이용하면서 동시에 유지하는 것이기도 합니다. 인적 네트워크 외에 의지할 곳이 없었던 조선 사람들에게는 생존이 걸린 일이었지요.

왜 편지를 쓰는가

;

편지에는 쓰는 사람의 진심과 정성이 담겨 있어야 합니다. 투식을 보고 베껴 쓰는 편지는 좋은 편지일 수 없습니다. 그런데도 옛사람들이 『척독요람』과 같은 교본에 의지하여 편지를 썼던 이유는 무엇일까요? 아마도 편지 쓰는 일이 예삿일이었기 때문이 아닌가 합니다.

앞서 『척독요람』의 구성에서 보았듯이, 편지 쓸 일은 도처에 있었습니다. 누가 상을 당했다는 소식을 들으면 위로하는 편지를 보냅니다. 혼인한다는 소식을 들으면 축하하는 편지를 보냅니다. 과거에 합격하거나 관직에 임명된 사람에게도 편지 쓰기를 빠뜨릴 수 없지요. 나중에 도움이 될지도 모르니까요. 그 밖에도 농사 형편을 묻는다거나 편지로 병문안을 대신한다거나, 편지로 할 수 있는 일은 얼마든지 있습니다.

사실 직접 가서 위로하거나 축하해주면 좋겠지요. 하지만 지금처럼 자가용 몰고 후딱 다녀올 수 있는 시대가 아니었습니다. 편지 보내기도 쉽지 않은 시대였지만, 직접 가는 것보다야 훨씬 수월했겠지요. 그래도 중요한 일이 있을 때마다 빼놓지 않고 편지를 쓰는 것 역시 만만치 않은 일입니다. 지금 우리가 직접 가봐야 하는 일을 편지로 대신한다고 생각해봅시다. 결혼식 가는 대신 편지를 쓰고, 초상집 가는 대신 편지를 쓰고, 제사 지내러 가는 대신 편지를 쓰고, 그 밖에 선후배나 직장 동료, 친구들과의 모임에 나가는 대신 편지를 쓰면 어떨까요? 매일 편지를 써도 모자랄 것입니다. 차라리 그냥 다녀오는 게 나을지도 모르겠네요.

편지를 안 쓰면 어떻게 될까요? 편지가 없으면 이 사람이 죽었는지 살았는지 알 수가 없습니다. 인간관계가 점차 끊기면서 외톨이가 되겠지요. 관계를 유지하는 것은 자전거 타기와 같습니다. 페달을 멈춰도 한동안은 굴러가겠지만 결국은 쓰러집니다. 현대사회에서 휴대전화나 이메일 없는 사람이 어떻게 될지 생각해보면 답은 간단합니다.

『예기禮記』에 이르기를 "예禮는 오고 가는 것이 중요하다禮尚往來"고 했습니다. 상호성의 법칙이지요. 예의 상호성은 '나는 5만 원 냈는데 너는 왜 3만 원인가'에 그치는 문제가 아닙니다. 사람은 혼자서 살 수 없으니 여러 사람과 관계를 맺고 살게 됩니다. 사람과 사람의 관계는 1대 1의 형태로만 있는 것이 아닙니다. 한 사람이 여러 사람과 관계를 맺기도 하고, 어떤 사람과의 관계를 바탕으로 한두 다리 건너 다른 사람과 관계를 맺기도 합니다. 이러한 인간관계가 방대한 인적 네트워크를 형성하고, 사람들이 이 네트워크를 통해 상호작용을 하면서 사회가 돌아가는 것입니다.

그런데 만약 누군가가 상호작용을 포기하면 네트워크에 구멍이 생깁니다. 이 구멍을 그대로 두면 네트워크가 와해될 위험이 있습니다. 따라서 그 사람을 배제하고 새로운 네트워크를 구축해야 합니다. 결국 예의 상호성이라는 것은, 사람들이 네트워크에 제대로 연결되어 있는지 확인하기 위해 서로 끊임없이 신호를 주고받는 행위라고 할 수 있습니다. 그리고 그 신호를 주고받는 방법 가운데 하나가 바로 편지입니다.

편지의 절반은 인사말입니다. 이메일 시대에도 인사말이 없으면 뭔가 어색합니다. 공식적인 이메일에서 낯간지러운 계절 인사가 빠지지 않는 것은 그 때문이겠지요. 옛날 편지의 인사치레는 장황하기 짝이 없습니다. 상대는 물론 주위 사람까지 두루두루 걱정해주느라 인사말이 편지의 절반을 넘기는 경우가 허다합니다. 정작 중요한 내용은 끝에 간략히 언급하거나 추신으로 덧붙일 때도 많습니다.

하지만 인사말이 무의미하다는 것은 지금 사람들의 생각일 뿐입니다. 당시로서는 자신의 안부를 전하고 상대의 안부를 확인하는 것만큼 중요한 것도 없었겠지요. 그리고 인사말도 하나의 전략입니다. 내가 원하는 것을 얻기 위해서는 상대방에게 호감을 사는 것이 중요합니다. 인사가 만사라고 하지 않습니까.

마지막 편지
;

『사기史記』 「화식전貨殖傳」에 "귀하기가 극에 달하면 천해지고, 천하기가 극에 달하면 귀해진다貴上極則反賤, 賤下極則反貴"라는 말이 있습니다. 많은 사람이 쓰던 편지가 이제는 귀한 것이 되었습니다. 고지서나 청구서가 아닌 편지를 받아본 지 오래입니다. 편지를 쓰지 않아도 우리는 불편 없이 살지만, 일상적으로 편지를 썼던 세대도 제가 마지막이라고 생각하니 아쉬운 점이 없지 않습니다.

저는 옛날 편지라고 하면 떠오르는 광경이 있습니다. 대학을 다니다가 방학을 이용해 잠시 서당에 들어가 전통적인 방법으로 한문을 배우던 때의 일입니다. 서당 선생님은 조선 말기의 유학자로부터 이어지는 학맥을 계승한 정통 유학자였습니다. 그때 이미 여든이 넘었던 선생님께서는 가끔 앉은뱅이책상 앞에 무릎을 꿇고 단정히 앉아 편지를 쓰셨습니다. 어깨너머로 편지를 훔쳐보았지만 무슨 내용인지 도무지 알 수가 없었습니다. 한글이라고는 한 글자도 섞이지 않은 순한문이었기 때문입니다. 편지를 다 쓰면 선생님은 제자에게 주어 따로 한 통을 베껴 놓게 하셨습니다. 원본은 봉투에 넣어 부치고, 사본은 고이 모셔둡니다. 먼 훗날 선생님이 돌아가신 뒤 문집을 엮을 때 넣기 위해서입니다.

지금 그분은 돌아가신 지 이미 오래입니다. 한문 편지를 주고받던 전통은 이제 완전히 끊어졌습니다. 그리고 보면 가느다란 붓으로 작은 종이에 정성껏 글을 쓰시던 선생님의 모습을 볼 수 있었던 것은 정말 다행이었습니다. 그 모습을 보지 못했다면, 그런 편지를 주고받던 시대를 이렇게 증언하기 어려웠을 것입니다.

7장

모든 일이 마땅치 않은 날

─『시헌서時憲書』

강남 대형 서점의 전통식 달력

;

올해의 달력도 벌써 절반이 넘어갔습니다. 반년 동안 무엇을 했나 생각해보니 연초에 마음먹은 일은 작심삼일이 된 지 오래입니다. 사흘마다 작심삼일을 반복하면 된다는 말도 있지만, 일상에 이리저리 치이다보면 나약한 의지를 다지려는 의욕도 없이 이제는 그러려니 할 뿐입니다.

그러고 보니 올해 초에도 나름 의욕적으로 한 해를 준비했지요. 새해를 맞이한 다음 날, 저는 강남의 한 대형 서점에 갔습니다. 수첩이라도 하나 사서 한 해를 계획하려는 생각에서였지요. 그때 아내는 출산 예정일을 넘긴 만삭의 임신부였는데, 집에만 있기 갑갑하다고 따라나섰습니다. 그런 몸으로 버스를 타고 사람 많은 곳에 가는 것이 썩 내키지 않았지만, 바람도 쐴 겸 잠시 다녀오기로 했습니다. 제가 아무리 책을 보며 먹고산다지만, 설마 서점에서 아이를 낳아야 하겠는가 하는 생각이었지요.

역시 연초의 서점은 새해를 준비하러 온 사람들로 가득했습니다. 스마트폰 같은 디지털 기기로 일정 관리를 하는 사람도 늘어났습니다만, 올해에도 수첩이나 다이어리를 잔뜩 쌓아놓고 파는 모습을 보면 대부분의 사람에게는 여전히 아날로그 기록 방식이 익숙한 모양입니다.

그런데 이것저것 고르던 중에 서점 한켠에서 놀라운 것을 보았습니다. 전통식 달력인 역서曆書입니다. 빨간 표지에 '대한민력大韓民曆'이라고 쓰여 있는 역서가 신간 서적들 사이에 놓여 있었습니다.

나이를 좀 잡수신 분들에게는 새삼스러울 것도 없겠지만, 솔직히 저로서는 이런 것을 강남의 대형 서점에서 버젓이 팔고 있다는 사실이 무척 놀라웠습니다. 아내의 말을 들어보니 결혼 전까지만 해도 매년 할아버지 심부름으로 이 역서를 사다드리곤 했다는군요.

복잡한 도표에 깨알 같은 글씨가 잔뜩 적혀 있어 뭐가 뭔지 모르겠습니다. 다행히 아내가 역서 보는 방법을 어깨너머로 배운 모양입니다. 제가 모르는 것을 알고 있다는 사실에 신이 난 아내는 역서 보는 방법을 설명해줍니다. 내심 고까웠지만 '구르는 재주' 어쩌고 했다가는 태교에 좋지 않을 듯합니다. 설명을 듣고 보니 역서를 보는 법은 아주 간단합니다. 조금만 들여다보면 누구나 쉽게 이해할 수 있는 내용입니다.

이 책은 제사를 지낸다거나, 날을 잡는다거나 할 때 반드시 필요합니다. 지금도 결혼 같은 중대사의 날짜를 잡을 때는 그 방면의 전문가를 찾곤 합니다만, 어차피 그 전문가라는 사람들도 이 책을 참고하여 알려주는 것이니, '사주' '궁합'이라고 쓰여 있는 거리의 천막을 기웃거릴 바에는 차라리 이 책을 사보고 복채를 아끼는 것이 좋겠습니다.

나중에 알아보니 『대한민력』은 수십 년 동안 운전면허 필기시험 문제지에 버금가는 베스트셀러였다는군요. 더구나 운전면허야 한 번 따면 그만이지만 달력은 매년 사야 합니다. 베스트셀러일 뿐만 아니라 스테디셀러이기도 하군요. 정확한 통계 수치는 없지만 수백만 부는 족히 팔렸을 것입니다. 그

천세력千歲曆 필사본. 1777년(정조 1)부터 1886년(고종 23)까지 110년간의 달력을 수록한 책이다. 이 책에는 1903년까지의 달력이 실려 있는데, 소장자가 덧붙인 것으로 보인다.

貢	貢	貢	買	貢	貢	貢
戌庚午	己未亥	戊申辰	己卯亥	己巳未酉	己亥丑酉	庚戌午

上半年節氣：立春　雨水　驚蟄　清明　小端（小滿）　芒種　夏至

		貢	貢	貢	貪	貪	貢
		甲辰子	甲午戌	甲辰子	乙未酉	乙丑巳亥	丙申午

下半年節氣：立秋　處暑　白露　秋分　寒露　霜降　小雪　大雪　冬至　小寒　大寒　立春

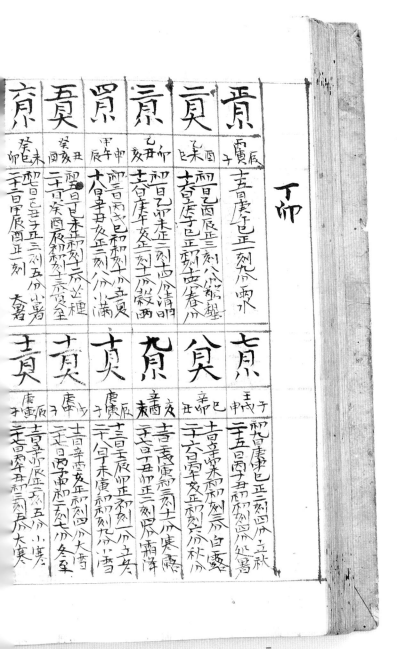

『천세력』 본문. 오른쪽은 1867년(고종 4), 왼쪽은 1868년의 달력이다. 한 면에 1년의 달력을 모두 넣어야 하므로 24절기만 기록했다.

렇게 널리 읽히던 『대한민력』은 어느덧 대부분의 사람이 그 존재조차 알지 못하는 책이 되어버렸습니다. 대학생들에게 강의를 하면서 이 책을 보여주었지만 알아보는 학생이 한 명도 없더군요. 하지만 지금도 큰 서점 한구석을 차지할 정도라면 아직 독자층이 제법 남아 있다는 뜻입니다.

당연하게 생각하던 것이 더 이상 당연하지 않다는 것을 알게 되면, 세상이 변했음을 깨달아야 합니다. 그런데도 생각을 굽히지 않고 여전히 당연하다고 믿는다면 시대에 뒤처지거나 신념이 확고한 사람이겠지요.

길흉을 따지고 때와 장소를 가리는 이라면 시대에 뒤처진 사람일까요, 신념이 확고한 사람일까요? 신념이라는 것은 오랜 경험과 넓은 견문에 바탕을 두어야 합니다. 회유와 강요에 따른 믿음은 맹신에 불과하지요. 그런데 무속인이나 역술인의 말에 솔깃하는 사람치고 역서를 제대로 볼 줄 아는 이는 흔치 않습니다. 역서를 보면 길흉을 따지고 때와 장소를 가리는 전통적인 관념이 과연 어디에 근거를 둔 것이며, 왜 그러한 관념이 생겨났는지를 알 수 있지요.

내가 믿는 것이 무엇인가를 제대로 알아야 올바른 믿음을 지킬 수 있을 것입니다. 내 믿음에 대해 의심을 품고, 그 의심을 해결해 스스로를 납득시키는 과정을 반복하는 태도가 필요합니다. 역설적이지만 신념은 의심할수록 더욱 바르고 확고해지는 것이 아닌가 합니다.

고서의 분해와 조립

;

먼저 소개할 책은 필사본 1책의 『지리대전地理大傳』입니다. 풍수지리에 대한 책입니다. 그런데 제목이 좀 이상합니다. '대전大典'이라면 모를까 '대전大傳'이라니 낯선 제목입니다. 옮겨 적는 과정에서 실수가 있었던 듯합니다. 표지를 넘기니 이런 내용이 있습니다.

무학無學은 성이 성成, 이름은 사겸士謙, 자는 노경魯卿이다. 고려 시대에 경양위敬讓衛 벼슬을 지낸 익제翊齊의 얼자孽子(천첩賤妾 소생의 아들)이다 無學之姓成, 名士謙, 字魯卿. 麗朝敬讓衛翊齊之孽子也.

무학이라면 조선 태조를 도와 나라를 세운 무학대사를 가리키는 것

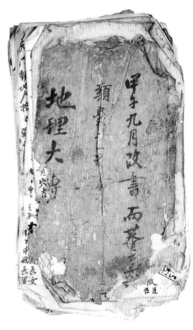

『지리대전』 표지
갑자년 9월에 고
쳐 썼다고 적혀
있다.

◎ 地理正論

○ 陽八相生格 ○

子未巳　丑申午　午丑亥

巳子戌　寅酉未　未寅子

戌巳卯　卯戌申　申卯酉

亥午辰　　　　　酉辰寅

假如子山未來巳歸

○ 干八宿都會法 ○ 乾山坤艮巧善破四未　甲亥雨壬四月

亥申巳亥買　子山午卯巧酉破四日　辰戌廿未四金

乙辛丁癸甲乙

○ 同氣破用法 ○ 午坐壬戌破　子坐癸巳歸

卯坐庚癸未破　酉坐丁丑破

乾山出巽　巽山出乾

○ 天門勸地戶格 ○ 乾山出巽○坎山水出巽○巽山水

北向 亥破長女 寅破長男 金山午破中女未破少男 木山子破中男巳破小男

○火山 卯破中男 辰破小男 水土山 酉破中男 戌破小男

○六達水 亥天 艮地 丁人 卯財 巽祿 丙馬 淨陰山用之

○天干生乙貴格 壬山水出亥 癸山水出乙 艮山水出丙丁 甲山水出乙 丙山水出艮癸 辛山水出申 乙山水出乾庚 庚山水出壬 坤山水出甲 寅山水出乙艮

○八卦法 卯方屬長男其方水破則長不吉 坎方屬中男 艮山水出庚丁 丁山水出艮壬 甲山水出辛坤 震山水出乙

『지리대전』 본문
각종 풍수 용어에 대한 설명이다.

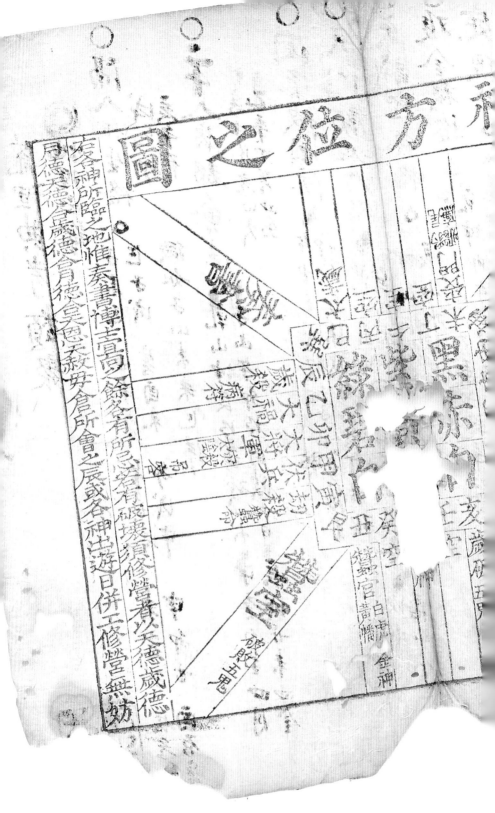

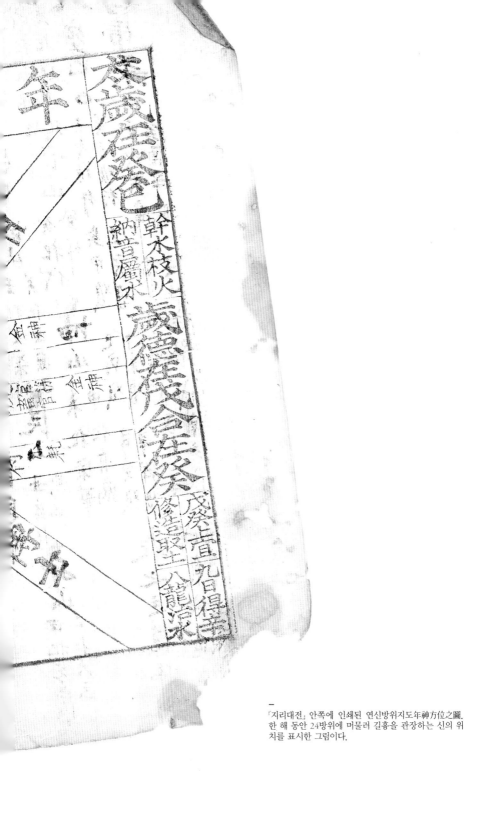

『지리대전』 안쪽에 인쇄된 연신방위지도年神方位之圖. 한 해 동안 24방위에 머물러 길흉을 관장하는 신의 위치를 표시한 그림이다.

이겠지요. 무학대사는 풍수지리에 조예가 깊었다고 합니다. 조선의 수도를 한양으로 정한 것도 그의 생각이었다지요. 그렇다면 이 책의 내용은 무학대사의 비결? 쓰레기 고서 더미에서 이런 귀중한 보물을 발견하다니! 순진한 사람들은 이렇게 생각할지 모르겠지만 저는 그렇게 순진하지 않습니다.

풍수지리서는 으레 유명한 풍수가들의 이름을 도용하곤 합니다. 신라시대의 고승 도선국사, 조선 중기의 술사 남사고, 그리고 무학대사는 단골입니다. 그들의 책이라고 전하는 것들은 거의 다 가짜라고 봐도 무방합니다. 명품일수록 짝퉁이 많은 법이지요.

이 책에는 '산세론山勢論'이니 '명당론明堂論'이니 하는 여러 편의 글이 실려 있는데, 방향이 어떻니 터가 어떻니 하는 내용입니다. 주요 도서관에 소장된 고서를 조사해보니, 이 책은 『지리전도地理傳道』라는 책의 일부를 옮겨 적은 것으로 보입니다. 두 책의 내용에 비슷한 부분이 상당합니다. '대전大傳'이라는 책이름도 '전도傳道'와 관계가 있는 듯합니다. 『지리전도』 역시 정체가 분명하지 않은 책입니다. 일행一行이라는 당나라 승려가 지은 것이라고도 하고, 도선국사가 무학대사에게 전수한 것이라고도 하지만 모두 곧이 믿기 어렵습니다. 이런 책들은 그리 오래된 것이 아닙니다. 이런 책에 대해서는 앞서 『옥룡자답산가』를 소개할 때 잠깐 언급했으니 여기서는 넘어갑니다.

책 내용은 허무맹랑한 이야기이지만, 그렇다고 이 책이 전혀 쓸모없지는 않습니다. 어쨌든 이 책의 내용은 집필되었던 당시 사람들이 철석같이 믿고 있었던 것이 분명합니다. 그 사람들의 믿음이 어떠했는지, 왜 그런 믿음을 갖게 되었는지 깊이 연구한다면 당시 사람들을 좀더 깊이 이해할 수 있을 것이고, 또 여전히 우리 주변에서 이러한 믿음이

성행하는 이유를 알 수 있을 것입니다.

한 가지 덧붙이자면, 설령 이 책의 내용이 사실이라 하더라도 건설회사가 지어놓은 아파트나 빌라에 살다가—그것도 빌려서—공원묘지에 묻혀야 하는 평범한 사람들로서는 집터나 묏자리를 선택할 권한이 없으니 이런 책은 아무 소용없겠지요.

이 책에 대해 간단히 소개했습니다만, 사실 하고 싶은 이야기는 따로 있습니다. 고서는 반으로 접은 종이를 접힌 쪽이 바깥으로 오도록 묶어서 만드는 것이 일반적입니다. 이런 제책 방식을 전문적인 용어로는 '선장線裝'이라고 합니다. 목판본이나 활자본은 먼저 인쇄를 하고서 인쇄면이 겉으로 나오도록 종이를 반으로 접고, 필사본은 종이를 먼저 접고 그 위에 글씨를 쓰는데, 어떤 경우든 책장 안쪽은 백지가 됩니다. 그런데 옛날에는 종이가 귀했던 만큼, 책을 만들 종이가 없으면 쓸모없는 책을 해체해서 책장 안쪽에 있던 백지가 바깥으로 오도록 다시 접어서 공책을 만들곤 했습니다. 여기 소개한 『지리대전』 역시 그렇게 만든 책입니다. 책장 안쪽을 보면 인쇄된 흔적이 보입니다.

그렇다면 이 책은 원래 무슨 책이었을까요? 책을 다시 해체해보면 알 수 있습니다. 지금 책은 접착제를 사용해서 낱장을 붙여 만들지만, 고서는 종이끈으로 낱장을 묶어 만든 것입니다. 종이끈이라는 것은 종이를 배배 꼬아서 만든 끈입니다. 고서의 책등을 자세히 보면, 정성껏 꼬아 만든 종이끈을 사용해 묶은 부분을 볼 수 있습니다. 이것을 과감히 풀어보겠습니다. 어찌나 꽁꽁 매었는지 잘 풀리지도 않습니다. 나중에 원상 복귀하려면 조심조심 풀어야 합니다. 매듭이 풀리면 종이끈을 빼내고 책을 낱장으로 분리합니다.

이것은 역서曆書입니다. 역서라는 것은 앞서 말했듯이 달력입니다.

시헌서
時憲書

조선시대에는 천문 관측을 담당하는 관서였던 관상감에서 역서를 만들어 배포했습니다. 오늘날 집집마다 달력이 필요한 것처럼 역서에 대한 수요도 상당했지요. 그래서 조선 후기에는 관청에서 배포하는 것만으로는 물량을 감당하지 못해 민간에서도 역서를 만들어 팔곤 했답니다. 시장에서 유통된 역서는 이미 19세기에 30만 건이 넘었다고 하니, 얼마나 많은 사람이 역서를 필요로 했는지 짐작이 갑니다. 역서에는 달력에 담기 어려운 정보도 있으므로, 지금과 같은 달력이 나온 뒤로도 많은 사람이 따로 역서를 구해 보았습니다. 그것이 오늘날까지 이어져 강남의 대형 서점에서도 여전히 판매되고 있는 것입니다.

역서 읽는 법

;

역서는 언뜻 보면 복잡한 것 같지만, 전통적인 시간관념에 대한 이해가 조금만 있으면 읽는 데 아무런 지장이 없습니다. 하나씩 살펴보겠습니다. 오른쪽 상단에 굵은 글씨로 쓰인 '정월소正月小'라는 글자가 보입니다. 정월은 1월이지요. 소小는 소월小月, 즉 한 달이 29일이라는 것입니다. 대월大月은 30일이지요. 이 시기의 역서 시헌력時憲曆의 한 달은 29일 아니면 30일입니다. 그 옆에 '건갑인建甲寅'이라고 쓰인 것은 월건月建이라고 해서 달의 간지입니다. 해에도 간지가 있고 달이나 날에도 간지가 있지요. 그러니까 이해 1월 1일은 계사년 갑인월 계유일입니다.

상단에 띄엄띄엄 합삭合朔, 상현上弦, 망望, 하현下弦이라고 쓰여 있고, 그 아래에 정확한 시각을 적어두었습니다. 이것은 달의 위상 변화를 나타내는 것이지요. 어디 정월대보름날 보름달이 뜨는 시각을 볼까

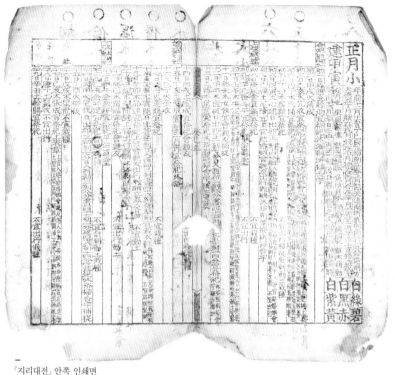

『지리대전』 안쪽 인쇄면

요? 보름을 뜻하는 망望 아래에 '오정 2각 7분午正二刻七分'이라고 되어 있군요. 오정午正은 정오, 낮 12시입니다. 1각刻이 지금 시간으로 약 15분이니 2각은 30분, 1분分이 약 15초이니 7분은 105초입니다. 그렇다면 보름달이 뜨는 시각은 낮 12시 31분 45초가 되겠군요. 낮이라 잘 보이지는 않겠지만 꽤 자세하지요.

'정월소' 아래의 작은 글자를 보겠습니다. 오른쪽 첫째 줄부터 읽습니다. "작년 12월 15일 정사일 8시 15분이 정월절正月節인 입춘立春이었다. 천도天道가 남쪽으로 가니 남쪽으로 가는 것이 좋고, 남쪽에 집을

月小

甲寅

天德在丁月厭在戌月殺在丑月德在丙月空在壬上宜修造取土

是月也東風解凍蟄蟲始振魚陟負氷獺祭魚候鴈北草木萌動

二月二十日甲寅正一刻後日躔娵訾之次宜用甲丙庚壬時　白黑

初一日癸酉金軫危宜祭祀沐浴剃頭掃舍宇

初二日甲戌火角成

初三日乙亥火亢收宜祭祀上表章上官結婚姻會親友宜用辰時納財捕捉動土豎柱上梁安碓磑栽種收養

初四日丙子水氐開宜祭祀上表章入學結婚姻會親友修置產室開渠穿井栽種

初五日丁丑水房閉宜祭祀

初六日戊寅土心建日出卯正三刻入酉初二刻一分晝四十四刻夜五十一刻十三分宜結婚

初七日己卯土尾除宜上官結婚姻會親友出行裁衣沐浴剃頭療病掃舍宇

初八日庚辰金箕滿宜祭祀

初九日辛巳金斗平宜祭祀中涂道塗　不宜出行

初十日壬午木牛定宜祭祀上表章上官冠帶宜用午時坐向正南結婚姻會親友嫁娶進人口出行移交易納財安碓磑栽種收養　不宜出行

十一日癸未木女執宜會親友捕捉

十二日甲申水虛破日出卯正三刻六分入酉初二刻八分晝四十五刻夜五十刻二分宜祭祀沐浴療病掃屋

짓는 것이 좋다"고 했습니다. 둘째 줄은 길흉을 관장하는 월신月神이 있는 방위를 알려주는 것이고, 셋째 줄은 1월의 자연현상을 간단히 설명한 것이며, 넷째 줄은 태양의 궤도에 관한 내용입니다. 아래의 굵은 글씨는 구성도九星圖라고 하는데, 방위의 길흉을 판단하는 기준이 됩니다.

굵은 글씨 옆으로 1일부터 29일까지 날짜를 열거했습니다. 1일을 보겠습니다. '계유금진위癸酉金軫危'라고 쓰여 있군요. '계유癸酉'는 흔히 쓰는 60갑자의 간지입니다. '금金'은 화갑자花甲子라고 60갑자를 오행五行에 배당한 것입니다. '진軫'은 28수宿의 하나로 별자리입니다. 그리고 '위危'는 12직直의 하나로 방위를 가리키는 말인데, 조금 복잡하니까 설명은 생략합니다.

그 아래에는 그날 하면 좋은 일과 해서는 안 될 일을 알려주는 부분이 있습니다. '의宜' '불의不宜'가 바로 그것입니다. 예컨대 '의제사宜祭祀'는 제사 지내기 좋은 날, '의회친우宜會親友'는 친지들 만나기 좋은 날이라는 뜻입니다. 반대로 '불의출행不宜出行'은 나들이하기에 마땅하지 않은 날, '불의재종不宜栽種'은 파종하기에 마땅하지 않은 날이라는 뜻입니다. 공부하기 마땅하지 않은 날이 있으면 그걸 핑계 삼아 놀아볼 텐데, 그런 날은 없군요. 하지만 결혼, 이사, 목욕, 청소, 길 닦기, 집짓기 등등 일상생활에서 큰맘 먹고 해야 하는 여러 가지 일에 대해 가부를 결정해두었습니다. 중대사를 앞둔 사람들은 여기에 쓰인 내용을 보고 날을 잡았던 것 같습니다. 이것을 역주曆註라고 하는데, 역서를 연구하는 분들이 예전에는 그저 미신으로 치부했지만 요즘은 여기서 나름의 의미를 찾으려는 듯합니다.

그렇다면 이것은 어느 해의 달력일까요? 첫 장이 남아 있다면 알 수

169

시헌서
時憲書

五姓修宅
圖同嫁娶

監印官

折衝將軍前龍驤衛副護軍　臣　崔錫祥
通訓大夫前觀象監正　　　　臣　金秀煥
通訓大夫前觀象監正　　　　臣　李就煥
通訓大夫前觀象監正　　　　臣　李致元
通訓大夫前觀象監正　　　　臣　金明遠
折衝將軍前知中樞府事　　　臣　金漢運

朝奉大夫前觀象監正　　　臣　金應漢
宣務郎前觀象監主簿　　　臣　李明源
朝奉大夫僉觀象監正　　　臣　金樂節
　　　　　　　　　　　　臣　朴周煥
　　　　　　　　　　　　臣　玄應采

宜上吉日甲子乙丑丙寅丁卯戊辰己卯庚辰辛巳壬午癸未己酉庚戌辛亥壬子癸丑

天赦上吉日春戊寅夏甲午秋戊申冬甲子

天德合在三月壬

四月在丙　六月在己　七月在戊　九月在辛　十月在庚　十二月在乙

甲子日東遊　巳巳日西遊　寅子日南遊　壬子日北遊　癸巳日遷位　丙午日遷位　辛巳日遷位　戊子日遊

乙巳日遷位　丁巳日還位

每遇癸巳甲午乙未丙申丁酉壬午日宜遊神所在入方不宜安葬啓攢舍宇設林帳

庚子辛丑壬寅　戊申日在房內南　壬午日在房內西　癸卯日在房內北
己酉日出外遊

戊戌己亥庚子辛丑壬寅癸卯甲辰乙巳丙午丁未日宜嫁娶

一日在外踝　二月在外踝　三月在股　四日在腰　五月在宿　六日在手　七日在踝

있을 텐데, 그렇지 않으니 알 도리가 없습니다. 이 책을 해체해서 나온 역서는 20장쯤 되는데, 판심版心에 '임진년'이라고 쓰인 것도 있고, '계사년'이라고 쓰인 것도 있습니다. 임진년과 계사년 두 해의 역서라는 것은 분명하지만 정확히 언제인지는 모르겠습니다. 다행히 임진년 역서의 마지막 장이 남아 있습니다. 여기를 보면 이 역서의 제작에 참여한 사람들의 명단이 있습니다.

앞면 사진 왼쪽 아래를 보면 수술관修述官 12명과 감인관監印官 2명의 관직과 성명이 있습니다. 수술관은 날짜를 계산해서 역서를 편찬하고, 감인관은 역서의 인쇄 과정을 감독합니다.

이 사람들은 대부분 『잡과방목雜科榜目』에 실려 있습니다. 『잡과방목』은 조선시대 역과譯科, 의과醫科, 율과律科, 음양과陰陽科 등 기술직 중인이 응시하는 과거시험의 합격자 명단입니다. 기능직 공무원 명단이라고나 할까요. 이중 음양과는 천문, 지리, 운명 따위를 담당하는 관직에 임용되는 길입니다. 역서와 관계된 일도 이 시험 출신이 담당하지요. 위 명단에서 신원이 확인되는 이들은 모두 1780년부터 1819년 사이에 음양과에 합격한 사람들입니다. 그렇다면 이 역서가 만들어진 임진년과 계사년은 1832년과 1833년으로 보아야 하겠습니다. 1832년 역서의 정식 명칭은 '대청 도광 12년 세차 임진 시헌서大淸道光十二年歲次壬辰時憲書', 1833년의 역서는 '대청 도광 13년 세차 계사 시헌서大淸道光十三年歲次癸巳時憲書'입니다.

한국천문연구원에서 제공하는 천문우주지식정보에 조선시대부터 지금까지의 역서를 한데 모아두었으니, 관심 있는 분은 찾아보시기 바랍니다. 1833년의 역서는 이곳에도 없는 것을 보니 그리 흔치 않은 모양이군요. 제가 가지고 있는 역서라도 가져다가 데이터베이스의 완성도를 높였으면 합니다.

모든 일이 마땅치 않은 날

;

저는 그날 서점에서 『대한민력』한 부를 사들고 왔습니다. 전통 역서에
대해 잘 모르고 있었기에 공부해보려는 생각에서였지만, 한편으로는
아내가 출산을 앞두고 있어 이런 것으로나마 불안한 마음을 달래볼
심산이었습니다.

　출산일을 마음대로 조절할 수는 없지만, 언제가 좋은 날인지 알아보
았습니다. 『대한민력』에 따르면 2011년 1월 3일은 '제사불의諸事不宜', 즉
모든 일이 마땅치 않은 날입니다. 그 밖의 날짜는 대체로 괜찮습니다.
뜻대로 될지는 모르겠지만 내일만 피하면 되겠군요.

　다음 날 아침, 늦잠을 자고 있는데 아내가 저를 흔들어 깨웁니다.
양수가 터졌답니다. 눈을 비빌 새도 없이 택시를 잡아타고 병원으로
향했습니다. 그 이후의 파란만장한 이야기는 여기에 다 쓸 수 없습니
다. 그날 밤, 아내는 건강한 아들을 낳았습니다. 모든 일이 마땅치 않
다는 그날이 제게는 가장 행복한 날이 되었습니다. 역시 길흉화복 따
위, 믿을 것이 못 됩니다.

　그런데 아내의 생각은 다릅니다. 아이가 자시子時에 태어났으니, 전
통적인 시간관념에 따르면 1월 4일생이라는 것입니다. 『대한민력』에 따
르면 1월 4일은 매우 좋은 날입니다. 무사히 아기를 품에 안았으니 이
제 그런 건 상관없습니다. 하지만 언젠가 큰일을 다시 앞두게 된다면
또 역서를 펼쳐볼지도 모르겠습니다.

8장

글씨가 살아 있는 편지

―『초간독草簡牘』

악필의 생애

;

저는 타고난 악필입니다. 그냥 악필이 아니라 아주 심각한 악필입니다. 어린 시절, 저는 글씨 쓰기를 배우기에 앞서 오른손으로 연필 잡는 법부터 배워야 했습니다. 왼손잡이였기 때문입니다. 부모님께서는 저를 오른손잡이로 만들고자 부단히 애를 쓰셨지요. 왼손을 쓰지 못하도록 벙어리장갑을 씌워놓은 적도 있다고 합니다. 하지만 별 효과가 없었는지 여전히 왼손잡이인 채로 초등학교에 입학했습니다.

요즘 선생님들은 아이가 왼손잡이라도 타고난 성향을 존중해서 억지로 오른손잡이로 만들지 않는다고 하더군요. 하지만 제가 초등학교를 다니던 시절만 해도 선생님들은 왼손잡이를 용납하지 않았습니다. 저는 30센티미터 자로 손등을 얻어맞으면서 오른손잡이가 되기를 강요받았습니다. 대부분의 왼손잡이는 이 과정에서 순순히 오른손잡이로 전향하고 오른손잡이 위주의 세상에 적응해 살아갑니다. 하지만 저는 한사코 오른손잡이가 되기를 거부했습니다. 밥 먹는 손을 들어보라는 선생님 말씀에 번번이 왼손을 들어 선생님의 화를 돋우었습니다.

결국 저는 계속되는 박해를 피하기 위해 왼손과 오른손의 역할을 분담하는 방향으로 타협을 보았습니다. 수업 시간에는 선생님의 감시가 삼엄하니 오른손을 써야 했지만, 점심 시간처럼 감시가 소홀한 때에는 마음껏 왼손을 썼습니다. 그러다보니 글씨 쓰기처럼 쉽게 눈에 띄는 일은 오른손으로 하고, 젓가락으로 반찬을 집거나 붓으로 그림을 그리는 것처럼 섬세함이 요구되는 일은 왼손으로 하게 되었습니다. 아무래도 타고난 왼손잡이이다보니 섬세한 작업은 왼손을 사용하는 것이 훨씬 수월하기 때문이었습니다. 결국 저는 글씨는 오른손으로 쓰면서 밥은 왼손으로 먹는 지경에 이르렀습니다.

그런데 여기서 문제가 생겼습니다. 글씨 쓰기는 섬세함이 요구되는 일이지만 그 상징성과 중요성 때문에 오른손 차지가 되었습니다. 사용하지 않는 기능은 퇴화되기 마련입니다. 왼손은 곧 글씨 쓰는 법을 잊어버렸습니다. 그렇다고 오른손이 적성에 맞지 않는 글씨 쓰기를 제대로 할 리가 없습니다. 그리하여 저는 악필이 되고 만 것입니다.

글씨를 잘 쓰면 좋은 일이 많습니다. 초등학교에서는 칭찬도 받고 상장도 받고 부상으로 학용품도 받을 수 있습니다. 중고등학교에서는 친구들이 노트를 빌려달라고 줄을 서지요. 하지만 저와는 관계없는 이야기입니다. 선생님은 글씨가 그게 뭐냐고 꾸중을 합니다. 노트를 빌려간 친구는 뭐라고 썼는지 모르겠다며 불평을 합니다. 심지어 속기를 배웠냐고 진지하게 묻는 친구도 있습니다. 이런 일이 되풀이되면 콤플렉스가 생기기 마련입니다.

악필이라도 공부를 잘했다면 '천재는 악필이다'라는 말로 위안 삼았겠지만 제 성적은 그리 신통치 않았습니다. 고등학교를 졸업하고도 글씨와의 악연은 끝나지 않았습니다. 어찌어찌하여 저는 대학에서 한문을 전공하게 되었습니다. 한글도 제대로 못 쓰는 사람이 한자를 잘 쓸 턱이 없습니다. 제 글씨를 본 교수님들은 한숨을 내쉬었습니다.

중국 당나라 때에는 '신언서판身言書判'의 네 가지 기준으로 사람을 평가했습니다. '신'은 외모, '언'은 말솜씨, '서'는 글씨, '판'은 판단력입니다. 글씨로 사람을 판단한다면 저 같은 사람은 인간 말종 취급을 받을 것입니다. 그래서 저는 '글씨는 인격이다'라는 말에 수긍하기 어렵습니다.

하지만 사람마다 글씨가 제각각이니 그것이 그 사람의 성격과 어떠한 방식으로든 관련이 있을 것이라는 생각은 듭니다. 노트 필기에 최

적화된 일상적인 글씨는 누구나 비슷하지만, 붓글씨를 써보면 놀라울 정도로 사람마다 차이가 크지요. 그러고 보면 글씨로 사람을 판단하는 것도 전혀 터무니없지는 않다고 봅니다. 선생님이 글씨 못 쓰는 학생을 못마땅하게 여기는 것도, 학생이 글씨 못 쓰는 선생님을 못미더워하는 것도 충분히 이해가 갑니다. 악필로 점철된 오욕의 생애를 반추하며, 이번에는 글씨 이야기를 해볼까 합니다.

악필처럼 보이는 글씨

;

고서를 연구하려면 한자를 어느 정도 읽을 줄 알아야 하지만 한자를 잘 써야 하는 것은 아닙니다. 쓰기는 컴퓨터가 대신할 수 있기 때문입니다. 반면 읽기는 컴퓨터가 대신할 수 없습니다. 문자를 읽는 컴퓨터도 있다고는 하나 현재의 기술로는 완벽하지 않습니다. 모든 고서가 반듯한 활자로 인쇄되거나 정갈한 붓글씨로 쓰인 것은 아니기 때문에 읽기는 여전히 사람 몫입니다. 그러므로 고서 연구자는 다양한 서체는 물론 악필까지도 판독할 수 있어야 합니다.

고서에 흔히 쓰이면서도 읽기 어려운 서체가 있습니다. 초서체草書體입니다. 초서는 언뜻 보면 악필 같습니다. 한자인 것만은 분명한데 마구 흘려 써서 도대체 무슨 글자인지 알아볼 수가 없습니다. 한자를 잘 아는 사람도 초서를 맞닥뜨리면 당혹스러워하곤 합니다.

초서는 일종의 필기체입니다. 아시다시피 한자의 자형은 대개 복잡합니다. 한 획 한 획 또박또박 쓰려면 시간이 오래 걸립니다. 복잡한 자형을 단순화하고, 획과 획을 연결하여 가능한 한 붓을 떼지 않고 빠

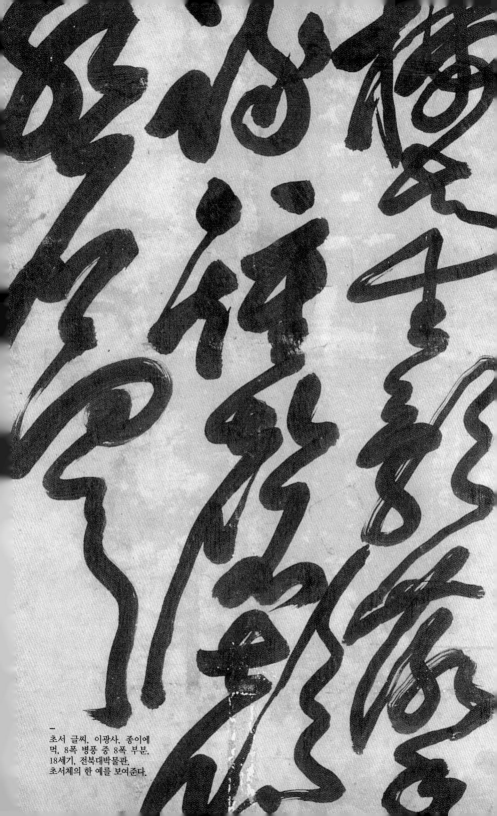

초서 글씨, 이광사, 종이에
먹, 8폭 병풍 중 8폭 부분,
18세기, 전북대박물관.
초서체의 한 예를 보여준다.

른 속도로 물 흐르듯 쓸 수 있게 만들어진 서체가 초서입니다. 기자가 취재원의 말을 받아 적을 때 속기로 하는 것처럼 옛사람들도 상대방의 말을 받아 적을 때 초서를 썼습니다. 국왕과 신하들이 주고받은 대화와 문서를 옮겨 적은 『승정원일기承政院日記』가 대표적입니다. 다량의 문서를 신속히 처리해야 할 때도 초서를 쓰는 것이 편리합니다. 따라서 고문서, 편지 등은 대부분 초서로 쓰여 있습니다.

초서를 판독하는 법은 악필을 판독하는 법과 비슷합니다. 악필로 쓴 글씨를 그럭저럭 읽을 수 있는 까닭은 우리가 글을 읽을 때 문맥을 염두에 두기 때문입니다. 한 글자씩 보면 무슨 글자인지 알 수 없더라도 글자가 모여 문장이 되고 문장이 모여 한 편의 글이 되면 이야기가 달라집니다. 전체적인 문맥을 파악하며 읽는다면 설령 알아볼 수 없는 글자가 몇 자 끼어 있더라도 대략 어떤 글자인지 넘겨짚을 수 있지요. 이 때문에 초서는 한문 문장을 어느 정도 읽을 줄 아는 사람이라야 정확히 판독할 수 있습니다. 자형字形만으로 판독할 수 없는 글자가 끼어 있더라도 문맥의 흐름을 따라가면 판독할 수 있기 때문입니다.

저는 글씨를 잘 쓰지 못하니 읽기라도 잘하자는 생각에 초서를 공부하기 시작했습니다. 더구나 초서를 잘 쓰면 악필을 다소나마 감출 수 있습니다. 평생의 콤플렉스를 극복할 기회입니다. 초서의 자형은 일반적으로 쓰이는 한자의 서체인 해서楷書와 판이합니다. 익숙한 해서를 놔두고 생소한 초서를 배우는 것은 마치 왼손으로 글씨를 쓰던 사람이 오른손으로 바꾸어 쓰는 것처럼 어렵습니다.

초서를 처음 배우는 사람들은 으레 『초천자草千字』라든가 『초결백운가草訣百韻歌』부터 시작합니다. 『초천자』는 초서로 쓴 천자문입니다. 한문을 읽을 줄 아는 사람은 천자문 정도야 한번쯤 공부한 경험이 있기

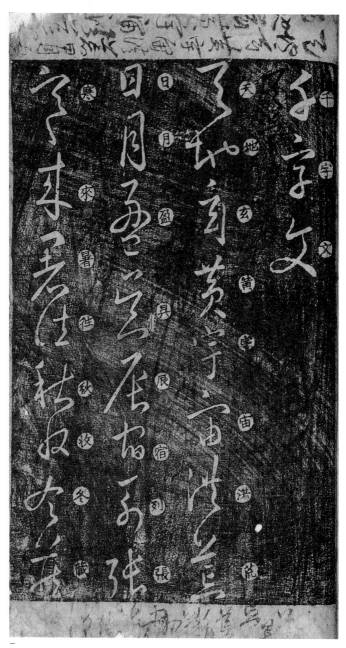

『초천자』, 엄한명, 강세황 발, 30.2×19.0cm, 서예박물관
초서를 처음 배우는 사람이 익히는 책이다. 왼쪽의 큰 글씨가 초서, 오른쪽의 원 안에 들어 있는 글씨가 해서다.

마련입니다. 비교적 익숙한 글이라면 초서로 쓰여 있더라도 빠른 시일 안에 터득할 수 있습니다. 이것이 『초천자』를 공부하는 이유입니다.

『초결백운가』는 글자 그대로 초서草의 비결訣을 알려주는 노래歌입니다. 초서를 쓰는 원리와 헷갈리는 글자를 구별하는 방법을 설명하는 내용입니다. 공부에 비결은 없다지만 이 비결은 믿을 만합니다. 이 두 가지만 착실히 공부해도 초서의 기초를 튼튼히 쌓을 수 있습니다.

혼자 공부하는 것도 괜찮지만 좋은 선생님에게 배우는 것이 더욱 효과적입니다. 지금 우리나라에서 초서를 배울 수 있는 곳으로 가장 잘 알려진 곳은 국사편찬위원회에서 개설한 사료연수과정입니다. 기초과정 1년이면 웬만한 초서는 읽을 수 있고, 고급과정 1년까지 수료하면 거의 전문가 수준에 오릅니다. 매년 신청이 폭주하는 것으로 보아 초서를 해독할 능력이 필요한 사람이 적지 않은 듯합니다. 다만 수업 시간이 주간이라 생업에 매인 이들은 시간을 내기가 어렵습니다.

저는 워낙에 게으르고 끈기도 부족해서 간신히 기초과정만 마쳤습니다. 초서를 잘 읽는 분을 찾아가 조언을 구했더니 뭐니뭐니해도 몸으로 부딪치면서 스스로 터득하는 것이 제일이라고 하더군요.

그 무렵 한문 자료 데이터베이스를 구축하고 있던 모 기관에서 제게 작업을 의뢰해왔습니다. 초서가 섞여 있는 고문서 300여 편을 해독하고 전산화하는 작업이었습니다. 평소 같으면 초서를 모른다고 거절했겠지만, 이참에 초서를 확실히 익혀보자고 결심한 저는 무모하게도 덥석 일을 맡고 말았습니다. 사람은 발등에 불이 떨어지지 않으면 좀체 움직이지 않는 법입니다. 저는 스스로 발등에 불을 질렀던 것입니다.

작업할 고문서를 받아보니 열에 한둘은 무슨 글자인지 알아볼 수가 없었습니다. 열에 한둘이면 많지 않은 것 같지만 실은 그렇지 않습니다. 이런 작업에서 요구되는 정확도는 99.9퍼센트입니다. 99.9퍼센트는 막연히 잘하라는 말이 아니라 1000개의 글자 중 하나 이상 틀리면 너한테는 한 푼도 줄 수 없다는 뜻입니다. 작업 결과에 대한 검수를 통과하지 못하면 여태껏 한 일이 헛고생으로 돌아가는 것은 물론, 체면이 말이 아닙니다. 발등에 지른 불이 온몸으로 옮겨 붙을 위기에 처했습니다.

저는 어쩔 수 없이 초서 사전을 뒤지고 데이터베이스를 검색하며 고문서를 해독하기 시작했습니다. 한 글자를 해독하기 위해 밤을 새는 날도 더러 있었습니다. 간신히 기한에 맞춰 작업을 마치고 요행히 검수도 통과했습니다. 지금 생각하면 무모하고 터무니없는 시도였지만, 그 경험을 통해 초서 읽기가 조금 수월해졌습니다. 한 단계 성장하기 위해서는 반드시 힘들고 고통스러운 과정을 견뎌내야 하는가봅니다.

초서 편지 쓰기

;

이번에 살펴볼 책은 편지 쓰기 교본입니다. 옛사람들에게 편지 교환이 어떤 의미를 지녔는지는 앞서 자세히 살펴봤으니 이번에는 글씨에 대해서만 이야기하고자 합니다.

표제는 거의 지워져 알아보기 힘들지만 '초간독草簡牘'이라고 쓰인 듯합니다. 초서 편지라는 뜻이지요. 내용은 크게 세 부분으로 구성되어 있습니다. 첫째는 편지에 자주 쓰이는 용어를 해설한 부분, 둘째는 상대와 상황에 따른 편지 투식의 예문, 셋째는 초서 편지의 예문입니다.

대부분의 내용은 『간식유편』이라는 책에서 베낀 것입니다. 『간식유

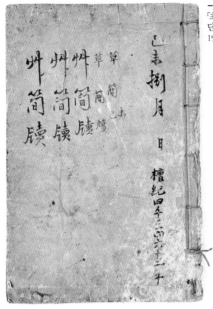

편』은 중국 명말청초의 전겸익錢謙益(1582~1664)이 지었다고 알려진 책입니다. 이 책의 본문에도 '우산虞山 목재牧齋 전겸익錢謙益 편차編次'라는 기록이 보입니다. 우리나라에서 『간식유편』은 1739년 이인석李寅錫이라는 아전에 의해 처음 간행되었는데, 『간식유편』이 중국 책이라 우리나라 사정에 맞지 않으므로 충암冲菴 김정金淨(1486~1521)의 『동인예식東人例式』이라는 우리나라 고유의 편지 쓰기 교본을 참조하여 수정했다고 합니다.

184

그러나 이것은 믿을 수 없습니다. 전겸익이 『간식유편』을 지었다는 말은 중국의 어느 문헌에도 보이지 않습니다. 더구나 『간식유편』의 내용은 아무리 봐도 중국 사람이 쓴 것 같지 않습니다. 전겸익이 지었다는 말은 그의 대중적인 인기에 영합하여 판매 부수를 늘리려는 수작

而其曰踰五斫泊其夕而其文而過六伍楷前衡
獲奉俱圖一旬之特至亦知書之安否老父之憂
還同見書之前始覺諛誃無于爲上八字云者
甚如此憲筦之情地耳惟望遠遂以慰僑僑之
情其兄如此進遠其第之來何須煩悶事餘又
煩止

伯父主前　上書

獻歲已久之關者省侯下懷伏歎不能火馳後寒
如前伏未審辰下
氣祉爲優萬安伏慕區區無任下誠　允從昆季
遠爵之勛不刻趨此時日進省爲詢耳不悌伏惟
下案謹拜上書
　　　　　　　　猶侄謹拜書

歲攝初旬方如馳懇忽此料表得見手滋欣羨
對討桌尜沒量況諦侍側無蟻伏尤疲爲喜此
叔逢駈感叚又添一蔵床事惯中前冬感八衰
添劇長在祗席苦悶艱僂病情草々狀未諼
言頼爲放企耳餘僂病情忭々萬不一
　兄主前　上書

雁庭許久之曠問侯遠外伏應食息靡起仲
春々寒尚峭如冬未審通末

『초간독』 본문. 백부, 조카, 형에게 보내는 편지의 예문이다.

이 분명합니다.

　『동인예식』이라는 책의 정체도 수상합니다. 김정은 조선 초기 사람입니다. 그가 『동인예식』을 지었다는 말은 1835년 김정의 후손들이 간행한 『충암집沖菴集』 연보에 처음 보입니다. 여기에 "세상에 전하는 『동인예식』은 바로 선생께서 지으신 것이다. 제주도에 계시던 당시 가르치던 책이었을 것이다"라는 언급이 보입니다. 『동인예식』이라는 책이 19세기 전반에 널리 유통되었던 것은 분명하나 후손들조차 그것이 김정의 저술인지 확신하지 못하고 이렇게 말한 것을 보면 김정이 지었다는 말 역시 믿기 어렵습니다.

　하지만 『간식유편』의 의의는 결코 무시할 수 없습니다. 당시까지 편지 쓰기 교본은 필사를 통해 근근이 전해지고 있었는데, 『간식유편』

虞山牧齋錢謙益編次

簡式類編

禮

　補呼數

君臣　楓宸　階陛○諸侯稱殿下椒房　號　青宮　太子居東宮○

稱即或稱後天潢之派宗室聖言　帝　鑾言　后　垣牆垣

下　俊宮妃妃嬪天漢之派宗室聖言　帝　鑾言　后　闕下相輔紳之臣

朱幡皂盖　太守前列朱幡後　藩垣屏翰　伯藩屏翰猶翼護　老

命　或問下稱宰相　父子　嚴君　或稱嚴家父家君家親　椿府　或是椿尊堂萱

大夫人之　椿萱　掞房之永齡　頌嚴慈　椿庭晝永壽其慶其存

父母心　椿萱　父沒母存　殺水承歡養親　紫誥封

嚴侍下　為嚴侍　慈侍下　為慈侍　訓鯉　父和熊故

親榮　拜家慶　故　失怙之　悲此沒言

贈

德字清範芝宇雅範眉于容儀刑撰擧

之版拜屐諸遊戱穀移同鳴鷹無期

事座下之辭左右交感荷沒感謝歸

審之行父母金玉字貴人之書汗星呈尚寂寞音見我于

歸之行新行女子聯書幷範鑛聯與人同行靚綾懸脆

湘肝憂念在念之如水深口音之厄得談陸續續雲樹

之愿友擱毛盈路道髫髦草童時塵凡故毛穎

也事突弁以童蓄冠參商相憶南北相憶桂玉之愁少年之來貴如王刃人

與貴族之見屈東臺亦是_{云云}也

云云赤復奈何末旬為庚洛之行_行

上候未何來旬在庚洛之行_{人正促}

云云昆庸所行作_{餘便人正}使人立仁

不能長辭_{拜謝耳姑不備謝}

不能_{在應}書存村心下此不得謝

為趙左右_拜

謹辭二候上書

_{陸排止候書}

阻候居然冬屆兩歲欲暮_{悵慕}

仰若居然冬屆日暮悵慕

以懷何日不僮三依惟窮巨_{護萬安諸}

重惟餘捿討候_{左右}鼓事安諸

奉侍仲

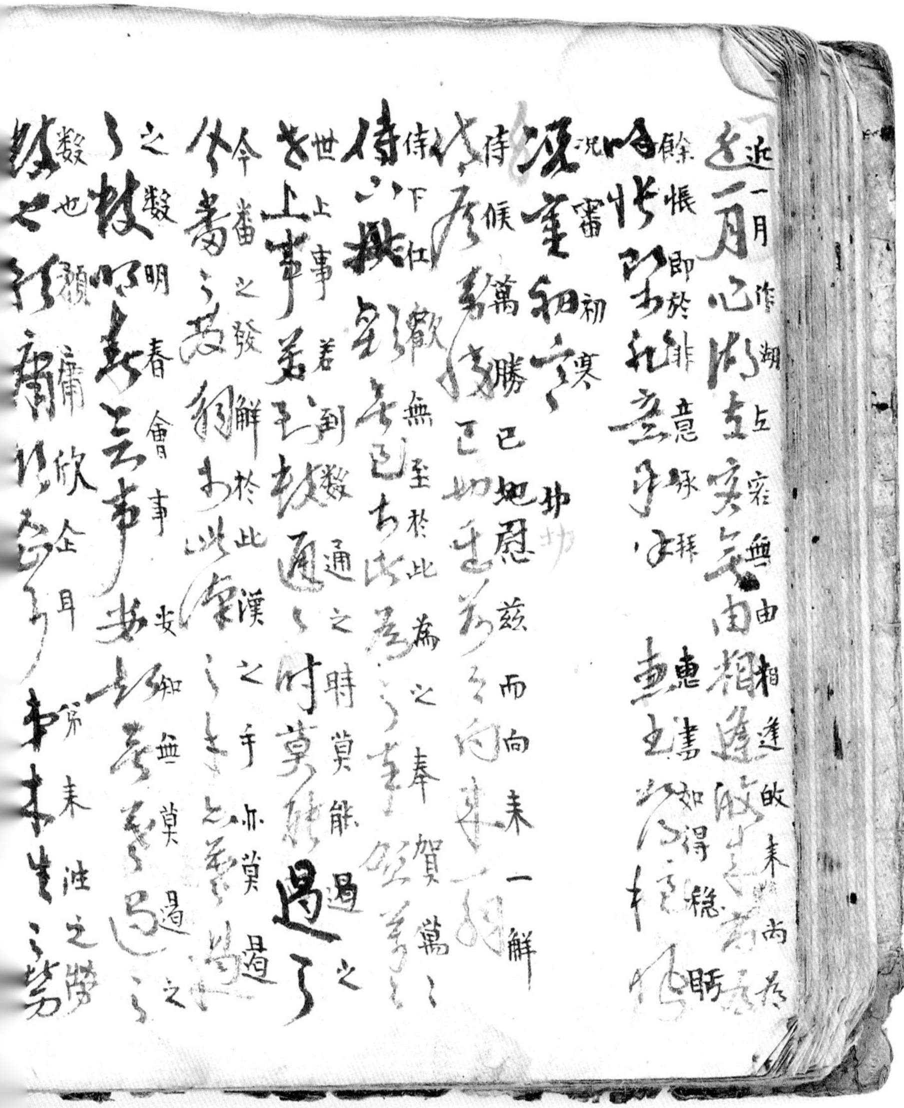

『초간독』 본문 중 탈초 부분
초서 편지의 예문. 과거 합격 소식을 전하는 내용이다.
초서 옆에 해당 글자의 해서를 작은 글씨로 써놓았다.

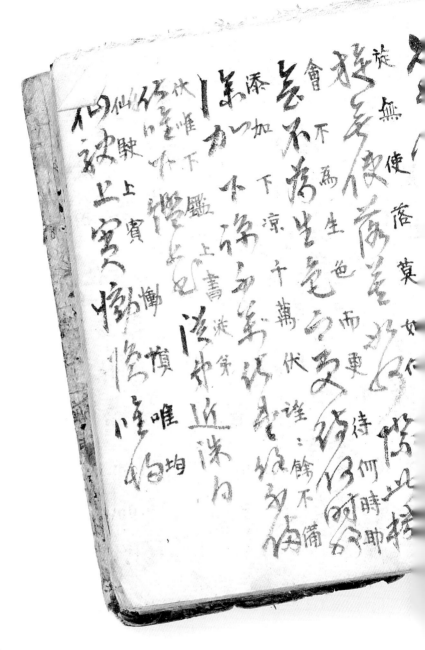

『초간독』 본문 중 탈초 부분
초서 편지의 예문. 과거에 응시하는 친구를 잘 봐달라고 청탁하는 내용이다.

氣候華華宜

倣而已範向萬安伏慕

與吾家家文世妙自別

年親就之人也閒特赴都

會兄主既堂此詩囑其文

遠此人耶非請

간행되면서 편지 쓰기 교본의 보급이 대폭 확대되었습니다. 『간식유편』은 18~19세기에 가장 대중적으로 사용된 편지 쓰기 교본이었습니다.

책 중간에 '광서光緖 을해乙亥 중춘仲春' '정축丁丑 3월 17일'이라는 기록이 보입니다. 광서 을해년은 1875년, 정축년은 1877년입니다. 『간식유편』은 1739년에 간행되었으므로 이 연도는 이 책을 필사한 시기를 나타내는 것이 분명합니다. 이렇게 필사 시기를 확인할 수 있는 필사본은 많지 않습니다.

이 책은 크기가 애매한 것이 자투리 종이를 엮어 만든 것 같습니다. 하지만 붉은 먹으로 군데군데 표시해놓은 것을 보면 제법 열심히 읽었나봅니다. 『간식유편』은 방각본坊刻本이니 그다지 비싼 책도 아니고 구

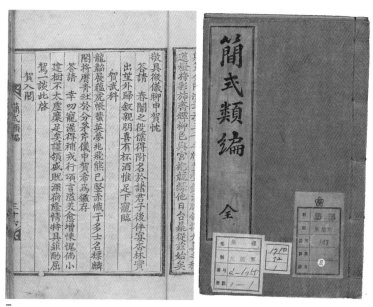

『간식유편』, 규장각한국학연구원. 18세기 무렵의 아전 출신으로 책방을 경영한 이인석李寅錫이 상업적인 목적으로 출판했다.

하기 어려운 책도 아니었을 텐데, 이렇게 정성껏 필사하여 읽은 걸 보면 이 책 주인은 상당히 곤궁한 처지였던 듯합니다.

이 책의 특색은 뭐니뭐니해도 초서 편지의 예문을 수록한 부분입니다. 왼쪽에 있는 조금 큰 글씨는 초서, 오른쪽의 작은 글씨는 해서입니다. 초서를 먼저 쓰고 나중에 해서를 쓴 것 같습니다. 이렇게 초서를 해서로 바꾸는 것을 탈초脫草라고 합니다. 초서 글씨를 보면 상당히 능숙한 사람이 쓴 것이 분명합니다. 그런데도 모든 글자를 거의 빠짐없이 탈초해놓은 것을 보면 스스로 사용하려고 만든 것은 아닌 듯합니다. 초서에 익숙하지 못한 집안사람들이 볼 수 있도록 배려한 것이 아닌가 합니다.

애초에 편지를 초서로 썼던 의도는 쉽고 빠르게 쓰기 위해서였습니다. 격식을 버리고 실속을 차리려는 것이었지요. 하지만 세월이 흐르면서 편지는 초서로 쓰는 것이 격식이 되고 말았습니다. 초서를 잘 모르는 사람들까지도 초서 편지를 읽고 써야 했지요. 이 책은 일상에서 사용하는 편지의 투식을 망라했으니, 여기에 실려 있는 초서만 읽고 쓸 줄 알아도 편지를 주고받는 데 크게 지장이 없었을 것입니다.

기호와 이미지

;

지금 저는 대학에서 강의를 하고 있지만 학생들은 제가 악필이라는 사실을 알지 못합니다. 저는 워드프로세서로 자료를 만들고 프레젠테이션으로 수업을 진행합니다. 학생들 역시 컴퓨터로 수업 자료를 다운받고 파일로 리포트를 제출합니다. 선생님이 칠판 가득 판서를 하면 학생이 그것을 노트에 받아 적는 시대는 지났습니다. 이제는 컴퓨터가 손글씨를 대신하고 있기 때문입니다. 저처럼 글씨에 자신 없는 사람들에게는 다행한 일입니다.

　그런데 최근의 변화는 비단 글씨 쓰는 도구의 변화에 그치지 않는 듯합니다. 도구의 변화에 따라 글씨는 기호로 인식되는 것이 아니라 점차 이미지로 받아들여지는 듯합니다. 나아가 인류가 수천 년 동안 사용해 온 문자 자체가 이미지로 대체될 조짐이 보이고 있습니다. 기우杞憂에 불과할지도 모르겠으나, 문자의 종말이 악필에게도 결코 복음이 될 수 없다는 것만은 분명합니다.

9장

소설의 재미

―『숙영낭자전淑英娘子傳』

대학생 인기 도서

;

연말이면 도서관과 대형 서점에서는 이용자들의 대출 및 구매 실태를 조사해 한 해 동안 어떤 책이 가장 인기를 누렸는지 발표합니다. 여기서 뽑힌 인기 도서가 무엇인지 살펴보면 사회상과 트렌드를 파악하는 데 도움이 되지요. 많이 빌려가거나 팔린다고 꼭 좋은 책이라고 할 수는 없습니다. 하지만 아무리 형편없는 책이라도 많은 사람이 읽었다면 엄연한 현실로 받아들이고 왜 그런지 곰곰이 생각해볼 필요가 있습니다.

2010년 국립중앙도서관의 이용 도서 1위는 일본 작가 무라카미 하루키의 『1Q84』입니다. 이 책은 대형 서점의 베스트셀러 목록에서도 오랫동안 볼 수 있었으니, 한 해 동안 상당한 인기를 누린 작품임이 분명합니다. 여러 대학 도서관에서도 대출 순위를 발표했는데, 역시 『1Q84』가 1위를 차지했다고 합니다. 하루키의 소설은 2013년에도 베스트셀러 목록에 올랐지요.

요즘 대학 도서관 대출 순위 상위권은 소설이 차지하곤 합니다. 얼마 전 교과부에서 속칭 명문이라 불리는 서울 8개 대학 도서관의 2008년부터 2010년까지의 대출 순위를 집계했는데, 종합 순위 1위의 영광은 '해리포터' 시리즈에 돌아갔다고 합니다. 『해리포터』는 우리나라에서뿐만 아니라 세계적인 베스트셀러이지요. 이밖에도 오쿠다 히데오의 『공중그네』, 에쿠니 가오리의 『냉정과 열정 사이』, 베르나르 베르베르의 『신』을 비롯한 외국 소설이 상위권을 차지했다고 합니다.

대학 도서관의 인기 도서가 대학생의 관심사나 지적 수준과 일치한다고 보기는 어렵습니다. 다시 말해 '대출 1위=대학생이 목숨 걸고 열심히 읽는 책'이라는 등식은 성립하지 않는다는 것이지요. 대학 도서관은 대학생이 책을 이용하는 여러 경로 가운데 하나일 뿐입니다. 신문 기사에 따르면 과거에는 대학생들이 도서관에서 전공 서적을 주로 빌렸지만 최근에는 소설책을 많이 빌려간다고 합니다. 대학생들이 모두 전공을 팽개치고 소설을 읽는 것도 아닐 테니, 사서 보는 책과 빌려 보는 책이 다르다는 점도 감안해야겠지요. 어쨌든 대학 도서관에서 소설이 상당히 인기 있다는 것은 엄연한 현실입니다.

이런 현상은 여러 가지로 해석할 수 있습니다. 그런데 이것을 가지고 요즘 대학생들을 곱지 않은 시선으로 보는 사람들도 있습니다. 대학생이 중고등학교 때 졸업했어야 할 허무맹랑한 판타지 소설이나 읽고 있으니 한심하다는 것이지요. 최근 대학생들 사이에서 인기 있는 소설을 뭉뚱그려 '대중 소설' 또는 '통속 소설'이라고 폄하하고, 고전의 반열에 오른 책들은 좀처럼 읽지 않는 현실을 개탄하는 목소리도 들립니다. 모름지기 소설이라면 도스토옙스키의 『죄와 벌』이나 『카라마조프 가의 형제들』처럼 난해한 장편 고전소설을 읽어야 마땅하다고 생각하는 것 같습니다.

하지만 알고 보면 오늘날 고전의 반열에 오른 소설들도 발표 당시에는 대중 소설 또는 통속 소설이었던 작품이 많습니다. 심지어 평론가들에게 혹평을 받거나 사회적으로 지탄의 대상이 된 것도 있습니다. 우리나라 고전소설 역시 당대에 유식한 분들로부터 조롱받고 무시당하던 작품들입니다. 그런 소설을 심각하게 분석하고 거창한 의미를 부여한 것은 훗날의 사람들이지요. 그리고 보면 고전은 만들어지는 것입니다. 혹시 앞으로 수십 년 뒤에 고전의 반열에 오르는 소설은 노벨 문학상을 받은 작품이 아니라 『해리포터』가 아닐까요.

우리 고전소설의 분위기

;

동서양 고전을 읽어야 한다는 말은 숱하게 들었지만 우리나라 고전소설을 읽으라는 말은 고등학교를 졸업한 뒤로 좀처럼 들어보지 못했습니다. 무슨 소설을 읽느냐는 물음에 서양 고전소설을 읽는다고 하면 상당히 교양 있는 사람처럼 보이고, 일본 현대 소설을 읽는다고 답하면 트렌드에 민감한 사람 같지만, 『홍길동전』이나 『심청전』을 읽는다고 하면 웃음거리가 되는 것이 현실입니다. 아무래도 우리 고전소설은 아동용이라는 인식이 널리 퍼져 있는 듯합니다.

하지만 우리 고전소설은 본디 성인용입니다. 우리가 어린 시절에 읽은 전래 동화는 아동용으로 각색된 것입니다. 이것은 서양 전래 동화도 마찬가지입니다. 어른의 세계를 적나라하게 묘사한 원형 그대로의 고전소설을 읽을 수 있게 된 것은 극히 최근의 일입니다.

게다가 우리가 알고 있는 고전소설은 극히 일부에 불과합니다. 사실 우리 고전소설의 소재와 줄거리는 매우 풍부하고 다양합니다. 이쯤 되면 우리 고전소설도 충분히 읽을 가치가 있을 것 같은데, 인기는 별로입니다. 사극이나 역사 소설이 인기 있는 걸 보면 많은 사람이 우리 옛이야기에 흥미를 갖고 있는 것만큼은 분명한데, 아무래도 고전소설은 진부하다는 편견은 깨뜨리기 어려운가봅니다.

19세기 말 우리나라를 방문한 서양 사람은 우리나라 소설을 읽고서 "두세 권만 읽으면 전부 읽은 것이나 다름없다"고 혹평했습니다. 일리가 있는 말입니다. 우리 고전소설 가운데 인물과 배경만 바꾸어놓은 듯 비슷비슷한 것이 제법 많은 게 사실입니다. 그런데 따지고 보면 요새 인기 있는 드라마들의 내용도 별반 차이가 없습니다. 출생의 비밀,

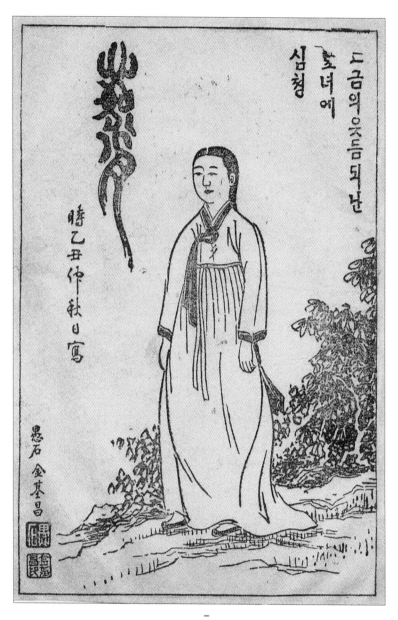

「만고효녀 심청전」, 1925, 덕흥서림 발행, 아단문고
「심청전」에 들어간 한 삽화

불륜, 재벌 2세와의 사랑, 불치병 같은 자극적인 소재가 단골로 등장하지요. 이런 뻔한 이야기에 사람들이 열광하는 것을 보면 비슷한 것만이 문제라고 하기는 어렵습니다.

중요한 것은 무엇을 이야기하느냐보다 어떻게 이야기하느냐입니다. 드라마를 보면 출생의 비밀로 방황하는 주인공은 마치 심오한 철학적 고뇌를 짊어진 듯 묘사됩니다. 불륜 남녀의 사랑은 온 세상에 저항하며 사랑을 지키려는 숭고한 모습으로 그려집니다. 가난하지만 착하고, 무엇보다 예쁜 여주인공과 귀공자 스타일의 재벌 2세와의 사랑은 '언젠가는 나도' 하는 설레는 마음을 품게 하지요. 불치병에 걸려 침대에 누운 청순가련한 여주인공은 한번쯤 불치병에 걸려보고 싶다는 충동을 일으킬 정도입니다. 자극적인 소재를 아름답고 화려하게 포장하니, 사람들이 빠져드는 것도 당연합니다.

우리 고전소설의 분위기는 어떨까요? 아름답고 화려한 모습을 보여주는 데는 별로 관심이 없는 듯합니다. 가장 많이 등장하는 소재는 가난입니다. 옛날에 흥부와 놀부가 살았는데 흥부는 가난합니다. 옛날에 심 봉사의 딸 심청이가 살았는데 심청이는 가난합니다. 옛날에 남산 묵적골에 허생이 살았는데 허생은 가난합니다.

홍길동은 아버지를 아버지라 부를 수 없는 서자이긴 하지만 홍 판서의 둘째 아들이니 가난하지는 않군요. 어디 한번 읽어보겠습니다. 출생의 비밀을 알게 된 홍길동은 집을 나와 도둑의 무리에 들어갑니다. 그들은 '활빈당活貧黨', 즉 가난한 사람을 살리는 무리입니다. 홍길동도 가난과의 관계를 피해가지는 못하는군요.

가난이 없는 곳은 『토끼전』과 같은 환상의 세계뿐일까요? 그런데 따지고 보면 토끼도 가난합니다. 가난한 토끼가 주제도 모르고 용궁의 부

귀영화를 탐내다가 곤욕을 치르고 돌아오는 것이 『토끼전』의 줄거리이
지요.

서양 고전에도 가난이 곧잘 중요한 배경이 되지만 인기 있는 고전의
주인공들은 가난과는 거리가 멉니다. 셰익스피어 4대 비극을 보면 햄
릿은 덴마크의 왕자, 오셀로는 베네치아의 장군, 맥베스는 스코틀랜드
의 귀족, 리어왕은 제목 그대로 브리튼의 왕입니다. 이 사람들은 가난
하지 않습니다. 그래서 처절하게 고뇌하는 이들의 인생은 비극적이지
만 아름답고 화려합니다. 가난하면 아름답고 화려한 분위기가 나오기
어렵습니다.

고전소설은 가난으로 시작해도 해피엔딩이지만, 가난으로 시작해서
가난으로 끝나는 20세기 초 우리나라 소설의 분위기는 그야말로 암울

「감자」, 김동인, 1935, 한성도서주식회사 발행, 아단문고

숙영낭자전
淑英娘子傳

합니다. 김동인의 「감자」라든가 현진건의 「운수좋은 날」 같은 소설의 분위기는 칙칙하고 구질구질하지요. "설렁탕을 사왔는데 왜 못 먹니" 하는 비극적 결말에서는 아무런 희망도 보이지 않습니다. 시대를 적나라하게 묘사했을지는 몰라도 읽고 싶다는 느낌은 별로 들지 않습니다. 왜냐하면 가난은 엄연한 현실이지만 외면하고 싶은 불편한 현실이기 때문입니다.

흔히 우리 고전소설의 주제를 권선징악이라고 하지요. 가난을 참고 견디면 좋은 일이 온다, 착한 사람은 복을 받고 나쁜 사람은 벌을 받는다는 고전소설의 주제는 위로이자 세뇌입니다. 읽는 사람들이 대개 가난한 백성이었기 때문입니다. 그런데 지금은 그런 위로가 위안이 되지 못하고 그런 세뇌가 먹혀들지 않는 시대입니다.

뭔가 다른 것은 없을까요? 물론 있습니다. 그것도 아주 많습니다. 우리 고전소설은 생각보다 다채롭습니다. 우리가 고전소설을 천편일률적이라고 생각하는 까닭은 우리가 알고 있는 고전소설이 무척 적기 때문입니다. 우리 고전소설의 다양한 면모가 좀더 널리 알려지기를 바라는 마음에서 이번에는 소설 한 편을 소개해볼까 합니다.

로맨스 소설의 진수

;

요즘 저는 단국대학교 연구소에 일자리를 얻어 출근하고 있습니다. 이곳에서도 저는 고서 냄새를 맡으러 이곳저곳 돌아다니고 있습니다. 단국대 역시 한국학으로 명성이 있는 학교이니만큼 그 이름에 걸맞게 소장하고 있는 고서가 상당합니다. 뭐니뭐니해도 단국대 고서의 백미는 국문학자 나손羅孫 김동욱金東旭(1922~1990) 선생이 기증한 책으로 이루어진 나손문고羅孫文庫, 그리고 한학자 연민淵民 이가원李家源(1917~2000) 선생이 남긴 책을 모은 연민문고淵民文庫입니다.

연민문고는 최근에 정리 작업을 시작했는데, 여전히 진행 중이라 들여다보기가 어렵습니다. 나손문고에서는 이미 많은 연구자가 귀중한 자료를 발견했지요. 나손 선생은 고전 시가와 고전소설 연구에 큰 업적을 남겼는데, 그런 까닭에 나손문고에는 국문 시가와 국문 소설 자료가 풍부합니다. 똑같은 책이 여러 권 있기도 한데, 그만큼 널리 읽혔다는 것이겠지요. 어디 어떤 소설이 가장 많은지 한번 보겠습니다.

1위는 『유충렬전劉忠烈傳』입니다. 나손문고에만 무려 32종이나 있습니다. 2위는 『조웅전趙雄傳』으로 22종입니다. 『유충렬전』과 『조웅전』은 주인공이 수많은 고난과 위기를 극복하고 악의 무리를 무찌르는 일종의 영웅 소설입니다. 이렇게 말하니까 단순해 보이지만 중요한 것은 결말이 아니라 그것에 도달하는 과정입니다. 슈퍼히어로가 등장하는 할리우드 영화도 결말이 빤하지만 전개과정이 재미있으니 많은 사람이 보는 것이겠지요. 영웅 서사는 전개과정에서 출생의 비밀, 연애담, 심지어 국가 안보에 이르기까지 수많은 이야깃거리를 다룰 수 있습니다. 그래서 영웅 서사만큼 다채롭고 흥미로운 장르도 흔치 않습니다.

로맨스 소설 분야는 『숙영낭자전淑英娘子傳』이 9종으로 가장 많습니다. 나손문고에만 많은 게 아니라 전국 각지의 도서관에 있는 것도 상당합니다. 대체 무슨 내용이기에 이렇게 인기가 있었던 걸까요? 솔직히 저도 읽어본 적이 없으니 이 기회에 한번 읽어보겠습니다.

때는 조선 세종조입니다. 안동의 선비 백상곤과 부인 정씨는 천지신명에게 기도한 끝에 아들을 얻었습니다. 아들 이름은 선군仙君이라 지었습니다. 신선 같은 사람이라는 뜻이지요. 선군은 재벌 2세는 아니지만 부유한 집안의 귀한 외아들입니다.

선군이 장가갈 나이가 되자 꿈에 숙영낭자가 나타납니다. 숙영낭자는 자기가 하늘에서 죄를 짓고 옥련동이라는 곳에 귀양 온 선녀라고 했습니다. 숙영낭자는 3년 뒤 두 사람이 혼인하도록 인연이 정해져 있다는 사실을 알려주며, 3년만 기다려달라고 부탁합니다. 숙영낭자가 대단한 미인이었던지 선군은 선뜻 그러겠다고 했습니다.

선군은 숙영낭자를 그리워하다가 상사병이 났습니다. 막상 3년을 기다리자니 까마득했겠지요. 선군의 부모가 용하다는 의원을 불렀지만 효험이 없었습니다. 숙영낭자도 선군이 걱정되어 꿈에 찾아와 문병하고, 선군 집의 여종 매월을 첩으로 삼으라고 권했습니다. 자기 대신 선군을 보살펴줄 사람이 필요했던 것이지요. 지금으로서는 납득하기 어렵겠지만, 『구운몽』의 주인공 양소유는 아내가 무려 여덟 명이었다는 사실을 상기하고 관대하게 넘어갑시다.

선군은 매월을 첩으로 삼았지만 병은 여전히 낫지 않았습니다. 결국 숙영낭자는 다시 선군의 꿈에 나타나 옥련동에서 만나자고 합니다. 신이 난 선군은 부모에게 핑계를 대고 숙영낭자를 찾아 옥련동으로 갑니다. 아직 약속한 3년이 되지 않았지만 선군은 숙영낭자에게 매달린 끝에 부부의 연을 맺기로 하고 함께 집으로 돌아옵니다. 선군의 부모는 놀랐지만 순순히 숙영낭자를 받아들입니다.

드라마 같으면 어디서 근본도 모르는 것이 감히 우리 아들을 넘보냐고 소리를 지르거나 봉투를 주면서 다시는 나타나지 말라고 회유할 법도 한데, 그런 볼거리는 없습니다. 지금이야 부모 자식 간의 갈등이 소설과 드라마의 단골 소재이지만, 계모와 전처 자식 사이라면 모를까 당시는 부모 자식 간의 첨예한 갈등을 정면으로 다룰 수 있는 시대가 아닙니다. 다만 선군의 부모가 나중에 선군의 혼처를 다른 데로 정하는 것을 보면, 숙영낭자를 정식 며느리로 인정한 것 같지는 않습니다.

어쨌든 선군과 숙영낭자는 밀고 당기기 끝에 사랑의 결실을 맺었습니다. 하지만 이들이 극복한 것은 작은 갈등에 불과합니다. 소설이건 드라마건 이야기가 흥미진진해지려면 작은 갈등이 빚어지고 풀리기를 반복해야 합니다. 그 와중에 큰 갈등이 서서히 등장해 절정에 도달한 끝에 결국 해결되면서 막을 내리지요. 이제 큰 갈등이 시작됩니다.

한동안 숙영낭자와 행복하게 살던 선군은 어느 날 아버지의 명에 따라 과거를 보러 한양으로 떠났습니다. 선군은 어쩔 수 없이 길을 나섰지만 숙영낭자가 그리워 부모 몰래 집으로 돌아와 숙영낭자와 밤을 보냅니다. 소설에서 이런 밀회 장면이 나오면 들통이 나든지 오해가 생기든지 둘 중 하나입니다. 그래야 갈등이 생기고 서사가 진행됩니다. 드라마도 마찬가지입니다. 밀회나 불륜은 들키기 위해서 하는 것입니다.

과연 선군의 아버지가 밤늦게 숙영낭자의 방에서 새어나오는 남자 목소리를 듣게 됩니다. 몰래 찾아온 선군이었지요. 아들의 목소리도 구별하지 못하는 선군의 아버지는 숙영낭자를 의심한 나머지 앞에 등장한 매월을 시켜 숙영낭자의 방을 엿보게 합니다. 평소 숙영낭자를 질투하던 매월은 이 기회를 이용해 숙영낭자를 모함합니다. 과연 의심대로 외간 남자를 만났다고 거짓으로 일러바친 것이지요. 일종의 삼각관계에서 일어나는 갈등입니다. 분노한 선군의 아버지는 숙영낭자를 매우 치며 이실직고하라고 다그칩니다. 숙영낭자는 몹시 억울한 나머지 자결하고 말았습니다.

일이 이렇게 되자 선군의 부모는 모든 사건을 은폐하려 했습니다.

[특별] 숙영낭자전」, 1917년 초판, 경성서적업조합소 발행, 아단문고

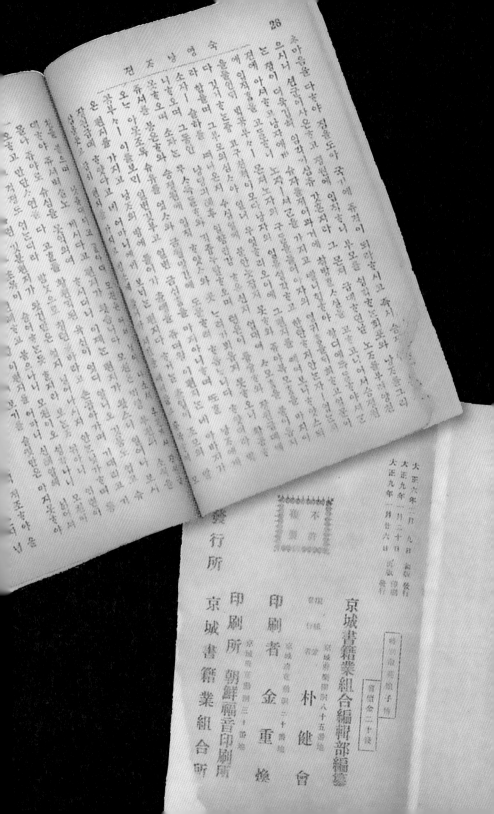

（국영랑조뎐）

국영랑조뎐의 본문 — 세로쓰기 한글 본문이 이어지나 흐려서 정확히 판독하기 어려움.

大正六年二月九日編纂發行
大正九年一月二十日編纂發行
大正九年　月廿六日京城印刷發行

時別廉賈頒子冊
實價金二十錢

京城書籍業組合編輯部編纂
京城府樂園洞八十五番地

編輯兼
發行者　京城府樂園洞二十番地
　　　　朴健會

印刷者　京城府樂園洞三十番地
　　　　金重煥

印刷所　京城府　　朝鮮編音印刷所

發行所　京城書籍業組合所

하지만 숙영낭자의 시신이 움직이질 않았습니다. 선군의 부모가 허둥지둥하는 사이 선군이 과거에 급제해 집으로 돌아온다는 전갈이 왔습니다. 선군의 부모는 선군을 임소저라는 여인과 혼인시키기로 하고, 집으로 오고 있는 선군에게 가서 혼인부터 하라고 닦달합니다. 선군의 마음을 다른 데로 돌리려는 작전이지요. 불길한 예감이 든 선군은 급히 집으로 돌아와 숙영낭자의 시신을 발견하고는 오열합니다. 범인은 바로 이 안에 있다고 직감한 선군은 모든 사건이 매월의 흉계에서 비롯되었다는 사실을 밝혀냅니다. 마침내 선군은 매월을 처단하고 숙영낭자를 장사지냅니다.

여기서 끝이 아닙니다. 억울하게 죽은 숙영낭자는 옥황상제 덕분에 부활합니다. 꿈에 나타나는 것까지는 그런대로 봐주겠는데 다시 살아난다니 막장드라마의 조짐이 보입니다. 어쨌든 『숙영낭자전』은 선군이 숙영낭자와 행복하게 살았다는 결말로 막을 내립니다.

임소저도 덩달아 행복하게 살았습니다. 임소저는 이미 선군과 정혼했으니, 숙영낭자가 살아났다고 해서 다른 데로 시집갈 수는 없습니다. 그래서 선군이 아내를 둘이나 얻게 된 것이지요. 납득하기 어렵겠지만 양소유는 아내가 여덟 명이었다는 사실을 다시 떠올려봅니다.

이본에 따라서는 숙영낭자가 부활하는 장면 이하가 없는 경우도 있습니다. 비록 원한은 갚았을지라도 이것은 비극적인 결말입니다. 차라리 여기서 끝났다면 훌륭한 비극이 되었을 것 같은데, 아마 독자들이 원하지 않았을 것입니다. 『숙영낭자전』의 독자들이 요즘 인터넷 드라마 게시판에 글을 올리는 시청자들처럼 숙영낭자를 살려달라고 작가에게 사정했을지도 모르겠네요. 당시 소설은 손에서 손으로 필사되어 전해지곤 했고, 그 과정에서 줄거리가 바뀌는 일이 흔히 일어났으니, 누군가가 뒷이야기를 덧붙인 듯합니다.

드라마의 결말은 대체로 시청자의 기대를 따르는 법입니다. 드라마 전개가 조금이라도 이상하게 나간다는 낌새가 있으면 인터넷 드라마 게시판이 애원과 원망으로 가득 차지요. 시청자의 뒤통수를 치는 드라마는 살아남기 어려운 것이 현실입니다. 사람들은 보고 싶은 것만 보고, 보기 싫은 것은 보지 않으려 하는 법입니다. 우리 고전소설의 결말이 비슷비슷한 이유도 여기에 있다고 생각합니다.

고전소설의 가능성

;

소설은 우리 문학사에서 가장 빛나는 갈래라고 말하고 싶습니다. 고전 문학은 시, 소설, 희곡, 수필의 네 갈래로 나눌 수 있습니다. 앞서 이야기했습니다만, 시는 작자와 독자가 같은 언어를 쓰고 같은 문화 속에 살아야 제대로 이해할 수 있습니다. 우리와 다른 언어를 쓰고 다른 문화 속에 사는 사람이 우리 고전 시가, 그러니까 신라 향가나 고려 가요 또는 시조를 읽고 감동을 받기란 쉬운 일이 아닙니다. 하지만 소설은 다릅니다. 소설도 시와 마찬가지로 언어와 문화에 대한 이해를 필요로 하지만, 그것이 조금 부족해도 그런대로 재미있게 읽을 수 있습니다.

우리 희곡이나 수필에도 좋은 작품이 많지만, 이웃 나라들에 비하면 양적인 면이나 다양성에서 부족한 점이 없지 않습니다. 하지만 소설만큼은 손색이 없습니다. 우리의 이야기 문화는 그 정도로 탄탄한 바탕이 있습니다. 이것은 세계적인 경쟁력입니다. 한류를 선도하는 문화 콘텐츠가 드라마라는 현상은 우연이 아니라고 봅니다.

고전소설이 우리 관심에서 멀어진 것은 옛사람들의 잘못이 아닙니다. 고전소설은 그 당시에는 최첨단 유행이었으니까요. 오히려 그 유행을 시대에 따라 거듭나게 하지 못한 지금 사람의 잘못입니다. 고전은 원형을 그대로 유지할 때보다 여러 사람의 손을 거쳐 끊임없이 변모할 때 많은 사람의 사랑을 받을 수 있습니다. 저는 우리 고전소설도 인기 있는 문화 콘텐츠로 거듭날 수 있다고 굳게 믿습니다.

10장

어른을 위한 공부

─『대학大學』

공부의 순서

;

옛날에는 일고여덟 살 무렵이면 공부를 시작했는데, 보통은 집에서 부모님께 배우거나 가까운 서당에 다녔습니다. 서당은 모두 사립이니, 옛날의 초등교육은 전부 사교육인 셈입니다.

서당 공부에는 순서가 있습니다. 먼저 글자를 알아야 하니 『천자문』을 배웁니다. 『천자문』이라는 책 이름이야 누구나 한번쯤 들어봤겠지만, 어떤 내용인지 알고 있는 사람은 의외로 드문 것 같습니다.

『천자문』은 비교적 추상적이고 난해한 책입니다. 그러니 아이들 입장에서 이 책은 정말 따분하기 그지없습니다. 지금도 한문을 처음 배우는 이들이 『천자문』부터 시작하곤 하는데, 솔직히 말리고 싶은 심정입니다. 공부를 시작하는 단계에서는 흥미와 의욕을 북돋우는 것이 중요합니다. 하지만 『천자문』은 '공부는 어려운 것이다'라며 겁을 주는 책입니다. 다산 정약용 역시 이 문제를 지적하며 "처음 공부하는 사람이 『천자문』을 읽는 것이 우리나라의 가장 나쁜 풍습이다"라고 했을 정도입니다.

간신히 『천자문』을 마치면 대개 『십구사략十九史略』으로 들어갑니다. 『십구사략』은 어린이를 위한 역사책입니다. 기본적인 글자만 안다면 『십구사략』은 쉽고 재미있는 책입니다. 옛날이야기에 관심 있는 사람이라면 흥미진진하게 읽을 수 있고, 풍부한 역사 지식도 갖추게 되지요. 『십구사략』 외에 『동몽선습童蒙先習』이나 『격몽요결擊蒙要訣』처럼 우리나라 학자들이 아이들을 위해 만든 책도 거의 필수과목이나 다름없었습니다.

하지만 초등교육 단계에서 가장 중요한 책은 뭐니뭐니해도 『소학小

「서당 풍경」, 김준근, 종이에 채색, 124.6×71.0cm, 조선 말기, 프랑스 기메박물관.

學』이었습니다. 『소학』은 주자朱子가 여러 문헌에서 어린이가 반드시 알아야 할 내용을 뽑아 엮은 책이지요. 이 책의 내용은 '쇄소응대진퇴지절灑掃應對進退之節'이라는 여덟 글자로 요약할 수 있습니다. 물 뿌리고, 쓸고, 대답하고, 움직이는 절차라는 뜻인데, 다시 말해 자질구레하고 일상적인 행동의 기준이라는 것입니다. 『소학』의 내용을 잘 따른다면 '착한 어린이'가 될 수 있지요.

문제가 있다면 분량도 상당하고, 조금 어렵다는 점입니다. 게다가 초학자용이라는 선입견 때문에 속성을 바라는 사람들은 건너뛰는 경향이 있습니다. 하지만 조선시대에 『소학』의 영향력은 상당했기 때문에 고전을 공부하는 사람이라면 언젠가는 마주치게 되는 책입니다.

『소학』은 단순한 아동 교육서가 아닙니다. 특히 사림파士林派로 불리던 조선 전기의 일부 지식인은 성리학적 이념을 체화體化하기 위한 수

단으로 이 책을 권장했습니다. 한훤당寒暄堂 김굉필金宏弼이 어린 시절 점필재佔畢齋 김종직金宗直에게 배우기를 청하자 김종직은 『소학』을 권했습니다. 김굉필은 스승의 가르침에 따라 자신을 '소학동자小學童子'라 자칭하며 『소학』을 탐독했고, 서른이 넘어서야 다른 책을 보기 시작했다고 합니다. 흰 수염이 치렁치렁한 선비들도 『소학』을 읽고 또 읽곤 했으니, 『소학』은 사림파의 상징과도 같은 책이었습니다. 기묘사화己卯士禍가 일어나 사림파가 몰락하면서 한때 『소학』 배우기를 기피하는 풍조가 만연했지만, 얼마 안 가서 『소학』의 위상은 제자리를 찾았습니다. 『소학』에 대해서는 다음에 자세히 설명할 기회가 있을 테니 이쯤 하지요.

『소학』을 마치면 사서四書로 들어갑니다. 여기서부터는 본격적인 어른의 공부입니다. 『대학大學』 『논어論語』 『맹자孟子』 『중용中庸』을 사서四書라고 하며, 대개 이 순서에 따라 차례로 배우게 됩니다. 그러니까 『대학』은 어른 공부의 첫걸음이지요. 이번에는 『대학』에 대해 자세히 알아보겠습니다.

어른의 공부

;

대학은 본디 교육 기관의 이름이고, 지금도 그렇습니다. 주자가 지은 「대학장구서大學章句序」에 따르면 하夏·은殷·주周 삼대三代에는 아이가 여덟 살이 되면 소학에 입학하고, 열다섯 살이 되면 대학에 입학했다고 합니다. 실제로 그랬는지는 알 수 없지만 어린이의 공부와 어른의 공부가 다른 것은 엄연한 사실이니, 어른을 위한 별도의 교육 기관이 존재했을 가능성은 높습니다.

대학
大學

『대학』의 내용은 격물格物, 치지致知, 성의誠意, 정심正心, 수신修身, 제가齊家, 치국治國, 평천하平天下입니다. 이것을 8조목이라고 합니다. 8조목은 '수기치인修己治人'으로 요약할 수 있습니다. 자신을 수양하고 남을 다스리는 방법입니다. 앞의 다섯 가지가 자기 수양에 관한 것이라면 뒤의 세 가지가 남을 다스리는 것이라 할 수 있죠. 자신을 수양하는 방법이야 이미 『소학』에서 어느 정도 배웠으니 『대학』은 심화 과정이라 할 수 있고, 남을 다스리는 방법은 『대학』에서 처음 배우게 됩니다. 『대학』에서 남을 다스리는 방법을 배우는 까닭은 본디 대학이라는 교육 기관이 어른 중에서도 장차 국가 운영을 맡게 될 사람들을 가르치는 곳이었기 때문입니다.

요즘 대학은 사회에 발을 처음 내딛게 될 대학생들을 위해 각종 전문 지식을 가르치는 곳입니다. 옛날의 대학 역시 사회에 나갈 준비를 하는 사람들을 가르치는 곳이었으니, 그렇다면 『대학』의 내용도 국가 운영을 위한 전문 지식이어야 할 것 같은데, 그렇지는 않습니다. 『대학』은 국가 운영을 위한 마음가짐을 다룬 책이라고 하겠습니다.

마음가짐만으로 국가를 경영할 수 있을까요? 물론 그렇지는 않을 것입니다. 하지만 무엇보다 중요한 것이 마음가짐이며, 자신을 수양하는 방법이 남을 다스리는 방법과 상통한다는 것이 옛사람들의 믿음이었던 듯합니다. 『대학』 9장에 이런 말이 있습니다.

나라를 다스리기에 앞서 집안을 바르게 해야 하는 까닭은, 집안 사람을 가르치지 못하면서 남을 가르칠 수 있는 사람은 없기 때문이다. 그러므로 군자는 집을 나가지 않고도 나라 사람들을 교화한다. 효孝는 임금을 섬기는 방법이고 제悌는 어른을 섬기는 방법이며 자慈는 사람을 부리는 방법이다.

「강고康誥」에 이르기를 '아기를 돌보듯이 하라' 하였다. 정성스런 마음으로 추구한다면 정확히 맞지는 않더라도 크게 틀리지는 않는다. 아이 키우는 법을 배운 다음에 시집가는 여자는 없다.

치국治國, 즉 나라를 다스리는 방법을 설명한 내용입니다. 지금은 개인 윤리와 사회 윤리를 엄밀히 구분하려는 경향이 강하지만, 예전에는 그렇지 않았습니다. 자신을 수양하는 방법이 남을 다스리는 방법과 상통한다는 믿음은 개인의 확장판이 곧 가정과 사회와 국가라는 생각에 바탕을 두고 있습니다. 개인을 잘 다스리는 사람은 가정과 사회와 국가도 잘 다스리고, 반대의 경우 역시 마찬가지라는 것이지요. 이것이 바로 "천자로부터 서인에 이르기까지 모두 수신修身을 근본으로 삼는다自天子以至於庶人 壹是皆以修身爲本"라는 말의 의미입니다.

어느 정도 수긍이 가지만 그래도 미심쩍은 점이 없지 않습니다. 국가를 운영한다는 것이 얼마나 복잡하고 어려운 일입니까? 차라리 처신에 좀 문제가 있고 집안이 불화하더라도 전문 지식을 두텁게 쌓고 실무 경험이 풍부한 사람이 더 낫지 않을까요? 자신을 잘 다스리는 것이 어렵기는 하지만, 과연 그것만으로 사회와 국가를 능숙하게 이끌어 나갈 수 있을까요? 이 질문에 대한 대답은 위 글 마지막에 있습니다. "아이 키우는 법을 배운 다음에 시집가는 여자는 없다." 이게 무슨 뚱딴지같은 소리일까요?

공부만 하다가 사회에 나가면 모든 일이 생소합니다. 누구나 처음을 앞두면 긴장하고 두려워합니다. 공부가 부족하고 준비가 미진하다는 생각에 자꾸 고민하고 망설이게 됩니다. 책과 현실은 다릅니다. 아무리

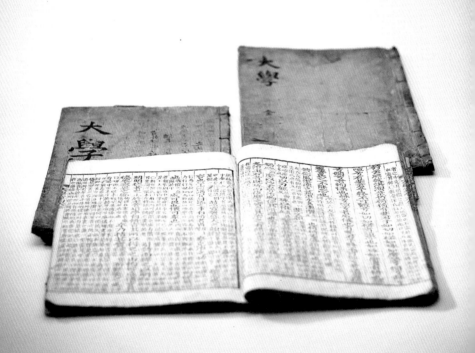

공부하고 준비해도 예상치 못한 상황에 맞닥뜨리게 마련입니다. 결국 중요한 것은 실전에 임하는 자세입니다.

『대학』에서는 처음 하는 일이라도 정성과 노력을 다하면 설령 정확히 맞지는 않더라도 크게 틀리지는 않는다고 했습니다. 그러면서 예로 든 것이 육아입니다. 모든 어머니는 아이에게 정성과 노력을 다하므로 아이를 처음 키우는 어머니도 저절로 육아에 해박해집니다. 처음 세상에 나서는 한 사람의 선비가 수신, 제가, 치국, 평천하를 차례로 이룩할 수 있다는 유학의 근본 취지는 바로 이러한 믿음에서 비롯된 것입니다.

구구절절 옳은 이야기이지만, 그래도 이것만으로는 부족하다는 생각이 듭니다. 정치는 다양한 사회 구성원의 이해관계를 조절하는 행위입니다. 개인, 가정, 사회, 국가의 이해관계는 상충할 수도 있습니다. 단순히 정성과 노력을 다하는 것만으로는 해결하기 어렵지 않을까요? 그래서 『대학』에서는 그 기준으로 '혈구지도絜矩之道'를 말하고 있습니다. 즉 자기를 미루어 남을 헤아린다는 것입니다. 정치는 이념의 실천이지만, 이념을 공유하는 사회 구성원 사이에서도 갈등이 불거지기 마련입니다. 따라서 사회적 합의를 도출하기 위해서는 이념적 가치를 우선시하면서도 이해 당사자의 서로 다른 입장을 고려할 필요가 있습니다. 이것이 바로 『대학』이 말하고자 하는 내용입니다.

『대학』을 읽는 이유

;

제가 가진 쓰레기 고서 더미에는 『대학』이 세 권이나 있습니다. 똑같은

책이 많다는 것은 그만큼 많은 사람이 읽었다는 뜻입니다. 한 권은 간본이고 두 권은 필사본입니다.

간본은 일제강점기에 나온 것이군요. 표지 안쪽에 덧붙인 종이도 일본 신문입니다. 끝에 실린 판권지를 보니 1913년이라고 되어 있습니다. 1909년 출판법이 제정된 이후 모든 서적 출판이 일제의 통제를 받았는데, 국정교과서나 일본어 서적 그리고 소설이나 재래의 경사자집經史子集은 별다른 저촉을 받지 않았으니, 『대학』은 일제의 검열 따위 아랑곳 않고 항상 우리 곁에 있었던 책입니다.

발행자는 지송욱池松旭, 발행소는 신구서림新舊書林입니다. 최호석 선생의 「지호석과 신구서림」(『고소설연구』 19집, 2005)이라는 논문에 따르면, 신구서림은 갑오개혁 전후에 개점해 1938년 무렵까지 명맥을 이었던 출판사입니다. 신구서림은 출판법 시행 이후 검열에 저촉되지 않는 책을 주로 출판해 오히려 번영을 누렸다고 합니다. 신구서림은 1913년 한 해에만 무려 46종의 서적을 간행했다고 하는데, 이 책도 그중 하나입니다.

일제강점기의 책이지만 간행 방식은 재래의 목판인쇄입니다. 게다가 권두에 1758년에 영조가 쓴 어제 서문이 실려 있으니, 우리나라 책을 저본으로 삼은 것이 분명합니다. 책 중간 중간에 '당본唐本'과의 글자 차이를 지적한 부분이 보이므로, 중국본『대학』과의 비교를 거쳐 간행한 것 같습니다.

책의 형태는 뭐랄까 좀 애매합니다. 조선시대에 간행된『대학』은 대개 큼직합니다. 책 크기도 크고 글자 크기도 큽니다. 그런데 이 책은 책 크기는 큰 반면 글자는 조금 작습니다. 또 조선시대에 간행된 경전은 본문과 주석의 글자 크기가 확연한데, 이 책은 약간 차이 날 뿐입니다. 독자에게 친숙하게 다가서면서도 출판 비용을 줄이려는 노력이었던 듯합니다.

나머지 필사본 두 권도 그리 오래된 것 같지는 않습니다. 주자의 서문부터 전傳 10장까지 전문을 베껴 썼습니다.『대학』은 분량이 많은 책이라고 할 수는 없지만, 주석까지 일일이 베껴 쓰려면 상당히 공을 들여야 합니다.

표지 안쪽에는 일본 신문을 덧붙였는데, 그 밑에는 한글소설의 한 장으로 추정되는 종이가 있습니다. 과감히 신문을 북북 뜯어냅니다. 과연 소설입니다. 영웅소설『조웅전趙雄傳』의 앞부분입니다. 다른 글을 필사한 종이도 보이는데, 내용을 보니 한유韓愈의 글입니다. 그러니까 이 책의 주인은『대학』만 베껴 쓴 것이 아니라 다른 글도 많이 베껴 쓰

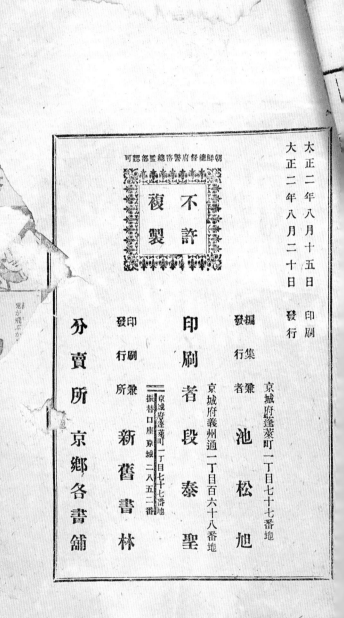

「대학」 목판인쇄본. 1913년 신구서림에서 인쇄·발행했다는 판권지가 있다. 일제강점기 출판법의 시행에 따라 간행되는 모든 서적에는 이러한 판권지의 수록이 의무화되었다.

大學章句大全

子程子曰　新安陳氏曰上子字今讀如字乃程子後學宗師先儒之稱下子字例乃加子字於上做公羊傳子沈子之例　大學舊音泰今讀如字　大學、孔氏之遺書、而初學入德之門也　龜山楊氏曰大學一篇聖人之書獨賴此篇之存而論孟次之　於今可見古人為學次第者、獨賴此篇之存、而論孟次之　朱子曰大學首尾貫通都無所疑然後可讀中庸以求古人之微妙處　學者必由是而學焉、則庶乎其不差矣　程子又曰入德之門無如大學今之學者賴有此篇之存其他莫如論孟故學者必須先讀大學以定其規模次讀論語以立其根本次讀孟子以觀其發越次讀中庸以求古人之微妙處　二程令人先讀大學以定其規模次論語以立其根本次孟子以觀其發越次中庸以求古人之微妙處　朱子以大學論孟中庸為四書　○論語多無頭緒孟子有大段章句可尋○論語逐條自為一章孟子每大段首尾通為一章○陳氏曰論語孟子隨事問答難見要領惟大學是曾子述孔子說古人為學之大方而門人又傳述以明其旨前後相因體統都具翫味此書知得古人為學所向卻讀語孟便易入後面工夫雖多而大體已立矣○又曰大學是為學綱目先讀大學立定綱領他書皆雜說在裏許通得大學了去看他經方見得此是格物致知事此是正心修身事此是齊家治國平天下事○又曰大學是通言學之初終中庸是指本原極致處　此篇首尾相因體統都具翫味此書知得古人為學所向

大學之道、在明明德　見當作新　○大學者、大人之學也　明、明之也　明德者、人之所得乎天、而虛靈不昧、以具眾理、而應萬事者也　朱子曰命人物者天受命者人物也　、在親民　程子曰親當作新　、在止於至善　朱子曰言明德新民皆當止於至善之地而不遷盖必其有以盡夫天理之極而無一毫人欲之私也

來月三日にし證に數通を隱したるを發見し實歡を取つて呉れと頼んだが時間がないの

人以て敵に松本天
てでうする事も出來ない、顏をしか訊き至り
め乍ら妙な顏つきをして本位に就い
て殺害された果して我慢が出來たかどうかと
大野巡査及衣紋方は心配し乍ら待つて居ると、
の大青 殺害及其參役はお役を濟まして着棕所に
殺害された早速装束な腕がさ〕着棕所に
於て訊問する

處刑（しょけい）

人（ひと）

井清（七十）等何れも有罪事濟まして居た、併し之は某頭官に
菅井好次限らぬ御儀式後の便所は大禮服の
名古屋市中人形を並べた様に、綺麗と言つて
宮町大字柳宜つて來た▲早速装束な腕がさ〕金光藥と
いか、何と評してよいか、金光藥と
して眩い程であつたさうな

山田野亭 畫

に似たる被告一時頃名古屋市高木はる方與へ藝妓小雪事件にて殺害し自殺を企てたる全惣後千種區居屋敷の慘兒未婚男尾張愛護送巡査の際訊問に對し心算にて買收似したる二目の技術空地にて公判開廷は十殺人事件は十市内東區鍋屋町二丁目

○本日の演奏

二日午後一時より同五時まで名古屋鶴舞公園奏樂堂にて第三團軍樂隊の演奏あり曲目の主なるもの左の如し

一序 黄金の賞牌（グルトチルブ氏作）△同祭典の序（ロッシング氏作）△同ット（ヴェルゲイ氏作）△同花やめ（レエハー氏作）△同 マリタナ（ツアシー作）△同 ロミオーとジュリエット（グラ）リート（ゲラプレンセス（ホー作）△邦樂 越後獅子 六段

に係る保險金詐欺賭博事件は十九日金次郎は懲役二年好次一年四ヶ月清は四ヶ月瀧三郎喜太郎は各三ヶ月に處刑され瀧三郎喜太郎のみ三年間刑の執行を猶豫されたり

○惡與金

去る十五日の本紙上に「哀れなる一家」と題し掲載したる市内東區鍋屋町二丁目岡田外三郎一家の境遇に同情し惡與せられたるは左の如し

金三圓　愛知郡千種町　元古井高倉龜次郎
金五十錢宛　市内西區主殺町高橋傳吾
寅屋洋服店、岡南武平町掘邑寅次郎△金二十錢相生町一丁目松本吳服店△金喜緯屋運右五十錢　岩崎、栗谷、養芝、京荘、大柴、井賀、栗、栗五月、さつき、三ツ枝喜鶴、美雨、百本、末菱、高砂

法」の二册子を贈呈す直に申込に限る、ハガキにて申込めば常に予約七述「精神經義療法と糖神學士の健腦良藥レーベンを服用する初め十有醫學大家の賞讃せる常持が經緯を起し人生の不幸と或は陰氣となり遺想と涙に暮るゝ人は、面白くなく、短氣となり、忘がある、短氣となり、で、讀書今の忘れ眠れで、讀書ない、小嘗を借り

○米物の皮

小雪を殺心なく小雪を借ひ貂に情死を計金十一圓七十錢

○女馬鹿

名前とさま知うますて惑されたるも
る事あり寧ろ

法東京市東座用電話浪花三〇八番 弘濟藥

효와 하샹 뎔ᄉᆞ일노아ᄯᅩ 하나일ᄋᆞᆫ 조선이

모와 국ᄉᆞ의 놈햏시이 두법 역모의 ᄯᅳ실ᄃᆞᆯ

조젼 밧괴이 그말ᄉᆞᆯ 죡지안이하리엿더라

외틴뎔이하버괴이 보외 종일로록 국ᄉᆞᄂᆞᆫ

왈 의례 동군의 ㄴ히 맬ᄲᅦ러 국ᄉᆞ구즁하ᄉᆞ

가뒤핱지라 범영이 칠쇠하고 ᄉᆞ작이위틴

엇지 들려 들난 울례신이 올시 외납밧 쳔하난비일

십다 지 조평이하라이레 엿지 ᄒᆞ완에 동죵오로 작위 ᄋᆞᆯ

대 을샹하 멉먼 갸아다ᄉᆞ라 ᄃᆞ

지두래의로 □□□ 셧더 환졔□□

노와 조신과의 논 될만일 □□ 이 노쌔 졈주하

모든 박관 시기인이졀 하리요 되□인과

두려함의 눈수분기동 최더라 친순시부 친하□

싯일써시지□되 과 최셩고졈 침□ 화□□

환졔 환후젼 즉차 믈츅쳔하 을 소인 一조□

려요졈묘의 삼월삼일의 환졔봉하시□ 만조

쳔지의사모□□ 왜부인모지로 □욕망 군하리

떨지로 도라가시 버려이□ 곳조□□□

면서 열심히 공부한 모양입니다. 옛날 공부의 기본은 외우기와 베껴 쓰기입니다.

글씨는 다소 서투르지만, 그래도 나름 또박또박 쓰려고 노력한 흔적이 보입니다. 필사본을 볼 때마다 어쩌면 이렇게 자로 잰 것처럼 글자 사이의 간격을 일정하게 유지하면서 똑바르게 썼을까 궁금했는데, 이 책에서 그 해답을 찾았습니다. 마지막 장 사이에서 바둑판처럼 줄을 그어놓은 종이를 발견했습니다.

이 책의 주인은 『대학』을 한 글자 한 글자 꼼꼼히 베껴 쓰며 무슨 생각을 했을까요? 이미 과거제도가 폐지되고 근대 교육이 시작된 시기, 더구나 일제 치하에서 『대학』을 베껴 쓴다는 것이 어떤 의미를 지녔을까요? 현실을 외면하고 타성에 젖어 할아버지가, 아버지가 하던 공부를 그대로 하고 있었을지도 모르지만, 저는 그렇게 믿고 싶지 않습니다. 세상이 어떻게 변할지는 아무도 알 수 없습니다. 따라서 앞으로의 세상이 어떤 전문 지식을 요구할지도 알 수 없습니다. 하지만 자신의 수양을 바탕으로 타인을 다스리는 『대학』의 근본 원리를 제대로 이해했다면, 이 책의 주인은 한 사람의 지식인으로서 자기가 살고 있는 현실에 어떻게든 참여할 길을 모색하고자 애썼을 것이라 믿고 싶습니다.

지금의 대학은?

;

요즘의 대학은 사회에서 필요로 하는 전문 지식을 가르치는 곳입니다. 이런 세태는 우리나라에서만 그런 것이 아니라 세계 모든 나라에 공통됩니다. 좋게 말하면 현실에 밀착된 교육이고, 나쁘게 말하면 취업양성

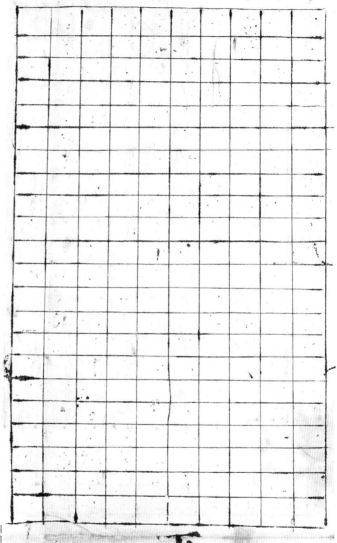

『대학』 필사본에 삽입되어 있는 바둑판 종이. 이 종이를 뒷면에 깔고 책을 베껴 썼다.

두 종의 『대학』 필사본. 처음부터 끝까지 모두 베껴 썼다. 책을 구하기 어려웠기 때문이기도 하지만, 책을 베껴 쓰는 행위가 과거에는 공부의 일부였다.

소입니다.

맹자에 따르면, 사람이 어려서 공부를 하는 이유는 성인이 되어 써 먹기 위해서입니다夫人幼而學之 壯而欲行之. 공부 자체가 재미있어서 하는 경우도 있지만, 공부는 좀더 나은 미래의 삶을 위한 것이 분명합니다. 옛사람들은 공부한 내용을 어디에 써먹겠다는 구체적인 계획을 가지진 않았던 듯합니다. 공부만 하다가 사회에 나가보면 적응하기 어려웠을 것입니다. 전문 지식이 없는 데다 실무에 어둡고 경험도 부족하다보니 그럴 수밖에 없겠죠.

하지만 옛사람들의 생평을 추적해보면, 책상물림에 불과했던 사람이 어느 정도 시간이 지난 뒤 실무형 관료로 탈바꿈하는 사례를 자주 발견할 수 있습니다. 따로 특별한 교육이라도 받은 것일까요? 그렇지 않습니다. 그들은 사회에 나가기 위해서는 전문 지식과 실무 경험보다 더 중요한 것이 있다고 믿었고, 그 믿음을 실천한 결과가 바로 이것입니다.

『대학』은 성인의 공부입니다. 성인이라 함은 스스로 판단하고 스스로 행동하며, 스스로 책임지는 사람입니다. 그러고 보면 사회에 처음 발을 내딛는 사람에게 무엇보다 중요한 것은 전 과목 학점 A+라든가 직장에서 바로 써먹을 수 있는 전문 지식이 아니라 한 사람의 사회인으로서 올바른 판단과 행동을 할 수 있는가입니다. 개인과 가정, 사회와 국가에 모두 통용되는 가치관의 확립, 이것이야말로 주자가 본디 『예기禮記』의 한 편에 불과했던 「대학」을 별도의 책으로 독립시킨 이유일 것입니다.

요즘 대학에서 강의를 하다보면, 그 내용이 조금만 현실과 거리를 두어도 학생들은 '여긴 어딘가, 나는 누군가' 하는 고민에 빠지는 것 같습니다. 학점과 취업 준비에 내몰리는 학생들의 입장은 충분히 이해하며, 배려하려고 합니다. 하지만 그럴 수밖에 없는 현실이 안타깝기는 어쩔 수 없습니다. 그렇다고 지금 대학생들에게 진정 사회에 나가서 필요한 것을 가르칠 수 있냐고 물어본다면, 대학 교육을 담당하는 한 사람으로서 부끄러움을 느낄 뿐입니다.

11장

한문을 배우는 방법

-『통감절요通鑑節要』

문리文理 나는 법

;

고전을 공부하려면 한문을 알아야 합니다. 한문은 한자와는 다릅니다. 한자는 낱글자이고, 한문은 한자로 이루어진 문장입니다. 한자를 아는 사람은 많아도 그들이 모두 한문을 안다고 할 수는 없습니다. 요새 유행하는 한자능력검정시험은 한자의 음과 뜻을 얼마나 잘 알고 있느냐를 보는 것이지, 한문 문장을 이해하는 능력을 평가하는 것은 아닙니다. 한글이 공식 언어가 되기 전까지 한문은 지식인의 필수 소양이었지만, 요즘은 일부 전문가의 영역으로 축소되었습니다.

그렇지만 분야를 막론하고 우리 역사와 문화를 공부하는 이들에게 한문을 읽는 능력은 여전히 반드시 갖춰야 할 자질입니다. 우리에게 전하는 옛 문헌이 대부분 한문으로 쓰여 있기 때문입니다. 그래서 문학, 역사, 철학과 같은 인문학은 물론이고, 자연과학이나 예술을 공부하는 사람들도 자기 분야의 과거를 공부하고 자료를 발굴하기 위해 한문을 배우려고 합니다.

옛날에야 어렸을 적부터 『천자문』에서 사서삼경까지 정해진 순서대로 거의 외다시피 배웠으니 자연스럽게 한문을 읽을 수 있었습니다. 하지만 지금은 중고등학교에서 한문은커녕 한자조차 제대로 배우지 못합니다. 그러다보니 대학이나 대학원에 와서 자기 분야에 대해 좀더 깊이 있는 공부를 하고 싶어도 한문의 장벽에 부딪히곤 합니다. 결국 뒤늦게 필요를 깨닫고 한문 공부에 돌입하는데, 한문에 관한 한 그들이 원하는 것은 오직 하나입니다. 한문으로 된 문헌을 막힘없이 읽는 것입니다.

외국어를 배우려면 좋은 교재로 기초를 닦고, 그 외국어가 쓰이는 곳에 직접 가서 실전 경험을 쌓는 것이 제일입니다. 영어나 일어를 배우고 싶다면 교재를 정해 열심히 공부한 뒤 그것이 어느 정도 쌓이면 미국이나 일본으로 어학연수를 가는 것이 보통의 방법이겠지요. 하지만 마땅한 교재도 드물고, 지금 쓰이는 곳이 없어 어학연수를 갈 수 없는 경우도 있습니다.

예컨대 서양 고전을 제대로 알려면 라틴어를 배워야 하고, 성경을 깊이 있게 이해하려면 히브리어를 배워야 하며, 불교를 전문적으로 공부하고자 마음먹었다면 산스크리트어를 배워야 합니다. 그러나 이 세 언어는 모두 지금은 쓰이지 않습니다. 타임머신을 타지 않는 이상 어학연수를 갈 수가 없습니다.

다행히 많지는 않아도 세계 각국에서 이 언어를 연구하는 사람들이 있으므로 초학자부터 전문 연구자를 위한 다양한 교재와 권위 있는 사전이 존재합니다. 한문도 이 세 언어와 사정이 비슷한데, 이렇다 할 만한 교재를 찾아보기 어렵습니다. 어째서일까요?

여러 이유가 있겠지만, 가장 큰 원인은 한문을 외국어로 인식하지 않기 때문이라고 봅니다. 우리나라에서 한문은 오랫동안 우리말과 공존해왔고, 우리 언어생활에 커다란 영향을 끼쳤습니다. 이 때문에 한문은 외국어로서 체계적으로 습득하기보다는 관습적인 방법에 따라 자연스럽게 터득해야 한다는 고정관념이 생긴 듯합니다. 한문을 외국어로 인식하지 못하는 까닭에 한문 번역에서 직역이 난무하는 상황들이 일어나기도 합니다.

어쨌든 이런 이유로 많은 사람이 한문을 공부하려면 옛사람들이 공부한 방법을 그대로 따라야 한다고 믿고 있습니다. 우선 한자를 익히고, 쉬운 문장부터 차츰 어려운 문장으로 나아가면서 스스로 어휘를 늘리고 문법을 터득하며 관용적인 표현을 이해하는 식입니다. 그러다보면 어느 날 갑자기 한문을 술술 읽고 해석하는 경지에 도달하게 된다는 것입니다.

이렇게 한문을 자유자재로 읽는 능력을 갖추는 것을 두고 예로부터 '문리文理가 났다'고 했습니다. 문리는 사전에 "글의 뜻을 깨달아 아는 힘"이라고 했는데, 적절한 설명인 듯합니다. 한문 문장은 띄어쓰기도 없고 문장부호도 없습니다. 고립어에 속하는 중국어의 특성상 문장성분을 파악하기도 어렵습니다. 그런데 이른바 문리가 나면 있지도 않은 띄어쓰기와 문장부호가 눈에 들어오고, 문장성분을 정확히 알아맞힐 수 있다는 것입니다. 외국어를 꾸준히 공부하던 사람이 어느 날 갑자기 말문이 터지는 현상을 경험하는 것과 비슷합니다.

문리는 누가 가르쳐줘서 알 수 있는 것이 아니라 스스로 공부를 쌓아 터득하는 것이라고 합니다. 모범이 될 만한 문장이 많이 실려 있는 좋은 교재를 차례로 그리고 되풀이하여 공부하는 것이 가장 좋은 방법이라고들 합니다. 지금도 한문을 배우려는 이들이 옛사람들이 공부한 순서에 따라 『천자문』『동몽선습』『격몽요결』『십구사략』 따위를 통해 기초를 닦고, 이어서 『통감절요』와 같은 책을 차근차근 공부하는 이유가 여기에 있습니다.

『통감절요』의 유행

;

여기에 '통감通鑑'이라고 쓰인 책이 있습니다. 통감이라고 하면 흔히 사마광司馬光(1019~1086)의 『자치통감資治通鑑』을 말합니다만, 이 책은 『자치통감』의 요약본이라고 할 수 있는 『통감절요通鑑節要』입니다. 두 책의

『통감절요』표지.
권6 한漢 효혜황제孝惠皇帝부터 권9 효무황
제孝武皇帝까지다. 한나라 초기에 해당된다.

차이에 대해서는 차차 설명하기로 하고, 먼저 내용부터 자세히 살펴보 겠습니다. 이 책은 『통감절요』권6부터 권9까지를 한 책으로 엮은 것인 데, 전체가 15책이니 두 번째 책에 해당됩니다. 나머지는 운이 좋으면 어딘가에 남아 있을지도 모르겠습니다.

권6~9는 한漢나라 초기인 혜제惠帝부터 무제武帝까지를 다루고 있습 니다. 항우項羽와 유방劉邦의 대결 같은 스펙터클한 액션은 더 이상 나 오지 않지만, 이 부분에도 흥미로운 이야기가 많습니다. 예컨대 고조高 祖가 죽은 뒤 여태후呂太后가 평소 질투하던 척부인戚夫人의 손발을 자 르고 장님, 귀머거리, 벙어리로 만든 다음 변소에서 살게 하고는 '사람 돼지人彘'라고 불렀다는 끔찍한 이야기 같은 것은 읽다보면 정신이 번 쩍 듭니다. 하지만 통일제국이 점차 자리를 잡아가면서 조금 지루해지 는 감이 없지 않습니다.

氏欧

皇后元年呂

冬太后議欲立諸呂為王問

右丞相陵陵曰高帝刑白馬盟曰非劉氏而
王天下共撃之今王呂氏非約也太后不說
問左丞相平太尉勃對曰高帝定天下王子
弟今太后稱制王諸呂無所不可太后喜罷

屈尊伍女媵氏是也

不可言也夫劉呂氏故制朝雛取他人之
非常之以變著寶非正統書之且於後世注之
其年之類皆特變正書爲法示天下
子立之榮所當深察例大節故劉於此
不立之以
吉爾君此之者也故劉
書意而一遷之正子之榮所當劉

癸丑 七年秋八月帝崩太后臨朝稱制

班固 贊曰孝惠内修親親外禮宰相優寵

齊悼趙隱悉敬篤矣聞叔孫通之諫則懼

然納曹相國之對而心悅可謂寬仁之主

遭呂太后虧損至德悲夫

高皇后 姓呂氏名雉臨朝八年稱制

劉氏危

幾

新增愚按綱目凡正統之年歲下大書非正統者兩行分注此固書法之

正例也今呂氏臨朝天下非戰國合于一

殆與東漢今呂氏臨朝天下無異初非戰國合于南北

『통감절요』 본문
번각본이며 여백이 좁다. 소장자가 현토를 부기했다. 한漢 고조高祖
의 비 여태후呂太后의 통치 기간에 해당된다.

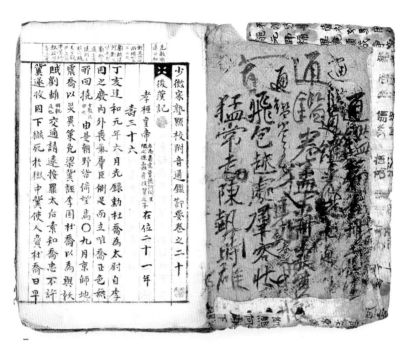

「통감절요」 본문. 필사로 보충한 흔적이 있다.

판종은 목판본입니다. 하지만 가만히 보면 활자 느낌이 아주 살짝 나는데, 활자로 찍은 책을 번각翻刻한 것이기 때문입니다. 제가 보기에는 무신자戊申字라고 하는 금속활자로 찍은 책을 번각한 듯합니다. 번각은 일종의 재판再版인데, 이에 대해서는 앞서 설명했으니 여기서는 되풀이하지 않겠습니다. 번각본은 대개 품질이 썩 좋지 않습니다. 게다가 종이를 아끼기 위해 여백을 좁게 만든 점으로 미루어 이 책을 만든 사람이나 산 사람 모두 형편이 그리 넉넉지 않았던 것 같습니다. 여백이 좁다는 사실은 다른 책과 비교해보면 금세 눈에 띕니다.

우리나라 책들은 대개 여백이 상당합니다. 여백의 미를 중시해서 그런 게 아니라 관청이 출판을 주도했으므로 비용을 아낄 필요가 절실

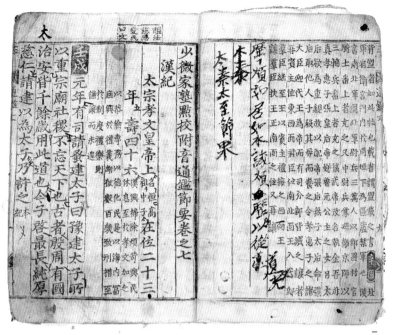

『통감절요』 권7, 안정기에 접어든 문제文帝의 시대를 다루고 있다.

하지 않았기 때문이었겠죠. 반면 상업출판으로 만든 책은 대개 여백이 좁습니다. 잘라낸 부분을 재활용하기 위해서입니다. 중국 상업출판의 경우, 상단과 하단의 여백은 물론 각 장 말미에 남은 빈칸마저 잘라내 곤 했습니다. 한 푼이라도 아껴보려는 심사에서였죠.

첫 장이 떨어져 나갔기 때문인지 손글씨로 보충했습니다. 그다지 잘 쓴 글씨가 아니라서 그런지 좀 구차해 보입니다만, 없어진 부분을 메우려는 궁여지책입니다. 글씨는 잘 쓰지 못했지만 이 책의 주인은 책에 애착을 가지고 열심히 읽었던 모양입니다. 전편에 걸쳐 표시해놓은 현토懸吐를 보면 알 수 있습니다. 이걸 보면 책 주인이 이 책 전체를 독파했다는 것을 알 수 있습니다.

『자치통감』은 전국시대의 기점에 해당되는 주周나라 위열왕威烈王 23년(기원전 403)부터 오대五代의 후주後周가 멸망하는 959년까지 무려 1362년의 역사를 다룬 역사책입니다.

전국시대부터 시작하는 까닭은 역시 공자의 『춘추』를 염두에 둔 것이라고 보아야 하겠습니다. 당시는 물론 그 이전이나 이후에도 중국에서 역사서의 이상적인 모델은 뭐니뭐니해도 『춘추』였습니다. 『춘추』가 춘추시대를 다루고 있으므로 그 이후의 역사는 『자치통감』으로 정리하겠다는 의도입니다. 1000년이 넘는 방대한 기간을 한 사람의 역사가가 다루기는 무리입니다. 사마광은 국가의 전폭적인 후원 하에 많은 사람의 도움을 받아 이 책을 편찬했는데, 그럼에도 불구하고 무려 19년이나 걸렸다고 하니 대단한 작업입니다.

'자치통감'이라는 서명은 정치治에 전반적으로通 도움이 되는資 거울鑑이라는 뜻입니다. 정치에 도움이 된다는 것은 정치를 하고 있거나 앞으로 하게 될 사람들을 이 책의 독자로 삼겠다는 뜻이겠지요. 그래서인지 난세亂世보다는 치세治世에 비중을 두고 있습니다. 어떻게 해야 전쟁에 이기는가 하는 것보다 어떻게 해야 국가를 잘 다스릴 수 있는가를 중시한 것입니다.

『자치통감』은 시대 순으로 서술한 편년체編年體 사서인데, 왕조를 기준 삼아 주周, 진秦, 한漢, 위魏, 진晉, 송宋, 제齊, 양梁, 진陳, 수隋, 당唐, 후량後梁, 후당後唐, 후진後晉, 후한後漢, 후주後周의 16기紀로 구분했습니다. 다 합치면 무려 294권입니다. 옛날의 권과 지금의 권은 조금 다릅니다만, 지금의 권수로 따져도 100책이 넘으니 엄청난 분량임에 틀림없습니다.

아무리 좋은 책이라도 분량이 많으면 읽기 힘겹습니다. 사전이라면

242

「자치통감」 제236~238권, 사마광, 27.7×14.7cm, 보물 제1281호, 1436, 국립중앙박물관.

辛巳

資治通鑑卷第二百三十六

端明殿學士兼翰林侍讀學士太中大夫提舉西京嵩山崇福宮上柱國河內郡開

國公食邑二千三百戶食實封玖百戶賜紫金魚袋臣司馬光奉　勑編集

思政殿訓義

唐紀五十二 起重光大荒落盡蒙作噩凡五年

德宗神武聖文皇帝十一

貞元十七年春正月甲寅韓全義至長安實文場

為掩其敗迹（為去聲下故為同）上禮遇甚厚全義稱足疾

不任朝謁（壬任音壬）遣司馬崔放入對放為全義引咎

謝無功上曰全義為招討使能招來少誠其功大

그때그때 필요한 부분만 찾아보면 되고, 필요한 부분은 가급적 자세할 수록 좋으니 분량이 많아도 상관없습니다. 하지만 역사책은 다릅니다. 어차피 역사책은 모든 사건을 담을 수 없으며 편찬자가 중요하다고 여기는 사건만 다루게 됩니다. 문제는 그 중요함의 기준이 애매하다는 것이지요. 이것도 중요하고 저것도 그에 못지않다고 본다면 분량은 끝없이 늘어날 것이고, 반대로 지나치게 줄이면 알아야 할 사실들이 누락됩니다.

애초에 사마광이 『자치통감』을 편찬할 때도 나름의 기준에 따라 사건을 선별해 수록했겠지만, 현실적으로 전질全帙을 다 읽기란 쉽지 않았습니다. 사마광도 이것을 문제로 여겨 스스로 요약본을 만들려고 했지만 미처 완성하지 못하고 세상을 떠났습니다. 그 뒤로 『자치통감』의 요약본이 대거 출현했는데, 그중 우리나라에서 가장 인기 있었던 것이 바로 『통감절요通鑑節要』입니다. 『통감절요』는 송나라 사람 강지江贄가 편찬한 책입니다. 그의 호를 따서 『소미통감少微通鑑』이라고도 하지요. 294권 100여 책에 달하는 『자치통감』을 50권 15책으로 줄였으니 분량이 6분의 1에 불과합니다. 『통감절요』가 인기 있었던 이유는 바로 이것이지요. 사실 대부분의 촌학구村學究는 『통감절요』만 알고 『자치통감』이라는 책이 있는 줄도 몰랐을 겁니다. 『통감절요』는 원래 거창한 의도를 가지고 편찬한 것이 아니라 그가 집안 자제들에게 『자치통감』을 가르치기 위해 만든 일종의 교재였는데, 이것이 제법 쓸모가 있었는지 바깥 사람들에게 알려져 유행한 것 같습니다.

『통감절요』가 초학자용 교재로 쓰인 첫 번째 이유는 재미있기 때문이라고 봅니다. 사실 어린이용 교재로는 『통감절요』보다 『천자문』이나 『동몽선습』 『격몽요결』 그리고 『소학』이 훨씬 알맞기도 하고 중요하기도 합니다. 하지만 이거 해라 저거 해라, 이거 하지 말아라 저거 하지 말아라 하는 책은 재미가 없지요. 추상적인 관념이나 빤한 소리만 늘어놓는 책이 흥미로울 턱이 없습니다.

반면 역사는 다릅니다. 역사라는 것은 이야기입니다. 인물, 사건, 배경이 만들어내는 흥미진진한 전개와 그것이 주는 교훈이 바로 이야기의 묘미입니다. 더구나 그 이야기가 가상이 아닌 역사적 사실이라면 더욱 구미를 당기겠지요. 이것이 바로 역사 이야기가 지금까지도 많은 사람의 흥미를 끄는 이유입니다. 지금도 이곳저곳에서 한문을 가르치는 분들의 말을 들어보면, 경전보다는 역사책이 학생들에게 훨씬 인기가 좋다고 합니다.

둘째는 『통감절요』가 문리를 깨우치는 데 상당히 도움이 된다는 것입니다. 다시 말해 『통감절요』를 읽으면 다른 어려운 책도 수월하게 읽을 수 있습니다. 조선 중기의 학자 유희춘柳希春은 아홉 살부터 열한 살까지 『통감절요』를 읽고서 비로소 문장의 맥락을 파악하게 되어 다른 책을 보더라도 거의 막힘이 없었다고 합니다. 문리를 깨우친 것이지요. 『통감절요』가 문리를 깨우치는 데 도움이 되는 이유는 그 문장이 지나치게 쉽지도 어렵지도 않은 순정한 고문古文, 즉 모범적인 문어문이기 때문입니다.

지금 전하는 『통감절요』는 여러 사람의 손을 거치면서 강지의 원서와는 사뭇 달라졌는데, 가장 달라진 점은 무엇보다도 정통正統에 대한 입장 변화입니다. 이 점은 주자의 『자치통감강목資治通鑑綱目』을 수용한 결과입니다.

『자치통감강목』은 『자치통감』을 개편·수정한 책입니다. 체재를 편년체에서 강목체로 바꾸고 분량도 59권으로 줄였습니다. 무엇보다 역사

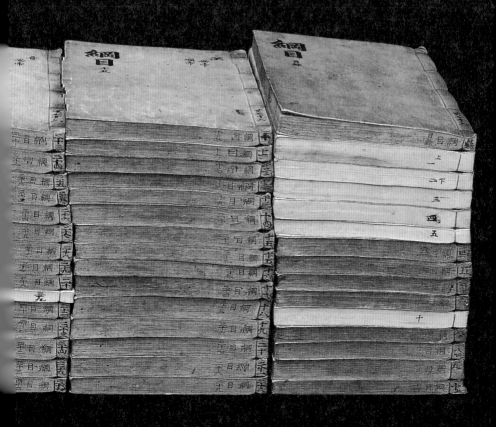

『자치통감강목』, 주희, 34.1×22.2cm, 19세기, 서울역사박물관
사마광의 『자치통감』을 『춘추』의 체재에 따라 재편한 책이다. 정통을
중시하는 주희의 역사관이 반영되어 있다.

의 정통正統과 포폄褒貶을 중시하여 『자치통감』에 이념적인 색채를 덧입혔습니다. 가장 잘 알려진 예가 삼국의 정통 문제입니다. 사마광은 위魏·촉蜀·오吳 삼국 가운데 실질적인 중원의 지배자였던 위나라를 정통으로 삼았지만, 주자는 한나라를 찬탈한 위를 정통으로 삼을 수 없다고 여겨 촉을 정통으로 간주했습니다.

『통감절요』는 단순히 『자치통감』을 요약한 책이 아니라 이러한 주자의 사관을 어느 정도 반영하고 있습니다. 『통감절요』가 "『자치통감』을 저본底本으로 삼고 『자치통감강목』을 범례로 삼았다"라는 다산의 지적은 바로 이것을 두고 한 말입니다. 방대한 『자치통감』의 내용을 요약하는 한편, 정통론과 도덕성을 중시하는 주자의 사관이 반영되어 있다는 점이야말로 조선 후기에 『통감절요』가 인기를 끌었던 이유입니다.

『자치통감』과 『통감절요』는 이미 고려시대에 우리나라에 들어왔으며, 조선시대에도 널리 알려져 있었습니다. 세종은 『자치통감』의 주석을 보충해 『자치통감훈의資治通鑑訓義』라는 책을 편찬하기도 했습니다. 하지만 중국과 마찬가지로 우리나라에서도 『자치통감』은 쉽게 접근할 수 있는 책이 아니었기에 『통감절요』가 더 널리 읽혔던 것으로 보이는데, 쉽고 간략해 역사와 문장을 배우는 초학자용 교재로 쓰였습니다. 심지어 임금과 세자를 대상으로 하는 경연經筵과 서연書筵의 교재로 채택되기도 했습니다.

248 『통감절요』는 조선 초기에도 널리 읽혔지만 후기에 들어서면서 더욱 널리 유행했습니다. 안정복安鼎福의 말에 따르면, 임진왜란을 겪은 뒤 읽을 만한 책이 남아 있지 않았는데, 홍이상洪履祥(1549~1615)이라는 사람이 안동 부사로 부임해 관청의 힘을 빌려 『통감절요』를 간행한 덕택에 많은 사람이 읽게 되었고, 결국 어린이들의 필수 교재가 되었다고

합니다.

『통감절요』의 문제점

;

『통감절요』가 방대한 『자치통감』을 줄인 것이라고는 하지만, 『통감절요』
역시 다 읽기는 쉽지 않습니다. 19세기의 문인 무명자無名子 윤기尹愭에
따르면 당시 어린이들이 『통감절요』를 배울 때 서한기西漢紀까지 읽으면
많이 본 것이고 동한기東漢紀나 촉한기蜀漢紀까지 나아가면 굉장히 많이
읽은 것이라고 했습니다. 서한기는 권15까지, 동한기는 권23, 촉한기는
권25이니, 전체의 30~50퍼센트를 읽으면 상당 부분 섭렵한 것이지요.

연로한 한학자들의 말에 따르면, 근래까지 서당에서는 서한기까지
읽는 것이 일반적이었다고 합니다. 지금도 대학을 비롯한 여러 교육기
관에서 『통감절요』를 교재로 쓰곤 하는데, 대학에서는 한 학기 동안
읽어도 권1이나 마치면 다행이고, 진도가 상당히 빠른 전문적인 한문
교육기관에서조차 권10을 넘기기 어렵습니다. 30~50퍼센트를 읽으려
면 다른 일을 모두 팽개치고 여기에만 집중하더라도 최소한 2~3년은
걸린다고 봐야 합니다. 이 점에 대해서 다산 정약용이 문제를 제기했
습니다.

어린이가 글을 읽는 기간은 8세부터 16세까지의 9년 정도다. 하
지만 8세부터 11세까지는 철이 없어서 글을 읽어도 뜻을 모르며,
15, 16세에는 음양陰陽과 기호嗜好가 생겨 물욕物慾에 마음을 빼앗
긴다. 그러니 실제로는 12세부터 14세까지 3년간만 독서하는 기

간이 된다.

그렇지만 이 3년 중에도 여름은 몹시 덥고 봄과 가을에는 좋은 날이 많은데 어린이들이 놀기를 좋아하므로 모두 글을 읽을 수는 없다. 오직 9월부터 이듬해 2월까지 180일이 독서하는 날이다. 3년이라고 치면 540일이 되는데, 거기에 또 명절에 놀고 병에 걸리고 우환을 겪는 기간을 제외하면 실제로 글을 읽는 기간은 300일 정도 된다.

이 300일은 하루하루가 모두 귀중한 시간인데, 우리나라 어린이들은 모두 이 300일 동안 『통감절요』 15책을 읽으며 보낸다. 그러므로 평생의 독서가 이 『통감절요』 하나에 그치고, 여가에 다른 글을 읽더라도 모두 전념하지 못하고 지나치게 되니, 독서로 칠 것도 못 된다.

소미 선생은 도학과 문장에 뛰어난 사람이 아니라 서너 집 되는 마을이면 어디에나 있는 평범한 선생에 불과하다. 그런데 200년 동안 경전처럼 떠받들고 중시하였으니 도대체 무슨 이유인가. 예전에 박제가가 말하기를 '연경에 가서 온 서점을 돌아다니며 증선지曾先之의 『사략史略』과 강씨江氏의 『통감절요』를 찾아보았지만 보지 못했고, 중국에서 이름을 날리는 큰 선비들도 모두 무슨 책인지 모르더라' 하였다. 이로 보면 중국에서도 없어진 지 이미 오래인데 어느 때에 이 책이 우연히 우리나라에 들어와 육경六經을 능가하고 백가百家를 어지럽혀 끝내 무식하게 일생을 보내게 하는지 모르겠다.

첫 번째 문제로 지적한 것은 『통감절요』에 지나치게 많은 시간을 할

애한다는 점입니다. 『천자문』『동몽선습』『사략』 따위는 분량이 얼마 되
지 않습니다. 아무리 공부를 처음 시작하는 어린이라도 몇 달만 지나
면 다 배울 수 있습니다. 하지만 『통감절요』의 분량은 만만치 않습니
다. 일부만 읽더라도 어린 시절의 상당 기간을 쏟아부어야 하는데, 학
습 순서로 따지면 그 기간이 가장 알찬 기간입니다. 과연 그만한 가치
가 있느냐 하는 의문이 들기 마련입니다.

다산이 두 번째로 지적한 문제가 바로 이것입니다. 정말 좋은 책이
라면 중국에서도 널리 읽혀야 마땅한데, 정작 중국에서는 이 책의 존
재를 아는 사람이 드물었습니다. 박제가가 중국에 가서 만난 사람에게
『통감절요』를 읽었냐고 물었더니 "그게 뭔데?"라고 되물었다는 것이지
요. 이덕무도 같은 경험을 했다고 합니다.

이밖에도 『통감절요』의 문제점을 지적한 사람은 많습니다. 『자치통

감』을 요약하는 과정에서 오류가 생기기도 하고, 편자의 의도에 따라 일부러 고친 부분도 있습니다. 심지어 흥미를 돋우기 위해 황당무계한 이야기를 집어넣기도 했습니다. 이 때문에 홍석주는 "소설이나 야사에서 전하는 이야기를 많이 집어넣었고, 개인적인 애증이 섞여 있는 경우가 종종 있다"고 지적했습니다.

또 한 가지 문제는 근현대사에 약하다는 것입니다. 위진남북조 시기를 기준으로 보면 『자치통감』은 그 이후 시기에 많은 비중을 할애한 반면, 『통감절요』는 그 이전 시기를 큰 비중으로 다루었습니다. 『통감절요』의 절반은 고대사에 속하며, 사람들이 읽는 것도 거기까지입니다. 설령 『통감절요』를 다 읽는다 해도 송나라 이후의 역사는 알기 어렵습니다.

송나라 이후의 역사를 알고자 하는 이들은 주로 『송원통감宋元通鑑』이라는 책을 읽었습니다. 속통감續通鑑, 통감절요속편通鑑節要續編이라고도 하지요. 하지만 여기까지 읽는 사람은 많지 않았고, 원元·명明·청淸을 다룬 역사책을 읽는 이는 더욱 드물었습니다. 지식인 사회 최상층에 있는 사람들이 아니면 근현대사에 대한 지식은 보잘것없는 수준에 머물렀습니다. 먼 옛날의 역사도 중요하지만, 역사를 거울삼는다는 입장에서는 가까운 역사를 아는 것이 중요한데, 『통감절요』는 그러한 취지와는 거리가 멉니다. 원래 근현대사는 다루기 껄끄러운 법입니다.

어쨌든 책의 운명이란 참으로 알 수 없는 것이죠. 세상에 등장하자마자 폭발적인 인기를 끌다가 금세 잊히는 것도 있고, 아무런 주목도 받지 못하던 책이 먼 훗날 어딘가에서 극진한 대접을 받기도 합니다. 『통감절요』를 비롯해 『천자문』 『사략』 『고문진보』 등은 모두 중국에서 잊히고 만 책이지만, 우리나라에서는 초학자라면 반드시 읽어야 하는 필

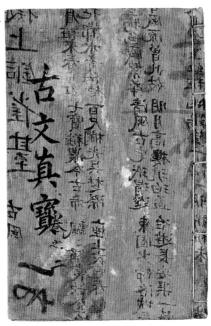

『고문진보』. 중국의 명문장을 모은 책으로 유독 우리나라에서 인기를 끌었다.

수 교재로 자리잡았습니다. 이런 상황에서 『통감절요』의 가치에 의문을 제기한 다산의 지적은 참으로 독특하고 과감한 것임에 분명합니다.

그런데 이렇게 남들과 다른 생각을 하는 것은 천재의 소질이기도 한 반면 왕따의 지름길이기도 합니다. 다산의 지적은 분명 일리가 있지만, 대부분의 사람에게는 그다지 중요한 문제가 아니었습니다. 중국에서 알아주건 말건, 틀린 부분이 있건 없건, 『통감절요』는 쉽고 흥미롭게 한문을 배울 수 있는 교재로서 오랜 세월 많은 사람에게 사랑받은 책인 것만은 분명합니다. 『통감절요』를 가볍게 볼 수 없는 이유가 바로 여기에 있습니다.

문리라는 환상

;

앞서 말한 문리 이야기로 돌아가보겠습니다. 한학자들이 문리가 나는데 가장 도움 되는 책으로 거론하는 것은 『논어』의 주석, 『맹자』의 본문, 그리고 『통감절요』입니다. 유희춘의 말대로 『통감절요』를 읽으면 정말 문리가 날까요? 장유張維는 11, 12세에 『통감절요』 전편을 외웠다고 하는데, 그 덕택에 한문사대가漢文四大家의 한 사람으로 꼽히는 뛰어난 문장가가 되었던 것일까요? 상당한 도움이 된다는 사실은 부정하기 어렵습니다. 하지만 저는 '문리'라는 것은 애당초 존재하지 않는다고 생각합니다.

전통적인 학습 방법은 경전과 사서의 모범적인 문장에 익숙해지는 것입니다. 하지만 이렇게 되면 시대에 따른 언어 변화를 제대로 포착하지 못합니다. 언어는 끊임없이 변합니다. 현대 국어에 능숙한 사람에게도 중세 국어는 어려울 수 있습니다. 형태는 물론 어휘와 문법이 다르기 때문입니다.

한문도 마찬가지입니다. 한문의 역사는 매우 깁니다. 아무리 문어文語라지만 수천 년 동안 변화가 없을 수 없습니다. 진한秦漢에는 진한의 문장이 있고, 당송唐宋에는 당송의 문장이 있으며, 명청明淸에는 명청의 문장이 있습니다. 시대마다 계층마다 사람마다 서로 다른 언어 습관의 존재를 부정하고 책 몇 권만 독파하면 모든 글을 이해할 수 있으리라고 믿는 것은 큰 착각입니다. 연로한 한학자들조차도 순정한 고문古文이 아니면 상당히 취약한 모습을 보이는 이유가 바로 이것입니다.

문제는 여기서 그치지 않습니다. 모범적인 문장의 기준이 고정되어 있다보니 언어의 변화를 인정하지 못하고, 그 기준을 벗어난 참신하고 생생한 문장을 속되고 괴상한 것으로 폄하합니다. 고대사만 알고 현대사를 모르는 촌학구와 다름없습니다.

언어는 몸으로 부딪히며 습득하는 것입니다. 처음 시작할 때는 회화책이라도 봐야겠지만, 정작 외국에 나가보면 회화책에 나오는 대로 말하는 사람은 없습니다. 수없이 다양하고 시시각각 변하는 살아 있는 언어는 회화책으로 배울 수 없습니다. 문리는 회화책만으로 원어민 수준의 외국어를 구사할 수 있다는 믿음이 만들어낸 환상입니다. 아직도 한문을 백발이 성성한 한학자들의 전유물이라고 생각하는 사람들이 많습니다. 때묻고 퀴퀴한 냄새가 나는 고서는 노인들이나 보는 것이라고 여깁니다. 하지만 그건 오해입니다. 한문과 고서는 나이를 막론하고 고전에 관심 있는 사람이라면 누구든 다가갈 수 있습니다.

지금 한학자의 시대는 사실상 종언을 고했습니다. 여전히 전통적인 방식으로 한문을 배운 한학자들이 남아 있다고는 하나, 그들의 역할은 제한되어 있습니다. 한학자 개개인의 한문 해석 능력은 탁월하지만, 지금은 전문 분야별로 특성화된 연구자들을 조직화한 연구자 집단에 대해 우위를 장담할 수 없습니다. 축적된 선행 연구와 방대한 DB로 무장한 연구자들은 끊임없이 새로운 문헌을 발굴하고 다각도로 해석하여 문헌의 가치를 한껏 제고하고 있습니다. 이제 고전의 가치를 되살리는 일은 순전히 젊은 연구자들의 몫입니다.

12장

인문학을 한다는 것

―『논어論語』

인문학의 최전선에서

;

인문학 열풍이라고 합니다. 인문학을 제목에 내세운 책과 각종 인문 고전이 베스트셀러를 차지하고, 노숙인부터 CEO까지 다양한 계층을 대상으로 하는 인문학 강좌가 성황을 이루고 있습니다.

인문학 열풍의 진원지는 아이러니하게도 기업입니다. 불과 몇 해 전만 해도 인문학자들이 '인문학의 위기'를 선언하면서 인문학 침체의 원인으로 지목한 것이 무차별적 시장 논리와 효율성에 대한 맹신이며, 그 주범은 다름 아닌 기업이었습니다. 그런데 그 기업이 이제는 '인문학 프렌들리'를 자처하고 있습니다.

애플의 CEO 스티브 잡스는 "애플의 창의적인 IT 제품은 애플이 기술과 인문학의 교차점에 서 있기 때문에 가능하다"고 공언했고, 구글은 지난 2011년 신규 채용자 6000명 중 5000명을 인문학 전공자로 뽑을 계획이라고 밝힌 바 있습니다. 이런 모습을 보면서 우리 기업들의 생각도 조금 달라진 모양입니다.

2012년 삼성경제연구소가 내놓은 '인문학이 경영을 바꿀 수 있다'라는 제목의 보고서에 따르면, 국내 CEO 498명을 대상으로 한 설문조사에서 인문학적 소양이 경영에 도움이 된다는 답변이 97.8퍼센트, 인문학적 소양이 풍부한 사람이라면 가산점을 주더라도 뽑을 의향이 있다는 답변이 82.7퍼센트를 차지했다고 합니다.

이 보고서에서는 인문학 열풍의 원인을 "기업이 기술과 가격 차별화만으로 경쟁우위를 점하기 어려운 상황에 직면했으며, 인문학이 새로운 돌파구로 등장하고 있다"고 분석했습니다. 결국 기업이 인문학에 관심을 보이는 이유는 어려운 경제 여건 속에서 경영의 활로를 모색하기 위해서입니다. 쉽게 말해 돈을 벌기 위해서인데, 이유야 어쨌든 인문학에 관심을 가져준다니 인문학 전공자로서는 마다할 이유가 없습니다.

하지만 한편으로 인문학의 위기는 여전히 진행 중입니다. 대학의 인문학 관련 학과의 인기는 나날이 떨어지고 있습니다. 수강생이 모자라 강좌가 폐강되는 사태는 새삼스러울 것도 없고, 비인기 학과라는 이유로 학과 자체가 없어지는 일도 비일비재합니다. 인문학 전공자는 여전히 갈 곳이 없고, 인문학 관련 학과의 대학생들은 복수전공 등을 통해 다른 진로를 찾아나섭니다. 대학이 인문학의 최후 보루라는 점을 생각하면 요즘의 인문학 열풍은 내실은 없고 외화外華만 있는 것이 아닌가 하는 생각도 듭니다.

하지만 대학생들을 탓할 수는 없습니다. 대학은 인문학의 최후 보루이지만, 인문학의 최전선에 있는 사람들은 인문학을 전공하는 대학생들이기 때문입니다. 학생들은 졸업과 동시에 안전한 보루에서 떠밀려 나와 바로 전장으로 내쳐집니다. 냉혹한 사회의 빗발치는 총탄을 온몸으로 받아내야 하는 것입니다. 이들은 사회의 인문학 홀대를 피부로 체감하면서 인문학의 가치와 효용을 끊임없이 고민합니다.

저로 말하자면 인문학 전공자로서 배운 것을 가지고 먹고사는 몇 안 되는 사람 중 한 명입니다. 전공 분야로 취업하는 인문학 전공자가 10퍼센트도 안 된다는 사실을 고려하면 저는 운이 억세게 좋은 편입니다. 직업으로 삼은 이상 매일같이 인문학의 존재 가치를 놓고 고민할 필요는 없습니다. 공무원이 국가의 존재 가치를 두고 고민하지 않는 것처럼, 인문학을 업으로 삼은 사람에게 인문학은 반드시 존재하지 않으면 안 되는 것입니다. 하지만 대학에 강의를 나가 학생들을 마주할 때마다 내가 인문학의 최전선에 서 있는 이들에게 해줄 수 있는 것이 과연 무엇인지 생각하며 때로 할 말을 잃곤 합니다.

왜 인문학인가

;

일반인을 대상으로 하는 인문학 강좌는 성황을 이루는데, 정작 대학생을 대상으로 하는 인문학 강의가 인기 없는 이유는 무엇일까요? 취업에 도움이 안 된다는 이야기를 많이 하지만, 그렇게 따지면 취업에 도움되는 강의가 대학에 얼마나 있을지 의문입니다. 제아무리 경제학, 경영학 강의라 하더라도 정작 듣고 보면 취업과는 관계없을 때가 많으니까요.

강의라는 것은 듣는 사람에게 어떤 식으로든 도움이 되어야 합니다. 꼭 취업이 아니라도 하여간 무언가 도움이 되어야 합니다. 하다못해 재미있기라도 해야 합니다. 그런데 인문학 강의는 어떻게 도움이 되는지도 알 수 없고, 심지어 재미도 없습니다.

공부를 하려면 목적이 있어야 하는데, 목적이 뚜렷하지 않으니 공부를 하고 싶을 리가 없습니다. 학생들 역시 목적을 찾는 것을 포기합니다. 수업 시간이 맞아서, 딱히 들을 게 없어서, 전공 학점을 채워야 해서 강의를 듣는 것이 현실입니다. 터놓고 이야기하기가 쉽지 않은 면도 있습니다. 아픈 데를 찌를 수도 있으니까요.

강의를 하는 사람들은 이미 직업이므로 대개는 타성에 젖어서 강의 목적에 대해 근본적인 회의를 품지 않습니다. 그래도 "선생님, 우리가 왜 이 수업을 들어야 합니까?" 하고 묻는 학생이 있다면, 그 질문에 대한 답은 다음 세 가지 정도로 나올 것입니다.

첫째는 그것이 대학 교육의 본질이라는 답변입니다. 대학은 각 학문 분야를 담당하는 학과로 구성되어 있습니다. 각 학과에서는 해당 학문의 지식을 전달하는 것이 그들이 맡은 바 교육의 본질입니다. 인문학 수업은 인문학적 지식을 전달하는 수업입니다. 인문학을 배워서 어디에 써먹을 것인지는 듣는 사람이 알아서 할 일이고, 어쨌든 인문학 수업을 듣는 이상 인문학을 배워야 할 것이 아니냐, 인문학 강의를 듣고 싶어 들어온 학생도 있을 텐데 잔말 말고 들어라, 이렇게 답할 수도 있습니다.

냉정하지만 일리가 있는 말입니다. 독일어 수업에 들어가서 왜 취업에 필요한 영어를 가르치지 않느냐고 따질 수는 없겠지요. 독일어를 필요로 하는 학생들도 있으니까요. 영어를 배우고 싶은 학생은 영어 강의를 들으면 됩니다. 문제는 이런 태도가 작금의 인문학 침체를 초래했다는 것입니다.

앞서 말한 대로 전공을 살리는 인문학 전공자가 10퍼센트도 채 안 되는 현실에서 전공 지식의 전달에 치중하는 강의는 10퍼센트 이외의 학생들에게는 쓸모가 없습니다. 교수의 할 일이 학생들을 취업시켜주는 것은 아니지만, 지식만 전달하는 것은 교육이 아닙니다. 안전한 보루에 들어앉아 돌격 명령을 내리는 장군처럼 명령만 하고 나머지는 나 몰라라 하는 것은 곤란합니다. 이들이 인문학의 존재 가치에 대한 고민 없이 최후의 보루에 안주한 결과, 그 보루는 갈수록 줄어들고, 좁아지고 있습니다.

둘째는 인문학 공부가 지적 훈련 과정이라는 답변입니다. 대학생은 졸업한 뒤 대개 지식노동자의 길을 걷습니다. 노동자라 하니까 이상하게 들리지만 사람들이 선망하는 전문직도, 요새 인기 좋은 교사나 공무원도, 기업의 말단 사원도 모두 지식노동자입니다. 지식노동자에게 필요한 것은 지식을 생산하고 적용하는 능력입니다. 그들이 다루게 될 지식이 어떤 유형일지는 모르지만, 어쨌든 지식을 학습·분석하고 정리하는 능력, 그리고 이를 바탕으로 결과를 예측하는 능력이 필수입니다. 인문학적 지식의 깊이와 넓이는 여러 각도에서의 분석이 요구되고 다양한 해석이 가능합니다. 인문학적 지식을 대상으로 한 지적 훈련은 지식노동자로서의 능력을 기르는 데 도움이 될 것입니다.

옳은 말입니다. 그런데 이 논리에도 허점이 있습니다. 인문학이 지적 훈련에 상당한 도움이 되는 것은 사실이지만, 지적 훈련만이 목적이라면 굳이 인문학이 아니라도 가능하지 않은가? 그 시간에 현실에 훨씬 밀착되고 시장 친화적이고 전문적인 지식을 습득하는 것이 좋지 않은가? 인문학적 지식과 현실적 지식의 시차와 거리를 무시할 수 없지 않은가, 하는 반론도 제기될 수 있을 것입니다.

셋째는 인간의 삶과 사회 현실에 대한 통찰력을 기른다는 답변입니다. 인문학적 지식은 인간과 사회에 대한 지식입니다. 유사 이래로 인간의 신체적·정신적 조건은 별로 달라진 것이 없고, 그 인간들이 모여서 만드는 사회의 모습도 과거와 크게 다르지 않습니다. 지금 내가 고민하는 것은 과거에 누군가가 고민했던 것이고, 지금 우리 사회가 안고 있는 문제점은 과거의 사회가 안고 있던 문제점이기도 합니다. 이것이 우리가 고전을 공부하는 이유이기도 하지요.

사람들은 이미 벌어진 일에 대해 납득할 만한 설명을 필요로 합니다. 그리고 아직 벌어지지 않은 일에 대해서는 그럴듯한 예상을 듣고 싶어합니다. 설령 틀리더라도 상관없습니다. 그때는 그 나름의 설명이 있을 테니까요.

자본의 논리가 지배하는 이 세상에서 가장 인기 있는 경제나 경영과 같은 학문도 마찬가지입니다. 사람들은 지금의 경제 상황에 대한 경제학자의 설명을 필요로 하고, 앞으로 주가가 오를지 내릴지 애널리스트의 예측을 듣고 싶어합니다. 그런데 외국에서 MBA 과정을 마치고 온 경제학자의 경제 전망이 항상 맞는 것도 아니고, 높은 연봉을 받는 애널리스트 역시 주가의 등락을 정확히 예측할 수는 없습니다. 숱한 변수가 있기 때문입니다.

인문학이 대상으로 삼는 인간의 삶과 사회 현실은 경제 전망이나 주가 등락보다 훨씬 변수가 많습니다. 틀릴 가능성은 더 높습니다. 하지만 사람들이 틀릴 수 있다는 것을 알면서도 경제학자와 애널리스트의 말을 들으려 하는 것처럼, 인간의 삶과 사회 현실을 나름대로 설명하고 예측하려는 인문학자가 있다면 사람들은 그의 말에 귀를 기울일 것입니다.

과거를 토대로 지금의 인간과 사회를 설명하고 예측하는 능력이 바로 인문학적 통찰입니다. 인간과 사회는 경제와 과학만으로 설명할 수 없는 것입니다. 인문학이 다른 분야와 결합되었을 때 시너지 효과를 발휘하는 이유도 여기에 있습니다. 기업의 CEO들이 인문학에 관심을 보이는 이유도, 사회 여러 방면에서 각자의 인생을 살아온 일반인들이 인문학에 목말라하는 이유도 아마 여기에 있을 것입니다. 만약 인문학 강의가 인간의 삶과 사회 현실에 대한 통찰을 제공하기만 한다면, 취업에 도움이 되지 않아도 들으려는 학생은 많을 것입니다.

그런데 이것도 그렇게 간단하지가 않습니다. 인문학적 통찰력이라는 것은 단기간에 길러지지 않습니다. 오랜 훈련을 필요로 합니다. 그런데

이 훈련을 하다보면 곁길로 빠지기 십상입니다. 방대한 지식에 파묻히고 마는 것이지요. 전체를 보는 눈은 잃은 채 부분만 보고, 또 현실을 보는 눈은 감은 채 과거만 보게 됩니다. 그러니 인문학 연구자조차 통찰력을 갖춘 사람이 드문 판국인데, 하물며 그것을 남에게 가르칠 사람이 흔할 리 만무합니다. 인문학 강의를 듣는다고 통찰력이라는 능력치가 가시적으로 올라가는 것도 아닙니다. 결국 인문학적 창의력과 통찰력이 어쩌고저쩌고 해도 학생들에게는 다 뜬구름 잡는 이야기로밖에 들리지 않는 것이 현실입니다.

이야기가 지나치게 거창해졌습니다. 저는 이 문제에 대해 분명한 해답을 갖고 있지 않습니다. 인문학은 취업을 시켜주지 않습니다. 그렇다고 인문학이 우리에게 '바른길'을 알려준다는 거창한 이야기는 할 수도 없고, 하고 싶지도 않습니다. 다만 인간과 사회를 나름대로 설명하고 예측하는 능력은 인문학의 최전선에 선 대학생들이 반드시 갖추어야 할 무기이며, 그들을 최전선으로 내보내는 사람들은 이 점을 간과해서는 안 된다는 것을 말하고 싶습니다.

인문학의 원형

;

인문학 열풍이 불면서 중국 고전에 대한 관심도 높아졌습니다. 수많은 중국 고전 가운데 강좌나 책으로 가장 많이 다뤄지는 책은 다름아닌 『논어』입니다. 제가 가지고 있는 고서 더미에도 『논어』가 한 권 있습니다.

표제는 조금 뜯어졌지만 '논어論語 권지이卷之貳'로 보입니다. '권2'라

論語
□
之貳
二

卷

『논어』 표지

里仁

里仁第四

單 凡二十六章

子曰里仁爲美擇不處仁焉得知處上聲焉於虔反知去聲○里有仁厚之俗爲美擇里而不居於是焉則失其是非之本心而不得爲知矣○謝氏引孟子擇術擇里之語以明擇居不是說擇術○古人必就士又問今人數世居此土豈宜遷邪日古人危邦不入亂邦不居近而人皆爲盜賊吾豈可不知所避○勉齋黄氏日鄉居之道也薰陶漸習以成其德○滄洲豈細故哉夫子稱子賤而歎魯多君子

[논어, 여백에 메모를 한 흔적들이 남아 있다. 한문 원문을 한글로 풀이한 언해諺解다.]

는 뜻입니다. 표지를 넘겨보면 『논어』의 제3편 「팔일八佾」부터 시작됩니다. 제1편 「학이學而」와 제2편 「위정爲政」은 권1에 있겠지요. 이 책은 제5편 「공야장公冶長」까지 한 권으로 묶여 있는데, 『논어』 전체가 21편이니까 이렇게 2편 내지 3편씩 묶으면 넉넉잡아 7, 8권은 될 것입니다.

판본은 활자본을 복각한 목판본입니다. 썩 오래된 것 같지 않으니, 서지적 가치는 거의 없다고 봐도 무방할 것입니다. 그런데 서지적 가치가 높은 희귀한 책일수록 손댄 흔적이 별로 없이 깨끗하고, 흔해빠진 판본일수록 손때가 많이 묻어 있는 경향이 있습니다. 이 책도 그렇습니다.

이 책의 주인이 남긴 흔적을 자세히 들여다보면 책 주인은 그다지 높은 학식을 겸비한 사람이 아니었던 듯합니다. 비교적 쉬운 내용도 설명이 없으면 이해하지 못했던 모양입니다. 그러니까 이 책의 주인은 지금으로 치면 인문학 전공자가 아니라 일반인이었던 셈이지요. 하지만 확실한 것은 책을 아끼고 공부하려는 열정만은 대단했다는 사실입니다.

요즘 책이나 옛 책이나 가장 빨리 상하고 너덜어워지는 곳은 표지입니다. 요새는 표지에 코팅을 하지만 옛날에는 그런 것이 없으므로 두꺼운 종이를 몇 겹으로 덧댑니다. 이 책도 마찬가지입니다. 표지를 여러 차례 덧댄 흔적이 보이는데, 그조차 너덜너덜해졌습니다.

요즘 책에서 표지 다음으로 잘 상하는 부분은 '책등'이라고 하는 제본한 부분입니다. 시간이 지나거나 책을 자주 펼치다보면 제본한 부분의 접착력이 약해져 한두 장씩 떨어져나가지요. 하지만 옛 책은 풀로 제본하는 방식이 아니라 끈으로 묶는 방식을 따랐습니다. 상당히 단단히 묶기 때문에 옛 책의 책등은 좀처럼 상하지 않습니다.

八佾第三

凡二十六章　通前篇末論禮樂之事

孔子謂季氏八佾舞於庭是可忍也孰不可忍也

季氏魯大夫季孫氏也佾舞列也天子八諸侯六大夫四士二每佾人數如其佾數○程子曰八佾六十四人也魯季孫氏僭用之

○季氏魯大夫季孫氏○佾音逸○數去聲

『논어』 권3 「팔일편八佾篇」. 공자가 천자天子의 예악禮樂을 사용하는 계씨季氏를 비판하는 내용이다.

論語集註大全卷之四

里仁第四

凡二十六章

里仁為美擇不處仁焉得知 處上聲知去聲

○里有仁厚之俗為美擇里而不居於是焉則失其是非之本心而不得為知矣 朱子曰擇字因上句為文間此豈宜以擇里之言之謝氏引孟子擇術古人居必擇鄉遊必就士又問今人戴世居此土豈可不知所避○曰古人危邪不入亂邦不居近而言之若人皆為盜賊吾豈可不知所避○曰聖人本語只是擇居不是說擇鄉遊鄉遊之道也薰陶漸習以成其德間慍保愛此熊氏曰學而篤言親仁此言處仁後篤言以交輔薰陶言居是邦拔其善言人居養見聞之助薰陶

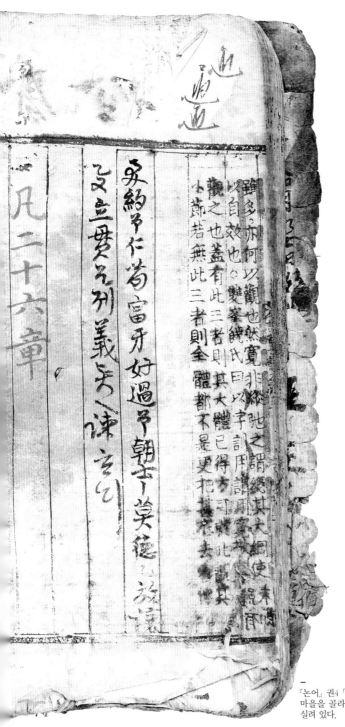

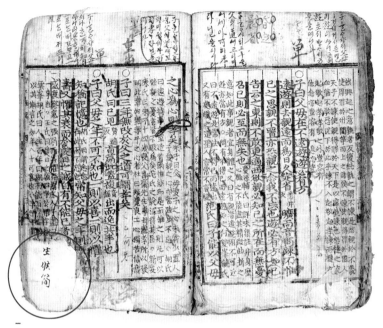

다 쓴 편지로 배접한 흔적이 보인다. 배접은 손상된 책에 종이를 덧대어 수리하는 것이다.

옛 책에서 잘 상하는 부분은 '책배'라고 부르는 책등의 반대편, 즉 손으로 넘기는 부분입니다. 옛 종이는 오늘날의 종이만큼 튼튼하지 않으니, 가장 손이 많이 닿는 부분이 가장 먼저 상하는 것은 당연합니다. 보통은 책배의 가장자리부터 상하기 시작하지요.

옛 책은 종이 한 장을 반으로 접어서 접은 쪽이 책배 쪽으로 오게 해서 만들었습니다. 따라서 책배가 상하면 앞면과 뒷면이 분리됩니다. 이렇게 되면 '배접褙接'을 해야 합니다. 배접이라는 것은 분리된 앞면과 뒷면 사이에 종이를 하나 넣어서 붙이는 것입니다. 도서관에 가보면 솜씨 좋은 기술자가 배접해놓은 옛 책이 많이 있습니다.

이 책의 주인은 책이 낡으니까 손수 배접한 모양입니다. 앞면과 뒷면

이 분리된 장에는 책배 쪽에 종이를 한 장 넣고 풀칠을 했습니다. 상당한 정성을 들여야 하는 일입니다. 흔해빠진 책이지만 주인에게는 소중한 것이었나봅니다.

그것만이 아닙니다. 이 책의 주인은 책을 소중히 여겼을 뿐만 아니라 열심히 읽기도 했습니다. 곳곳에 검은 줄, 붉은 줄이 쳐 있고, 자세히 보면 토를 달아놓았습니다. 상단에는 언해諺解까지 적어두었습니다. 어떻게든 이해해보려는 노력이었겠지요.

학교 다닐 적에 쓰던 문제집이나 참고서를 보면, 앞부분은 너덜너덜해도 뒷부분은 깨끗하기 마련입니다. 처음 먹은 마음이 끝까지 가기 어렵기 때문이지요. 이처럼 책 주인이 책에 남긴 흔적은 뒤로 갈수록 줄어들기 마련입니다. 그런데 이 책의 주인은 처음부터 끝까지 일관된 흔적을 남겼습니다. 필기해놓은 내용이 뒤로 가도 줄어들지 않습니다. 게다가 작은 글씨로 인쇄된 소주小註까지 다 읽은 모양입니다. 곳곳에 구두句讀를 뗀 흔적이 보입니다. 이렇게 꼼꼼히 『논어』 21편을 다 읽었다면, 그는 뭐가 되도 될 사람입니다. 책 주인과 대화를 나눠보고 싶은 생각이 간절합니다. 묻고 싶은 것도 많고, 듣고 싶은 이야기도 많습니다.

여기서 잠깐 퀴즈 하나 내겠습니다. 『논어』 『맹자』 등 상당수의 동양고전, 플라톤의 『대화편』을 비롯한 주요 서양 고전, 그 밖에 『성경』 『불경』 『쿠란』 『우파니샤드』 등은 우리가 인문 고전이라고 하는 대표적인 책들입니다. 이 책들의 공통점은 무엇일까요? 답은 문제 안에 있습니다.

정답은 '대화'입니다. 여기에 열거한 인문 고전들은 인류가 남긴 문헌 가운데 상당히 이른 시기의 것들이라고 할 수 있는데, 대화가 상당한 비중을 차지하고 있습니다. 이 점은 주목할 필요가 있습니다. 중요

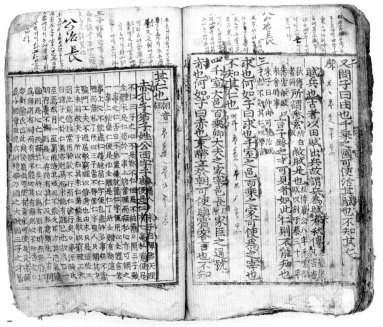
『논어』 본문. 상단에 언해를 빼곡히 적어두었다.

한 인물들이 주고받은 대화를 그대로 옮겨 적은 것이 경전이 되고 고
전이 되었다고 말할 수도 있겠지만, 그것이 지금까지도 생명력을 유지
하는 이유는 인문학의 가장 기본적인 형태가 대화이기 때문이라고 생
각합니다.

『논어』가 유독 인기 있는 이유 역시 대화이기 때문이 아닌가 합니
다. 아시다시피 『논어』는 공자와 제자의 대화로 이루어진 책입니다. 제
자들은 신변잡기적인 것부터 국가 운영의 원리에 이르기까지 스승에게
온갖 질문을 던집니다. 그들이 나누는 다양한 대화야말로 『논어』의 매
력이지요. 제가 앞서 책 주인과 대화를 나눠보고 싶다는 말을 했는데,
대화야말로 나와 상대방을 서로 이해하게 만드는 최고의 의사소통 수

단이기 때문입니다.

　사람들이 설교는 듣고 싶어하지 않지만, 대화는 하고 싶어합니다. 남의 말을 듣기만 할 때는 이야기가 조금만 길어져도 지루함을 느낍니다. 하지만 대화를 주고받으면 어느새 몇 시간째 수다를 떨고 있는 자신을 발견하지요. 대화는 궁금한 것을 물어볼 수 있고, 답변이 신통치 않으면 다시 물어볼 수도 있으며, 화제가 정 마음에 들지 않으면 바꿀 수도 있기 때문입니다.

　내가 대화에 참여하는 것도 좋지만 남들의 대화를 듣는 것도 흥미롭습니다. 비유하자면 운동 경기 같은 것입니다. 내가 선수로 뛰는 것도 재미있겠지만, 기량이 뛰어난 두 팀이 서로 밀고 당기는 경기를 보는 것도 흥미롭지요. 무슨 질문이 나올까, 어떻게 대답할까를 생각하며 대화를 듣다보면 시간 가는 줄 모릅니다.

　더 중요한 것은 설교를 들을 때는 상대방의 생각을 따라가기에 바빠서 내 스스로 생각할 틈이 없지만, 대화를 하면 나도 말을 해야 하니까 저절로 생각이 정리되는 효과를 얻게 된다는 점입니다. 설령 대화에 참여하지 못하더라도 상관없습니다. 질문과 답변을 듣다보면 일방적인 설교를 들을 때와는 비할 수 없을 정도로 많은 생각을 하게 됩니다. 게다가 대화라는 것은 모든 형태의 발화를 포함하므로 그때그때 적절한 이야기 방식을 선택할 수도 있습니다. 질문과 답변은 물론 아무에게도 들리지 않는 독백, 일방적인 연설, 추상적인 설명과 구체적인 묘사, 흥미진진한 서사, 이 모두가 대화에 포함됩니다.

　대화는 현장의 분위기를 그대로 전달합니다. 오랜 시간이 흘러도 그렇습니다. 대화로 이루어진 인문 고전을 읽으면 몇천 년이라는 시간을 뛰어넘어 그 사람들의 대화를 옆에서 듣고 있는 듯한 느낌이 들지요.

생생한 현장감이야말로 대화가 오랜 세월이 지나도록 생명력을 지니는 비결입니다. 그리고 그 묻고 답하는 대화야말로 인문학의 원형입니다.

대화가 필요한 이유

;

인문학 공부가 '무엇을 위해, 어떻게 살아야 하는가'를 생각하게 한다는 말은 틀리지 않습니다. 하지만 그런 식의 접근은 그런 고민을 하고 있는 사람에게는 절실하지만, 고민하지 않거나 할 겨를이 없는 사람에게는 공허합니다. 인문학은 도덕교과서가 아닙니다.

사람이 공부하는 이유는 써먹기 위해서입니다. 공부한 것을 당장 써먹는가, 오랜 뒤에 써먹는가의 차이가 있을 뿐입니다. 대학생들이 토익에 목을 매는 이유는 내일모레 외국에 나가서 써먹기 위함이 아닙니다. 당장은 쓸모없지만 몇 년 뒤 취업할 때 필요하기 때문이지요. 사람들은 바보가 아닙니다. 나중에라도 써먹을 수 있는 게 확실하다면, 그것을 공부할 것입니다. 인문학 역시 써먹을 수 있다는 것을 보여줘야 합니다.

> 학자는 때를 알아야 한다. 만약 때를 알지 못하면 학문을 한다고
> 말할 수 없다學者全要識時, 若不識時, 不足以言學.

정이천程伊川의 말입니다. 저는 여기서 '때'라는 것은 '현실'이라고 생각합니다. 학문이란 현실과 동떨어진 것이 아닙니다. 공부를 한다고 할 때 그 공부 대상은 과거의 것이며, 책에 쓰인 추상적인 것입니다. 책에

쓰인 과거의 것을 공부하는 이유는 이를 바탕으로 책에 쓰이지 않은 현재와 미래를 알기 위해서입니다. 공부를 해도 현재를 이해할 수 없고 미래를 예측할 수 없다면 그 공부는 할 필요가 없다고 봅니다.

앞서 인문학은 인간과 사회를 나름대로 설명하고 예측하려는 학문이라고 했습니다. 그런데 대학에서 인문학을 가르치는 사람들은 해당 분야에 대해 전문적인 지식을 쌓은 사람들입니다. 물론 그런 지식들이 모여 인문학적 통찰을 이루는 것이지만, 정작 가르치는 사람조차도 인간과 사회를 설명하고 예측하기는 쉽지 않습니다. 인문학을 가르치는 사람은 득도한 도사道士가 아닙니다. 학생과 똑같이 고민하고 방황하는 인생입니다.

이런 의미에서 인문학이란 정답이 없는 학문입니다. 배우는 사람은 물론이거니와 가르치는 사람도 답이 없습니다. 따라서 인문학 교육은 수평적인 관계에서 이루어져야 합니다. 가르치는 사람은 배우는 사람이 여러 각도에서 볼 수 있게 하고, 배우는 사람이 미처 생각하지 못한 점을 일깨워줄 뿐입니다. 인문학 강의에서 끊임없이 묻고 답하는 대화가 필요한 이유입니다.

13장

유토피아를 찾아서

―『서전대전書傳大全』

유토피아와 대동사회

;

유토피아Utopia라는 말이 있습니다. 16세기 영국 사람 토머스 모어 Thomas More(1478~1535)가 쓴 소설의 제목입니다. '이 세상에는 없는 곳' 이라는 그리스어에서 나온 뜻이라는데, 말 그대로 세상 어느 곳에도 존재하지 않는 이상향을 배경으로 삼은 이야기입니다.

유토피아, 즉 이상향이라고 하면 아무 일도 안 하면서 놀고먹는 곳 이라 생각하기 쉽습니다. 하지만 그건 오해입니다. 유사 이래로 수많은 정치가와 사상가가 이상사회를 꿈꾸었건만, 어느 누구도 놀고먹는 사 회를 이상사회라고 한 적은 없습니다.

그럴 수밖에 없는 것이, 이상사회도 어디까지나 하나의 '사회'이기 때 문입니다. 사회가 제 기능을 하려면 구성원의 노동이 필수적입니다. 어 떤 사람은 힘들게 일하는데 어떤 사람은 놀고먹는다면, 그건 이상사회 가 아닙니다. 또 사회란 여러 사람이 살아가는 곳입니다. 여럿이 질서 를 유지하며 평화롭게 살려면 개인의 자유와 욕망은 어느 정도 억제될 수밖에 없습니다.

산해진미를 먹고 고대광실에 살며 삼천궁녀를 거느리는 세상은 이 상사회가 아닙니다. 이상사회는 혼자만의 행복을 위한 천국이 아니라 여러 사람의 행복을 아울러 지향하는 사회이기 때문입니다. 이상사회 에서 권력과 자본은 구성원 모두에게 공평하게 분배됩니다. 따라서 사 유재산을 금지하고 공동 소유를 강조합니다. 이상사회에 사회주의적인 색채가 짙을 수밖에 없는 이유입니다.

토머스 모어가 상상한 유토피아의 모습을 자세히 보겠습니다. 우선 권력을 갖는 임금과 관리는 모두 선거로 선출합니다. 독재와 세습을 방지하기 위해서인데, 당시로서는 상당히 진보적인 생각입니다. 군대가 없으니 군사쿠데타가 일어날 일도 없습니다. 나라를 지키는 임무는 용병에게 맡깁니다.

모든 사람은 하루에 여섯 시간씩 일합니다. 하루 종일 놀고먹기를 기대했다면 유감이지만, 현실에서는 1일 여덟 시간 근무를 확실히 보장해주는 것만도 감지덕지이니, 여섯 시간이라면 참으로 고맙지요.

유토피아에서는 화폐가 통용되지 않습니다. 재화가 축적되지 않으니, 더 많은 돈을 벌려고 아등바등할 까닭이 없습니다. 사회 구성원의 의식주도 모두 똑같습니다. 똑같은 옷을 입고, 똑같은 음식을 먹으며, 똑같은 집에 삽니다. 좋은 옷인지 맛있는 음식인지 큰 집인지는 중요하지 않습니다. 불행은 불평등에서 비롯되는 것이니까요. 아마도 토머스 모어는 당시 사회 문제가 권력 세습과 빈부 격차에서 비롯된다고 여겼던 듯합니다.

동아시아 사람들도 유토피아를 꿈꾸었습니다. 『예기禮記』 「예운禮運」 편에 나오는 '대동大同'사회가 그것입니다. 어떤 사회인지 한번 보겠습니다.

대도大道가 시행되는 세상은 천하를 만인이 공유한다. 현명하고 능력 있는 사람을 뽑아 관직을 맡겨 신뢰와 화목을 다진다. 사람들은 자기 부모만을 부모로 섬기지 않고, 자기 자식만을 자식으로 여기지 않는다.

여기에도 공유라는 말이 나옵니다. 토머스 모어의 유토피아와 마찬가지로, 대동사회 역시 이 세상은 몇몇 사람의 소유가 아니라 모든 사람의 소유임을 전제하고 있습니다. 따라서 권력은 혈통이 고귀한 사람이나 힘센 사람에게 주어지는 것이 아니라 현명하고 능력 있는 사람에게 주어진다고 했습니다.

대동사회의 구성원들은 가족제도를 근간으로 구성원 모두를 사랑합니다. 유교 윤리는 모두 가족에서부터 출발합니다. 그런데 이 가족제도라는 것이 어찌 보면 악의 온상입니다. 권력과 부를 세습하는 이유도 따지고 보면 가족이기주의 때문입니다. 그래서 일부 과격론자들은 가족을 해체하는 것이야말로 유토피아의 필수 요건이라고 보기도 하죠.

토머스 모어는 가족을 해체하는 데까지 나아가지는 않았습니다. 이로 인해 과격론자들의 비판을 받기도 했는데, 아마도 모어는 가족의 해체가 현실적으로 불가능하다고 생각했던 것 같습니다. 가족제도는 유교 윤리의 근간이므로 대동사회에서도 가족의 해체는 현실성이 없습니다. 다만 이 가족제도를 확장하여 사회 구성원들을 포용하는 것이 이상사회로 가는 길이라고 생각했던 듯합니다.

> 노인들은 편안히 여생을 보낼 곳이 있으며, 장성한 사람들에게는 일자리가 있고, 어린이에게는 모두 제대로 성장할 여건이 갖추어져 있다. 홀아비, 과부, 고아, 독거노인, 폐인, 질병에 걸린 사람들은 모두 보호와 양육을 받는다. 남자는 모두 자기 직분이 있고 여자는 모두 자기 가정이 있다.

대동사회는 구성원들에게 각자의 나이와 성별에 따른 최고의 대우를 합니다. 노인에게는 노후를 보장해주고, 한창 일할 나이의 사람들에게는 일자리가 주어지며, 어린아이들에게는 보육 여건이 갖추어져 있습니다. 뿐만 아니라 사회적 약자들은 모두 보호를 받습니다. 지금의 관념으로는 노인이나 여성, 사회적 약자에게도 일자리가 주어져야겠지만, 당시에는 이런 사람들이 일하러 나가면 그건 이상사회가 아니라 노동력을 착취하는 사회였습니다. 이상사회는 결코 시대적 통념을 거스를 수 없습니다.

> 재화가 땅에 버려지는 것은 싫어하지만 반드시 자기만 독점하려 하지 않으며, 힘이 자기로부터 나오지 않음을 부끄럽게 여기지만 자기만을 위해 힘을 사용하지 않는다. 음모와 도적질과 전쟁 따위가 일어날 염려가 없으므로 대문을 잠그지 않는다. 이러한 사회를 대동사회라고 한다.

대동사회의 사람들은 재화가 버려지는 것을 싫어합니다. 다시 말해 돈을 싫어하지는 않습니다. 돈을 싫어하면 경제활동을 하지 않을 테고 그러면 사회가 돌아가지 않게 되죠. 그래서 돈을 좋아하긴 하는데, 독점하려 하지는 않습니다. 욕망을 긍정하면서도 지나친 소유욕을 경계하는 것입니다.

대동사회의 사람들은 힘이 없는 것을 부끄러워합니다. 다시 말해 권력을 추구하려는 욕구는 인정한다는 것입니다. 그렇지만 정당한 방법으로 얻고, 자기만을 위해 사용하지는 않습니다. 그러니 음모나 도둑질 혹은 전쟁 같은 것이 없습니다. 이것이 바로 유교가 생각하는 이상사회입니다.

대동사회에 대한 꿈은 매우 오래된 것입니다. 현대 국가가 복지사회를 꿈꾸듯, 역대 중국의 모든 왕조는 대동사회를 꿈꾸었습니다. 이번에 소개할 책은 대동사회에 가까웠다고 일컬어지는 하夏·상商·주周 세 왕조의 태평성대에 관한 기록입니다.

짝맞추기

;

무슨 물건이든 새것이 좋기는 합니다. 하지만 주머니 사정이 여의치 않으면 중고를 구입하기도 하지요. 책도 마찬가지입니다. 얼마 전까지만 해도 중고책을 구하려면 직접 헌책방을 찾아가야 했습니다. 일부 헌책방 마니아들은 전국 각지에 흩어져 있는 헌책방에서 원하는 책을 찾아내기도 했지만, 평범한 사람들은 헌책방 출입이 드물고, 그곳에서 원하는 책을 찾기란 쉬운 일이 아니었습니다.

하지만 이제는 전국 각지의 헌책방에 있는 책을 인터넷으로 손쉽게 검색하고 주문할 수 있습니다. 그리고 이제는 대형 인터넷 서점에서도 중고서적을 취급합니다. 최근에는 유통망과 자본력을 바탕으로 중고 서적 전문 오프라인 매장까지 열었던데, 좋은 점만 있는 것은 아니지만 과거에 비해 손쉽게 헌책을 구할 수 있게 된 점만큼은 분명 장점입니다.

그런데 여러 권으로 이루어진 책을 헌책으로 구하려면 복잡해질 수도 있습니다. 예컨대 10권짜리 『삼국지』를 중고로 구입한다고 해보지요. 1권부터 10권까지 한 권도 빠짐없는 전질을 갖춘 곳이 있다면 다행이지만, 전질이 10권쯤 되는 책을 헌책방에서 찾아보면 한두 권이 없는 경우가 더러 있습니다.

한두 권만 없으면 그나마 다행입니다. 그것만 구하면 되니까요. 거꾸

－
『서전』
총 10권 중 6권만 남아 있다. 이 중 두 권은 같은 책이다. 짝맞추기로 전질을 완성하기란 어려운 법이다.

로 10권 가운데 한두 권만 남아 있는 경우도 드물지 않습니다. 사정이 이렇다면 여기저기서 나머지 권을 구해 10권을 채워야겠지요. 보기에 따라서는 성가신 일입니다. 헌책방 마니아들은 이렇게 여러 권으로 된 책을 이곳저곳에서 한두 권씩 구해 전질을 만드는 것을 '짝맞추기'라고 합니다.

헌책방 마니아들은 짝맞추기를 '헌책방 순례의 꽃'이라고 하며 전질을 완성하는 과정을 즐기기도 한답니다. 심지어 전질이 100권쯤 되는 세계문학전집이나 학술총서도 짝맞추기로 완성한 사람이 있다고 하니, 열정과 노력이 대단하다고 하지 않을 수 없습니다.

저도 짝맞추기로 전질을 완성해보겠습니다. 제가 가지고 있는 고서 더미에 『서전대전書傳大全』이 여섯 권이나 됩니다. 조선시대에 『서전대전』은 보통 10권으로 간행되었으니, 여섯 권이면 벌써 절반은 채운 겁니다. 짝맞추기가 가능한지 살펴보겠습니다.

먼저 권1이 한 권 있습니다. 권2도 있습니다. 출발이 좋습니다. 그런데 다음은 권5입니다. 권3과 권4도 구해야겠군요. 다음은 권6입니다. 이어지는 게 있으니 다행입니다. 다음은 권8입니다. 권7도 구해야겠군요. 갑자기 짝맞추기가 귀찮아집니다. 그런데 그다음은 또 권8입니다. 권8이 두 권이나 있습니다.

이것이 바로 짝맞추기가 어려운 이유입니다. 아직 갖고 있지 않은 권은 찾아도 없고, 이미 갖고 있는 권은 또 눈에 띄는 것이지요. 책을 모으다보면 이렇게 같은 책이 중복되는 경우는 흔합니다. 제가 갖고 있는 『서전대전』은 권1, 권2, 권5, 권6이 각각 한 권씩, 그리고 권8이 두 권입니다. 같은 권은 쓸모가 없으니 결국 10권 중 5권만 갖춘 꼴이로군요. 짝맞추기는 실패입니다.

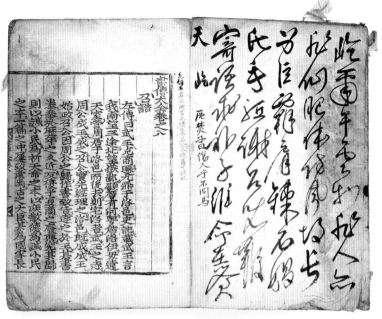

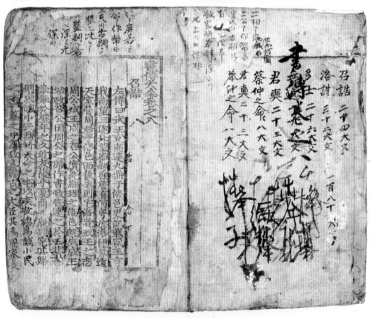

『서전대전』 권8이 두 책 있다. 위 책 여백에는 시詩, 아래 책 여백에는 목차를 써놓았다.

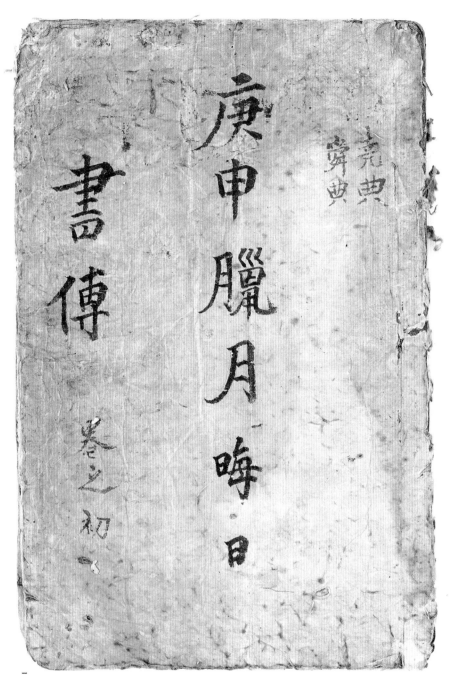

庚申臘月晦日

書傳

卷之初

堯典
舜典

「서전대전」 권1 표지. 경신년 12월 그믐날 표지를 장정했다고 되어 있다.

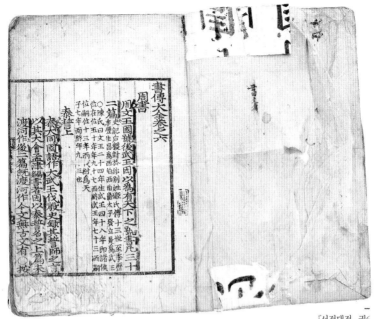

『서전대전』권6
주나라의 역사를 서술한 주서周書다.

판형은 모두 같습니다. 목판본인데 글씨가 그다지 깔끔하지 않은 걸로 봐서 방각본인 듯합니다. 가난한 선비들을 위한 책이지요. 책을 보호하기 위해 종이를 덧대어 표지를 두껍게 만들었습니다. 이걸 배접褙接이라고 하는데, 대개는 더 이상 필요 없는 고문서나 책에서 나온 폐지를 활용합니다. 여기도 고문서 한 장이 배접되어 있습니다. 순치順治 14년(1657) 어느 고을의 현감이 관찰사에게 보낸 문서입니다. 『의학정전醫學正傳』과 『농가집책農家集冊』을 인출하고 장정하는 데 필요하니 두꺼운 백지 아홉 두루마리만 보내달라는 내용입니다. 책 속에 또 책 이야기가 있으니 이래서 고서는 흥미롭습니다. 어디 책을 한 권씩 펼쳐보겠습니다.

卽學正傳農家集冊等亦出難瀨厚日
玖卷黃臺叁

右 無巡察

右 煇

縣嬈抱給頃呈煇呈雍

使 飛

飛

順隆十四年二月二十四日行縣監全

『서전대전』 표지 안쪽에 배접된 문서. 책을 간행하려고
하니 종이를 보내달라는 내용이다.

書傳大全卷之三

二十一　大文大禹謨

謨也林氏曰虞史既述二典其所載有未備

者又叙其君臣之閒整言善政遂以為大禹

皐陶謨蓋稷三篇以備二典之未備者今文

無古文有。

聖書經恨去好人
李中女有驗

먼저 권2입니다. 표지 안쪽에 소장자가 써놓은 글이 있습니다.

아내를 얻는 데 중매가 없다고 한탄하지 마라　　　娶妻莫恨無媒人
책 속에 옥 같은 용모의 여인이 있으니　　　　　　書中女有顔如玉

『고문진보古文眞寶』에 실려 있는 「권학가勸學歌」의 한 구절입니다. 책
속에 아리따운 여인이 있으니 신붓감을 소개해줄 중매쟁이가 없다고
한탄하지 말라는 내용입니다. 만화나 애니메이션의 여주인공을 실제
애인처럼 여기며 같이 밥도 먹고 놀이공원도 간다는 '오타쿠'를 떠올리
게 하는 말입니다. 하지만 원래는 그런 뜻이 아니고, 열심히 책을 읽고

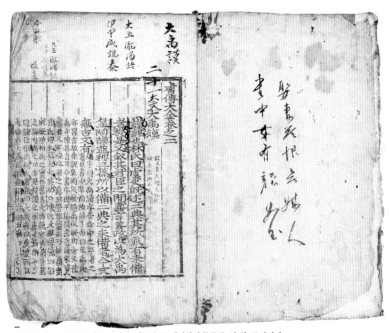

『서전대전』 표지 안쪽에 소장자가 써놓은 글. 「권학가勸學歌」의 한 구절이다.

과거에 급제하면 저절로 미인과 결혼할 수 있을 것이라는 감언이설입니다.

마지막 장에는 '무술년 천촌 박구남 독이戊戌年泉村朴龜南讀耳'라고 되어 있습니다. 무술년에 천촌 사는 박구남이 읽었다는 뜻입니다. 위에 언급한 「권학가」의 내용으로 추측건대, 이 책은 장가도 못 간 불쌍한 박구남 씨 것이었던 모양입니다. 성취동기가 분명해서 그랬는지는 몰라도 박구남 씨는 『서전대전』을 제법 열심히 읽은 모양입니다. 곳곳에 현토와 언해諺解를 적어두었습니다. 하긴 『서전대전』은 현토와 언해가 없으면 읽기 힘든 책입니다.

권5는 비교적 깨끗합니다. 열의가 시들해진 모양입니다. 그렇지만 권6에 들어오면서 정신을 차린 모양입니다. 다시 언해를 꼼꼼히 적기 시작했습니다. 책 말미에는 이런 말도 적어두었습니다. "일일부독서一日不讀書, 구중생형극口中生荊棘", 하루라도 책을 읽지 않으면 입에 가시가 돋는다는 말이지요. 또 "우 임금처럼 촌각의 시간도 아까워하며 공자처럼 위편삼절韋編三絕하도록 노력한다惜大禹之寸陰, 慕孔子之三絕"라는 말도 있습니다. 공부하겠다는 의지를 다지는 모습입니다. 과연 박구남 씨가 과거에 급제해서 예쁜 아내에게 장가들었는지는 상상에 맡기겠습니다.

이상사회의 기록

;

장가도 못 간 불쌍한 박구남 씨가 가지고 있었던 『서전대전』은 『서경書經』의 해설서입니다. 『서경』은 오경五經의 하나로 널리 알려진 책입니다. 『서경』의 내용은 당시 사관史官들의 기록에서 나온 것이라고 하는데, 그래서인지 당시 임금과 신하들이 주고받은 이야기가 바로 옆에서 받아 적은 것처럼 생생하게 기록되어 있습니다. 『서경』의 내용 중에는 후대에 지어낸 게 분명한 부분도 있으므로 예로부터 진위 논란이 끊이지 않았습니다. 하지만 『시경』과 함께 중국에서 가장 오래된 문헌에 속하는 것만은 분명합니다.

『서경』은 크게 네 부분으로 나뉩니다. 태평성대로 알려진 요 임금과 순 임금 시대의 기록인 「우서虞書」, 순 임금의 뒤를 이어 즉위한 우 임금이 세운 하夏나라 시대의 기록인 「하서夏書」, 하나라를 대신한 상商나라 시대의 기록인 「상서商書」, 그리고 상나라를 멸망시키고 중국을 지배한 주周나라 시대의 기록인 「주서周書」입니다.

시대 순으로 짜인 『서경』의 구성은 흡사 역사책 같지만, 사실 역사책이라기보다는 공문서 모음집에 가깝습니다. 지금도 국가적으로 중요한 사건이 일어나면 담화문이라든가 성명문을 발표합니다. 또는 각료회의에서 오간 이야기가 신문이나 TV를 통해 전해지기도 합니다. 『서경』은 바로 이런 기록들을 모은 것입니다. 이 기록들은 역사적으로 중요한 의미가 있지만, 이것 자체로 역사책이 되는 것은 아닙니다. 어디까지나 사료에 불과하지요. 『서경』이 역사책이 아니라 공문서 모음집이라고 한 이유는 이 때문입니다.

『서경』의 기록이 개국 초기의 사건은 비교적 자세하게 서술한 데 비해 그 이후의 역사는 소략하게 한 것도 이와 관련이 있습니다. 그럴 수밖에 없는 것이, 국가에서 가장 중요한 것들은 대개 개국 초기에 정해지기 때문입니다. 마치 근대 국가의 건국 초기에 제정된 헌법이 이후 국가 통치의 근본 원리로 기능하는 것과 마찬가지입니다. 전근대 국가에서는 선왕先王의 유훈遺訓이 헌법과 같은 위상을 차지합니다.

『서경』은 하·상·주 3대의 헌법이자 이후 중국을 비롯한 동아시아의 정치 규범입니다. 이 책이 다루는 시대는 중국의 이상사회로 일컬어지는 때입니다. 애초에 그럴 목적으로 만든 것은 아니지만, 『서경』에 실려 있는 성군聖君들의 언행과 업적은 자연히 유교 국가의 정치 규범으로 자리잡았습니다.

『서경』의 문장은 매우 난해하여 읽기가 어렵습니다. 그렇지만 이 책에 실려 있는 이야기들은 동양 고전을 읽고자 하는 사람이라면 당연히 알아야 하는 배경 지식입니다. 간단히 요약해보겠습니다.

먼저 요와 순의 이야기가 실려 있는 「우서」입니다. 두 사람의 주요 업적과 왕위 계승 과정 등을 서술했습니다. 요는 문명의 개창자로서 역법曆法을 제정하고 자연재해를 막기 위해 치수治水사업을 벌였습니다. 한편 요는 천하의 현인을 찾아 자신의 후계자로 삼고자 했습니다. 누군가 순을 추천했습니다. 요는 순에게 정치를 맡겨 그의 능력을 보고, 자신의 두 딸을 시집보내 그의 덕성을 살폈습니다. 후계자로 삼을 만한 인물인지 신중히 판단하고자 했던 것입니다. 결국 순은 요의 뒤를 이어 왕위에 오릅니다.

왕위에 오른 순은 사흉四凶을 제거하고 법질서를 확립했습니다. 이상적인 왕도정치의 개념을 완성한 것도 이 시기의 일입니다. 순은 분야별로 능력 있는 인재를 임용해 통치를 위임했습니다. 그중 한 사람이 우입니다. 순은 우에게 왕위를 물려줍니다. 결국 요·순·우 세 사람은 아무런 혈연관계도 없이 오직 도덕과 능력에 따라 왕위를 계승했던 것입니다. 이렇게 권력이 세습되지 않는다는 점이 이상사회의 첫 번째 요건입니다.

「하서」는 우가 세운 하나라에 대한 기록입니다. 우는 천하를 구주九

州로 나누어 지역별 특성을 고려한 정치를 펼쳤습니다. 그는 왕위에 올라서도 발로 뛰면서 직접 백성의 삶을 돌보다가 결국 길에서 세상을 떠나고 말았습니다. 그런데 우가 생전에 후계자를 지명하지 않았던 탓에 왕위는 우의 아들 계啓에게 넘어갔습니다.

여기서 논란의 소지가 생깁니다. 순은 아무 혈연관계가 없는 요에게 왕위를 넘겨받았고, 우 역시 마찬가지입니다. 오직 도덕과 능력을 인정받아 왕위에 올랐던 것입니다. 그런데 갑자기 왕위가 세습되었으니 논란이 없을 수 없겠지요. 그래서 유호씨有扈氏라는 제후가 이를 문제 삼아 반란을 일으킨 적도 있습니다. 권력 세습으로 이상사회는 막을 내리게 된 것일까요? 맹자는 이렇게 주장합니다. 우연히 계가 우의 아들이었을 뿐 계는 왕위를 계승하기에 전혀 부족함이 없는 현자였다는 것입니다. 어쨌든 이를 계기로 하나라 400년간 왕위는 계속해서 세습되었습니다.

「상서」는 상나라의 시조 탕湯이 하나라 마지막 왕 걸桀을 정벌하는 내용으로 시작합니다. 탕은 본디 하나라의 제후였습니다. 걸이 아무리 폭군이라지만 신하로서 임금을 정벌한다는 비난은 피하기 어려웠습니다. 그래서 탕은 담화문을 발표하여 정벌의 정당성을 주장합니다. 이것이 『서경』에 그대로 실려 있는데, 이때 내세운 논리가 천명天命입니다. 통치자가 폭정을 자행하면 하늘은 자연재해를 내려 경고하고, 그래도 듣지 않으면 다른 사람에게 통치자의 지위를 넘깁니다. 이것이 천명입니다. 걸이 폭정을 자행하여 천명이 하나라를 떠나 상나라로 왔다는 것이 탕의 논리입니다.

그런데 천명의 논리는 통치자에게 딜레마로 작용합니다. 권력을 획득할 때는 이 논리가 필요하지만, 일단 획득한 다음에는 이 논리가 가장 큰 위협이 됩니다. 그래서 탕은 후손들에게 천명이 떠나지 않도록 통치자로서의 책무를 다하라고 당부했습니다.

「주서」는 탕으로부터 600여 년의 세월이 흐른 뒤의 이야기입니다. 상나라의 제후국 중 하나인 주나라의 임금 고공단보古公亶父에게는 세 아들이 있었습니다. 원칙대로라면 장남에게 왕위를 물려줘야겠지만, 가만 보니 셋째 계력季歷의 아들 창昌이 비범한 인물이었습니다. 창에게 왕위를 넘겨주기 위해서는 우선 계력에게 넘겨주어야 합니다. 부친의 뜻을 짐작한 첫째 태백泰伯과 둘째 중옹仲雍은 외국으로 떠나 다시는 돌아오지 않았습니다. 결국 계력을 거쳐 창이 왕위에 오릅니다. 그가 바로 문왕文王입니다.

문왕의 세력은 갈수록 강성해져 상나라의 3분의 2를 차지합니다. 하지만 여전히 제후국으로서 공손히 상나라를 섬겼습니다. 그러다가 상나라 주왕紂王의 폭정이 심해지자 문왕의 뒤를 이어 왕위에 오른 무왕武王은 거사를 일으킵니다.

상서와 마찬가지로 「주서」도 역성혁명의 당위성을 주장하는 내용으로 시작됩니다. 주왕은 충신을 죽이고 백성을 학대했으며, 달기妲己라는 여인의 말만 듣고 통치자의 책무를 방기했다는 것입니다. 결국 무왕은 제후들의 지지를 받아 주왕을 제거하고 천자天子의 자리에 올랐습니다. 공자가 흠모해 마지않았던 주나라의 천하 통치가 시작된 것입니다. 이밖에도 무왕의 뒤를 이어 즉위한 성왕成王과 섭정 주공周公의 이야기도 주서에서 상당한 비중을 차지합니다. 이상이 『서경』의 대략적인 내용입니다.

『서경』에 묘사된 하·은·주 삼대의 모습이 과연 얼마나 진실에 가까운지는 알 수 없습니다. 맹자도 "『서경』을 다 믿을 바에는 차라리 『서경』이 없는 것이 낫다盡信書, 不如無書"고 했지요. 그렇지만 옛사람들은 삼대를 한때 실존했던 이상사회로 여기며 현실에서 재현하고자 했습니다. 심지어 맹자조차 그랬지요. 군주를 요순과 같은 성군으로 만들고, 백성을 요순의 백성처럼 행복한 백성으로 만들겠다는 '치군택민致君澤民'은 과거 모든 지식인의 꿈이었습니다. 하·은·주 삼대는 동아시아에서 변함없는 이상사회의 모델이었습니다.

설령 『서경』의 내용을 있는 그대로 믿는다 하더라도, 과연 하·은·주 삼대를 이상사회라고 할 수 있을지 의문이 들 수도 있습니다. 삼대는 치수사업이 위대한 업적으로 간주될 정도로 자연재해가 심각했고, 반역과 혁명이 수시로 일어나는 혼란한 시대였습니다. 성군이 나타나면 오래지 않아 폭군이 등장하고, 현신賢臣이 피땀 흘려 쌓은 업적은 곧 간신奸臣에 의해 허무하게 무너졌습니다. 이렇게 요동치는 세상을 살아가는 백성이 얼마나 고초를 겪었을지는 안 봐도 뻔합니다. 실제로 『서경』은 재해와 기근, 학정과 전쟁으로 신음하는 백성의 모습을 가감 없이 보여주고 있습니다. 그런데 옛사람들은 어째서 삼대를 이상사회라고 여겼던 것일까요?

하·은·주 삼대가 이상사회라는 관념은 『서경』의 중간 중간 반짝 등장하는 평화로운 시기를 가리키는 것일 수도 있습니다. 잠깐이긴 하지만 성군과 현신의 통치 아래 백성이 행복을 누리는 시기가 존재하기는 합니다. 하지만 그런 시절은 짧은 꿈처럼 금방 지나가고, 사회는 다시 혼돈의 소용돌이 속으로 빠져듭니다.

이상사회는 완전한 사회입니다. 그렇지만 인간은 불완전합니다. 불완전한 인간이 완전한 사회를 만들 수는 없습니다. 결국 이상사회는 꿈에 불과합니다. 그렇다면 하·은·주 삼대가 이상사회로 여겨지는 이유는 그 시대가 완벽한 사회였기 때문이 아니라 이상사회의 꿈을 잃지 않은 시대였기 때문일지도 모르겠습니다. 삼대의 역사는 아무런 희망도 미래도 찾기 힘든 상황에서 그 짧은 꿈같은 시절로 회귀하기를 간절히 바라는 사람들의 의지와 노력으로 일궈졌습니다. 이상사회를 향한 비현실적인 꿈을 꾸는 사람들이 존재하는 사회, 그것이 현실적인 이상사회의 모습이 아닐까요.

인문학과 이상사회

;

다시 유토피아 이야기로 돌아가보겠습니다. 유토피아 사람들은 의식주를 걱정하지 않습니다. 유토피아는 인간의 생존에 필요한 것을 빠짐없이 갖추고 있습니다. 그 대신 불필요한 것은 하나도 존재하지 않습니다. 그곳 사람들은 음주나 도박 같은 향락에는 관심이 없습니다. 어찌 보면 참 재미없는 사회입니다.

유토피아 사람들은 남아도는 여가 시간을 지적 교양을 쌓는 데 투자한다고 합니다. 유토피아에서는 문학, 역사, 철학 등을 주제로 다양한 공개강의가 열리므로, 각자 취향에 따라 강의를 골라 들을 수 있다고 합니다. 그런데 이건 뭔가 이상합니다. 완전한 사회에서 문학, 역사, 철학 같은 인문학을 공부하는 게 무슨 의미가 있을까요?

어렵고 복잡한 지적 놀이로 시간을 보내는 것을 나쁘다고 할 수는 없습니다. 그렇지만 인문학의 본질은 지적 놀이가 아닙니다. 인문학은 부조리한 현실을 직시하고 그 원인을 탐색하며, 더 나은 삶과 사회를 모색하기 위해 필요한 것입니다. 유토피아처럼 완전한 사회에는 인문학이 필요치 않습니다. 더 나빠질 것도, 더 나아질 것도 없는 사회에서 인간의 삶과 사회 현실에 대한 고민이 무슨 소용이 있겠습니까? 저도 유토피아에 태어났더라면 인문학 따위 공부하지 않았을 텐데, 이렇게 불완전한 세상에 태어나는 바람에 답이 보이지 않는 문제를 놓고 고민하고 있는 것입니다.

그렇지만 불완전한 세상에 태어난 것을 꼭 불행이라고 하기는 어렵습니다. 유토피아든 대동사회든, 이상사회가 개인에게 허락하는 선택의 폭은 지극히 좁은 편입니다. 나이와 성별에 따라 사회적 역할이 정해져 있고, 모두가 그 역할에 충실하게 살아갑니다. 실업이 없는 대신 직업 선택의 자유도 없으니, 앞으로 무슨 일을 하며 살아야 할지 고민할 필요가 없고, 하는 일이 적성에 맞지 않는다고 갈등할 필요도 없습니다.

유토피아와 대동사회는 시행착오와 낭비가 없는 완벽한 사회입니다. 하지만 그 완벽한 사회의 구성원은 자아도 개성도 없는 부속품에 불과한 존재입니다. 이렇게 보면 유토피아와 대동사회는 불행이 없는 사회라고 할 수 있을지는 몰라도 행복한 사회라고 하기는 어렵습니다. 어쩌면 우리는 오랫동안 수많은 사람이 꿈꿔왔던 이상사회보다 지금의 불완전한 세상에서 행복을 찾는 것이 나을지도 모르겠습니다.

14장

인간의 조건

―『의학입문醫學入門』

시계추

;

머리가 아프고 속이 답답해서 병원을 찾았습니다. 웬만해서는 병원에 가지 않지만, 일에 방해가 될 정도로 심해지니 어쩔 수 없습니다. 그러고 보니 요즘 들어 부쩍 피로가 느껴지는 것도 같습니다. 의사가 이것저것 검사를 해보더니 일주일 뒤에 다시 오라고 합니다. 뭐 별것 아니겠지 하면서도 혹시 심각한 병에 걸린 게 아닌가 하는 걱정이 뭉게뭉게 피어오릅니다.

가만 생각해보면 심각한 병에 걸렸다 해도 이상할 게 없습니다. 한때 술 담배도 실컷 했고, 짜고 기름진 음식만 좋아하는 데다 운동이라고는 숨쉬기 운동밖에 하지 않습니다. 게다가 늦게 자고 늦게 일어나는 부엉이 생활이 한두 해도 아니고 20년 가까이 되었으니, 건강이 나빠졌다 해도 할 말이 없습니다.

집으로 돌아와 일찌감치 자리에 눕습니다. 할 일이 많이 남아 있지만 오늘은 그만하기로 합니다. 아프면 자는 게 최고지요. 깜빡 잠이 드는가 싶더니 저는 어느새 병원 진료실에 앉아 있습니다. 의사가 말합니다.

"왜 이렇게 늦게 오셨어요? 말기암입니다."

가슴이 철렁합니다. 보험도 안 들어놨는데 어쩌지 하는데 깜깜한 천장이 눈에 들어옵니다. 꿈입니다. 잠에서 깨어나긴 했지만 여전히 비몽사몽입니다. 아직 꿈과 현실이 구분되지 않습니다. 놀란 마음이 진정되지 않아 집 안을 이리저리 배회하다가 안방으로 들어갑니다. 집사람과 아이가 널브러져 자고 있습니다. 그 모습을 물끄러미 보고 있노라니 '나 죽으면 저것들은 어쩌나' 하는 생각에 만감이 교차합니다.

그러다가 점차 정신이 또렷해지면서 판단력이 제자리를 찾습니다.

미래를 알려주는 예지몽像知夢 따위는 존재하지 않습니다. 꿈이라는 것은 나의 생각과 경험이 만들어내는 것입니다. 걱정이 지나친 나머지 이런 꿈을 꾸었나봅니다. 꿈이 현실로 나타날 가능성은 거의 없겠지만, 그래도 이제는 건강에 신경을 써야겠습니다. 술 담배도 끊고 음식도 조절하고 운동도 하겠다고 다짐합니다.

일주일 뒤, 다시 병원을 찾습니다. 아무 이상이 없답니다. 과로로 인한 일시적 증상 같다는 것이 의사의 소견입니다. 그러고 보니 며칠 동안 아프다는 핑계로 게으름 피우는 사이에 머리 아프고 속이 답답한 증상은 깨끗이 사라졌습니다. 가슴을 쓸어내리며 안도의 숨을 내쉽니다.

꿈에 대한 기억이 희미해지면서 건강에 주의하겠다는 다짐은 며칠 못 가 흐지부지해집니다. 술 담배는 여전히 끊지 못하고, 짜고 기름진 음식은 여전히 맛이 있고, 운동이라곤 하지 않습니다. 올빼미 생활도 그대로입니다. 진짜 시한부 선고라도 받는다면 모를까, 그 전까지는 이런 습관이 고쳐지지 않을 것 같습니다.

오 헨리O. Henry, 1862~1910 단편소설에 「시계추The Pendulum」라는 작품이 있습니다. 주인공 존 퍼킨스는 저녁 8시 15분만 되면 친구들과 당구를 치러 집을 나섭니다. 아내는 그게 항상 불만이었지만 퍼킨스는 아랑곳하지 않습니다.

그러던 어느 날, 퍼킨스가 퇴근하고 집에 와보니 아내는 편지 한 장만 달랑 남겨놓고 사라졌습니다. 어머니가 위독해서 급히 친정에 간다는 내용이었습니다. 몇 시간 동안 아내의 빈자리를 절실히 느낀 퍼킨스는 지난날을 반성하며 다시는 아내를 홀로 두지 않겠다고 다짐합니다.

그때 갑자기 아내가 문을 열고 들어옵니다. 다행히 어머니의 상태가 그리 나쁘지 않아서 돌아왔다고 합니다. 반가운 마음도 잠시뿐, 8시 15분이 되자 퍼킨스는 다시 당구를 치러 집을 나섭니다.

'시계추'라는 이 소설의 제목은 언제나 제자리로 돌아오는 시계추처럼 일상의 습관에서 쉽사리 바꾸지 못하는 인간의 속성을 비유한 것이겠지요. 습관을 벗어나지 못하면 정말 소중한 것의 가치는 잊어버리기 일쑤입니다.

건강을 대하는 우리 태도도 마찬가지입니다. 몸에 이상이 생겨야만 병원을 찾는 사람은 저만이 아닐 겁니다. 하긴 멀쩡한데 뭣하러 병원에 가겠습니까? 몸에 이상이 생기면 건강에 조금 관심을 갖다가도, 몸이 회복되면 언제 그랬냐는 듯 또 잊어버립니다. 건강을 심각하게 고려하고 생활습관을 바꾸기 시작하는 시기는 몸 이곳저곳에 적신호가 들어올 때입니다. 시계추는 그제야 궤도를 벗어납니다.

건강은 상식

;

수다는 여성의 전유물이라고 생각하기 쉬운데, 꼭 그렇지는 않은 모양입니다. 미국 텍사스 대학과 애리조나 대학의 공동 연구에 따르면, 여성은 하루에 1만6215단어, 남성은 1만5669단어를 말한다고 합니다.

차이는 500단어에 불과한데 이 정도는 의미 있는 차이라고 보기 어려우니, 결국 남자나 여자나 수다 떨기는 마찬가지라는 것이지요. 세계적인 과학 저널 『사이언스』지에 수록된 연구 결과이니까 믿을 만한 사실이라고 봐도 되겠습니다.

그렇지만 수다의 내용, 즉 화제는 남녀 차이가 있지 않을까 합니다.

우리나라 남성들의 주된 화제는 군대 이야기, 축구 이야기, 또는 군대에서 축구한 이야기입니다. 비교적 화제의 폭이 좁은 데다 세월이 지나도 좀처럼 바뀌지 않습니다. 젊은 남자나 나이 든 남자나 수다의 내용은 대개 비슷합니다. 건강이 화제에 오르는 일은 별로 없고, 오르더라도 금세 도로 들어가버립니다.

반면 여성들의 화제는 자주 바뀝니다. 아가씨들의 화제는 뭐니뭐니 해도 '연애'와 '연예'이지요. 그러다가 결혼하고 아이를 낳으면 화제가 육아와 교육으로 바뀝니다. 남편과 시댁에 대한 불만도 아줌마들의 수다에서 빠지지 않는 화제이지요.

하지만 아이들도 자랄 만큼 자라고, 남편과 시댁에도 무던해지면 더 이상 화제에 오르지 않습니다. 아이는 엄마의 바람만큼 공부를 잘하지 못하고, 남편과 시댁은 아무리 불만을 토로해도 바뀌지 않습니다. 그러다보면 적응할 것은 적응하고 포기할 것은 포기하게 됩니다.

예전의 화제에 시큰둥해진 중년 아주머니들이 찾아낸 새로운 화제는 다름 아닌 '건강'입니다. 나이가 들수록 이런 경향은 더욱 뚜렷해진다는데, 아마 나이가 들수록 몸이 달라짐을 절실히 느끼기 때문일 겁니다. 하긴 아이가 아무리 공부를 잘한들, 집에 돈이 아무리 많은들 내 건강이 나쁘면 다 소용없는 일이지요. 인생의 진리는 왜 이렇게 항상 뒤늦게 깨닫게 되는 건지 모르겠습니다.

현대인들이 건강에 대한 정보를 접하는 통로는 주로 TV입니다. TV는 다큐멘터리 또는 오락 프로그램의 형식으로 건강에 관한 여러 정보를 제공합니다. 이런 프로그램에는 유명하다는 의사 선생님들이 등장합니다. 유명하니까 TV에 나오는 것인지 TV에 나오니까 유명해진 것인지는 잘 모르겠지만, 어쨌든 시청자들은 이분들이 알려주는 정보를 진리로 받아들입니다. 결국 우리가 알고 있는 의학 지식이라는 것은 대부분 TV에서 주워들은 것입니다.

책을 읽으면 훨씬 체계적이고 자세한 지식을 얻을 수 있을 텐데, 건강 분야의 베스트셀러는 대부분 다이어트와 몸짱 만들기에 관한 책입니다. 몸을 아름답게 만드는 데는 관심이 많지만, 몸을 건강하게 만드는 데는 별로 관심이 없는 모양입니다.

우리와 달리 미국의 공공도서관에서는 의학 서적의 인기가 높다고 합니다. 미국 도서관 열람실에서 두꺼운 의학 서적이나 어려운 의학 논문을 읽는 사람을 발견하기는 어렵지 않습니다. 어째서 이런 현상이 나타나는가 생각해보면, 역시 의료 제도의 문제 때문이 아닌가 합니다.

아시다시피 미국은 공공의료보험이 커버하는 범위가 매우 좁고, 의료비가 어마어마하기로 악명이 높지요. 의료 제도는 미국의 뿌리 깊은 고질병입니다. 이런 상황에서 의사에게 치료받기 어려운 환자와 그 가족은 어떻게든 스스로 치료할 방법을 찾아야 합니다. 그래서 전문적인 의학 서적과 논문을 찾아보는 것도 마다하지 않지요. 이런 이유로 의학 서적을 열심히 읽는다면, 그것은 불행한 일입니다.

반면 우리나라 의료 제도는 세계가 부러워하는 수준입니다. 그래서인지 우리나라 사람들은 의사 찾아가는 것을 그다지 어려워하지 않습니다. 의료 제도의 혜택에 힘입어 편리하고 저렴하게 전문가의 도움을 받을 수 있으니, 문제가 심각해지기 전까지는 건강에 전전긍긍할 필요가 없습니다. 심하게 아파본 사람이 아니면 건강에 관한 책은 좀처럼 읽으려 하지 않습니다. 다만 의사를 만나도 진료 시간이 짧아 자세한 이야기를 나눌 겨를이 없고, 그렇다보니 예방보다는 치료에 중점을 두게 되는 것도 피할 수 없는 결과가 아닌가 합니다.

'진료는 의사에게, 약은 약사에게'라고 하지요. 옳은 말입니다. 그렇지만 내가 내 몸에 대해 아무것도 알지 못한 채 남의 손에 맡겨놓고 나 몰라라 하는 태도 역시 문제가 있다고 생각합니다. 그러고 보면 우리는 우리 몸과 건강에 대해 아는 것이 별로 없습니다.

옛날에는 지금처럼 의학이 발달하지 않았지만, 일반 대중의 의학 지식은 지금보다 풍부했다고 봅니다. 의료 행위가 전문화된 오늘날과 달리 옛사람들에게 어느 정도의 의학 지식은 상식이었기 때문입니다. 전문 의원이 있다고는 하지만 지금처럼 아무 때나 쉽게 만나볼 여건이 안 되었으니 그럴 수밖에요.

"어버이를 모시는 사람은 의술을 몰라서는 안 된다." 조선시대 문집에 흔히 나오는 말입니다. 옛사람들은 나와 내 가족의 건강을 지키고자 책을 통해 의학 지식을 습득했습니다. 그들은 평소 쌓은 의학 지식을 바탕으로 건강을 관리하고, 병에 걸리면 스스로 증세를 진단하고 약을 지어먹기도 했습니다. 그러다보니 그중에는 의원보다 해박한 지식을 갖춘 사람도 적지 않았습니다.

조선 후기 학자 백불암百弗菴 최흥원崔興遠(1705~1786)도 그런 사람이었습니다. 그는 어린 시절부터 부모님을 간호하면서 의술과 약재에 대한 지식을 쌓았습니다. 그는 '어버이를 모시는 사람이 의술을 몰라서는 안 된다'면서 직접 의학 서적을 연구해 상당한 수준에 이르렀습니다. 최흥원을 만나본 의원들은 그의 해박한 지식에 놀라 진땀을 뺄 정도였죠.

그렇지만 최흥원은 결코 지식을 과시하거나 의원을 업신여기는 행동을 하지 않았습니다. 오히려 신분이 미천한 의원들에게 예를 다하며 반드시 그들의 환심을 사고자 했습니다. 의원들은 그런 그에게 감동해 치료에 정성을 다했습니다. 한번은 약재를 관리하는 내의원의 아전을 찾아가면서 아우에게 이렇게 말했습니다.

"업무를 담당한 아전을 감동시키지 못한다면 그가 어찌 나를 위해 정성을 다하겠는가."

그러고는 음식을 넉넉히 마련해 직접 갖다주자 아전들이 모두 기뻐하고 감동하여 좋은 약재를 골라 보내주었습니다. 얻기 어려운 약재도 반드시 널리 구해서 갖다주곤 했습니다. 최흥원의 문집 『백불암집百弗菴集』에 나오는 내용입니다.

그쯤 되면 의사나 약사를 찾아갈 필요가 없었을 것 같은데, 그렇지는 않았습니다. 어떤 분야에 대해 지식을 쌓는 것과 전문가의 도움을 받는 것은 별개입니다. 제 소견만 믿고 섣불리 병을 고치겠다고 나서는 것은 위험합니다. 치료는 전문가의 영역입니다. 최흥원이 상당한 수준의 의학 지식을 갖추고도 의원을 찾은 이유는 바로 이 때문입니다.

옛날과 달리 오늘날 사람들은 병과 약에 대해 알고자 하는 노력이 부족합니다. 그 결과 의사와 환자 사이에 소통이 되지 않아 점점 멀어지게 되었습니다. 정비공이 있어도 운전자에게는 차에 대한 지식이 필요한 것처럼, 의사와 약사가 있어도 우리는 내 몸과 건강에 대해 어느 정도는 알고 있어야 합니다. 의학 지식이 많으면 더욱 효과적으로 전문가의 도움을 받을 수 있을 것입니다.

가정용 의학백과사전

;

조선시대는 의학 지식이 상식이었던 시대입니다. 그래서 어느 집안에서

든 고서 더미를 들춰보면 의학 서적이 한 권 정도는 있기 마련입니다. 제가 가진 얼마 안 되는 고서 중에도 의학 서적이 두 권이나 있습니다. 하나는 표지에 '선생先生'이라고 쓰인 책입니다. 사람 대신 책을 의사 선생님으로 삼는다는 뜻일지도 모르겠습니다. 내용을 자세히 살펴보니, 이 책은 조선 중기의 의관醫官 허임許任의 『침구경험방鍼灸經驗方』이라는 책을 필사한 것으로 보입니다.

허임은 『동의보감東醫寶鑑』을 편찬한 허준許浚과 비슷한 시기에 활동한 사람으로, 침과 뜸에 특히 뛰어났다고 알려져 있습니다. 『침구경험방』의 발문을 쓴 이경석李景奭(1595~1671)에 따르면, 허임은 죽은 사람도 살려내는 명의였다고 합니다. 『침구경험방』은 1644년 처음 간행된 뒤로 조선은 물론 중국과 일본에서도 간행될 정도로 널리 유행했으니, 웬만한 집에는 한 권쯤 있어도 이상할 것이 없습니다.

나머지 하나는 표지에 '입문入門'이라고 쓰인 책입니다. 이 책은 중국

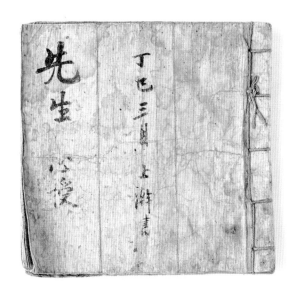

『선생』 표지

의학 입문
醫學入門

「선생」 본문
조선 중기에 간행된 『침구경험방』을 필사한 것으로 보인다.

十壯 脾蕩不食骨下三里合大瘕各一壯

大便閉 痢疾中氣悉弱　三焦不和之治

腸鳴 三里合谷公孫太白章門　陰交水分神關胃俞三焦俞

疾 曲泉大溪中完　丹田脾俞小腸俞

大便不通 承山大溪照海太白小　腸俞太白章門肪俞神关又對膈脊骨上三七壯又其兩傍各一寸四壯又承山五壯神关又對膈脊骨上三七壯又其兩傍各一寸半二七壯年源最效

大便不禁 丹田大腸俞腎俞　泄瀉 曲泉三焦俞陰陵泉燕太白章門東骨隱白大腸　泄瀉 如鴨屎也　○太冲中完神關鍼三陰交水分脾俞各三壯三七壯灸臍中一

傳曰 今惠人心兩足心立以竹箸地量腸折斷時將其梭後準中完心一鍾温服見效

便血 脾俞年出天樞五十壯　○視數人有效予昌用此灸神关血如泉湧然亦漫漫至其處痕瘥而止取合谷三里間元天樞陰陵泉中完

痔乳頭 条百壯　血俞亦取

便血下重 承山跟骨　脾俞各三壯三七壯灸臍中一　大冲中完神關以白帶脈

便狀如散灸 渡溝百壯　小便滑數 氣海陰谷三陰谷

小便黃赤不禁 肪俞陰陵脘承樂小腸俞　小便不通脘下冷 膀胱俞肪門丹田神關

便不通 取三間承太白大鍾三里湧泉崑崙照海章門氣海　小便不通脹下冷 營中皆杂無不此效　大小便不利 大腸俞營中京各百壯

脫肛瀉血条冬骨端窮　小便不通腹脹 足三里關元三陰交陰谷　大小便不通 取合谷三里　大

七壯至 冷痢食死不化 胃俞三焦腸中百壯　婦人産後腹脹 足三里關元後陰門　泄痢小腹痛 間元三陰中京

脫肛久不愈 膀胱三七岐伯療小兒　泄痢小腹痛 大腸俞肪俞各

痢不止 用元天樞神關中極　大小便不通 取氣海　大

東急後重 外關三里取合谷三里三陰陵泉中完

痔 大腸俞肪俞陽　痔乳頭 条百壯　五痔 委中承山飛揚腸　腸凡下血痔

療痔昔人命

口有瘡齦斷臭穢氣衝人 勞宮二穴 各灸一壯 炙脐四

驚癇 灸頂上旋毛中炙二 炙尾骨端三壯

尾骨瀉 十三壯

急慢驚風 灸印堂危極不可先當兩 乳頭黑肉上男左女右各灸三壯 倍酒和

寸凡五霍各灸五壯 從下灸三 胡荽金腹上炒則得效

三壯春二旋下灸上秋冬從上灸 下若不依此活灸從 一壯肝俞

顖白肉際各灸

盡 燒白丹毒 小兒胎肛 炙毛髮骨尖上一壯又 灸脐中三壯百會七壯

火丹毒 謂遊風入脘腹死 以利針周遭紅處刺出惡血翌日觀症赤交倒

小兒瘡久不愈 百會各灸三壯

小兒龜背 各三五壯 灸肺俞隔俞

小兒腹皮青黑而死 灸脐上下男左女右石各灸三壯

夜啼 百會 三壯

小兒腹皮青黑而死 灸腸上下男左女右各灸三壯

風癇 舉手指屈如物數者 皇上髮際宛 中灸三壯

牽唇腹痛肢皮青黑 炙脐四

小兒龜胸 兩乳前各一寸五分上 後寸內廉搐紋

連夜啼呼 灸東庭水作粥常服 其經絡

兩眼白翳 合谷太冲神門 指凌言端各三壯間使 合谷太冲太渊

陰腫 崑崙太溪 百會九壯陽蹻陰蹻七壯

小兒齊風 鬼眼各三壯間使三壯

小兒便不通 百會七壯營冲各三壯丹田 臍中灸七壯

小兒胎癇 妳癇驚癇 臍恭三穴各三壯氣門金門

睡驚 百會七壯節上七壯 又取肝俞尖七壯

小兒驚癇 每灸四壯一時咬牙

食癇 合谷太冲神門 列缺出山永發七

浮腫 水分池三歷三壯

連夜啼呼 合谷太冲神門

吐沫乳 中庭任脈中下灸七壯 一寸六分灸五壯

先驚後啼 關使斷交

多突牽汕冲西目 善驚

小兒龜胸 手腕俞七壯

班瘡入眼 大陵七壯

兒生二七日內 先灸熟海浙乃散者晶指如數物

四五歲不言 心俞足內踝灸 上各灸三壯

角弓反張 百會七壯 天突七壯

馬癇 先灸熟海浙乃散者晶指如數物

牛癇 膀胱中各壯肺風府如金門

『입문』 표지

명明나라 사람 이정李梴이 편찬한 『의학입문醫學入門』의 일부를 옮겨 적은 것으로 보입니다. '입문'이라는 이 책의 제목도 '의학입문'의 약자입니다. 『의학입문』은 중국에서 1575년에 간행되었다는군요. 『선조실록』과 유성룡의 『서애집西厓集』에 이 책이 언급된 것을 보니, 우리나라에 들어온 때는 임진왜란 무렵인 듯합니다. 아마도 임진왜란 때 중국 장수들이 들여온 책들 가운데 끼어 있었던 모양입니다.

『의학입문』은 우리나라 한의학에도 상당한 영향을 끼친 책입니다. '입문'이라고 하니까 간략하고 평이한 소개서일 거라 생각하기 쉬운데, 실은 그게 아니고 당시 모든 분야의 최신 의술을 망라한 종합 의학서라고 합니다. 이 책 한 권이 종합병원을 대신했던 것입니다. 그래서인지 한·중·일 삼국에서 모두 인기가 높아 여러 차례 간행되었다고 하는군요. 허준의 『동의보감』도 이 책으로부터 큰 영향을 받았다고 합니다. 『동의보감』에서는 이 책을 『본초강목本草綱目』 다음으로 자주 인용했다고 합니다.

『의학입문』 이후로도 수많은 의학 서적이 편찬되었지만, 이 책은 조선 후기까지 여전히 인기가 높았던 모양입니다. 조선 후기에 전의감 제조典醫監提調를 지낸 이희갑李羲甲은 순조 임금에게 이렇게 말했습니다.

『의학입문』은 의학을 집대성한 책으로 배우는 사람에게는 나침반과 같습니다. 편작扁鵲이나 화타華佗 같은 명의名醫가 되려는 사람은 이 책을 공부하고 이 책에서 힘을 얻어야 의술을 쓸 수 있을 것이니, 의학에 긴요하고 절실하기로는 이 책만 한 것이 없습니다.

극찬에 가까운 발언입니다. 조선시대 전의감은 의료 행정과 의학 교육의 중추 기관이었는데 그 우두머리의 발언이 이러했으니, 『의학입문』의 위상을 짐작할 만합니다. 조선 말기에는 의과醫科 초시初試 과목으로 채택되기까지 했습니다. 의원의 필독서였던 것이지요.

『의학입문』의 내용은 광범위합니다. 제가 찾아낸 '입문'이라는 책은 그중 극히 일부를 옮겨 적은 것에 불과합니다. 어떤 내용을 위주로 옮겨 적었는지 보면 이 책을 어떤 용도로 쓰려고 했는지 밝혀지겠지요.

표지를 넘기니 천간天幹과 지지地支를 써놓았습니다. 10간 12지라고도 하지요. 여기에 오행五行과 동서남북의 방위, 그리고 1년 열두 달을 덧붙였습니다. 예컨대 천간의 갑甲은 오행으로는 목木에 해당되고 방위로는 동쪽, 지지의 자子는 오행으로는 수水에 해당되고 열두 달 중에는 11월에 속한다는군요. 이어서 24방위와 24절기를 열거했습니다.

이런 것은 옛사람에게는 상식에 속하는 내용인데, 의학 서적의 서두를 이렇게 시작하는 이유는 무엇일까요? 아마도 천지자연의 운행 원리와 인간의 몸이 밀접하게 관련되어 있다는 점을 전제로 삼기 위해서일 것입니다.

다음은 인간의 몸을 구성하는 큰 줄기라 할 수 있는 '십이경맥十二經脈', 맥박으로 병을 진단하는 '맥변장부脈辨臟腑', 내장 기관과 신체 각 부위의 연관성을 설명하는 '오장정경자병五臟正經自病' '오장중사五臟中邪'

등의 항목이 있습니다. 다음은 신체 각 부위에 대한 설명으로 이어집니다. 손발부터 간肝, 심장心臟, 비장脾臟, 폐肺, 신장腎臟, 담膽, 위胃, 소장小腸, 대장大腸, 방광膀胱 등 내장 기관의 위치와 형태, 온몸에 퍼져 있는 경락經絡에 관한 설명도 있습니다.

중간 중간 흥미를 돋우기 위해서인지, 지식을 널리 전파하기 위해서인지, 한시漢詩 형식으로 설명한 부분도 있습니다. 예를 들면 「침구풍월편鍼灸風月篇」은 침과 뜸 놓는 방법 및 주의 사항을 설명한 시입니다. 또 「원병식제증시가原病式諸症詩歌」는 증상을 통해 병의 원인을 밝히는 내용의 노래입니다. 이런 형식이라면 옛날 사람들은 비교적 쉽게 외웠을 것입니다.

끝부분에는 그림도 있군요. 흡사 인체해부도 같은 것도 있고, 신체 각 부위를 확대한 그림도 있습니다. 내장 기관을 묘사한 '오장지도五臟之圖'라는 그림도 있는데, 가만 보니 실제와 비슷한 것도 같습니다. 옛

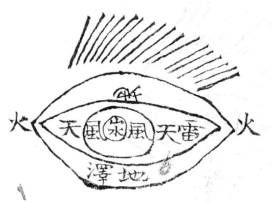

팔곽지도八廓之圖. 눈을 여덟 부분으로 나누고 각 부위와 내장 기관의 관계를 설명한 그림이다. 예컨대 천곽天廓은 눈의 흰자위로 폐肺에 속하며, 지곽地廓은 눈시울로 비脾와 위胃에 속한다. 눈을 통해 내장 기관의 이상을 유추할 수 있다는 믿음에서 나온 것이다.

澤山雷風水火地天
廓廓廓廓廓廓廓廓

膀膽小肝胃心脾肺
胱　腸　　命與大
　　　　　門胃腸

津清關養會抱水傳
液淨泉化陰陽穀道

왼쪽은 일종의 인체해부도인 '신형장부도身形臟腑圖', 오른쪽은 손의 각 부위와 10간 12지의 관계를 설명한 '십간기운도十干起運圖'와 '십이지사천결十二支司天訣'이다.

十二支司天訣

太陽 厥陰 少陽
陽明 少陽 太陰

金陰 水陽 陽

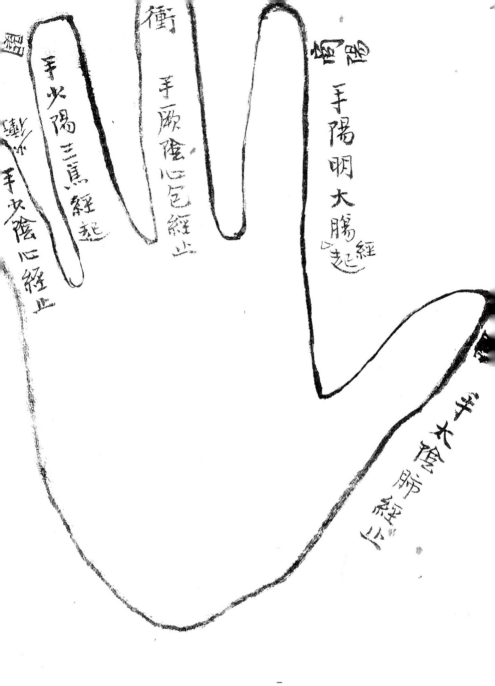

손발을 관통하는 경락經絡을 묘사한 그림이다.

足太陰脾經起

大敦足厥陰肝經起

涌泉圖

足少陰腎經起

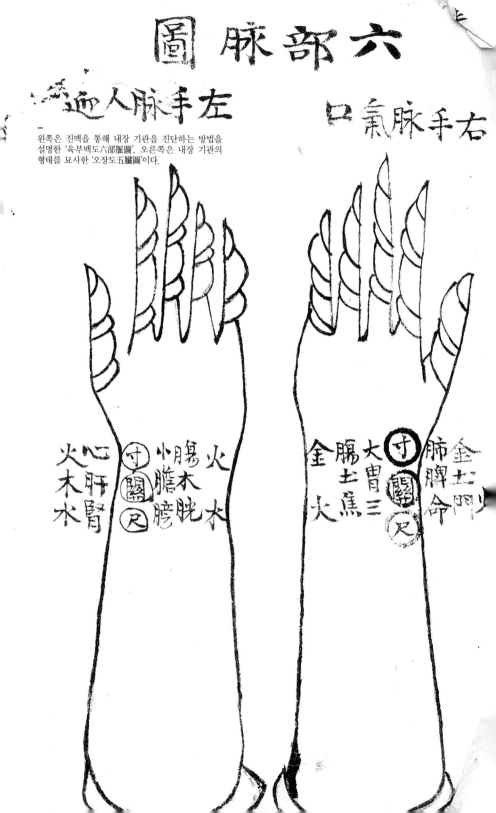

圖 脉 部 六

左手脉人迎

右手脉氣口

왼쪽은 진맥을 통해 내장 기관을 진단하는 방법을
설명한 '육부맥도六部脈圖', 오른쪽은 내장 기관의
형태를 묘사한 '오장도五臟圖'이다.

火心火 寸 小腸木 火
木肝腎 關 膽木胱 水
木   尺 膀胱臏

金   寸 大胃三 肺脾命 金土門
金小腸 關 土焦   火
火   尺

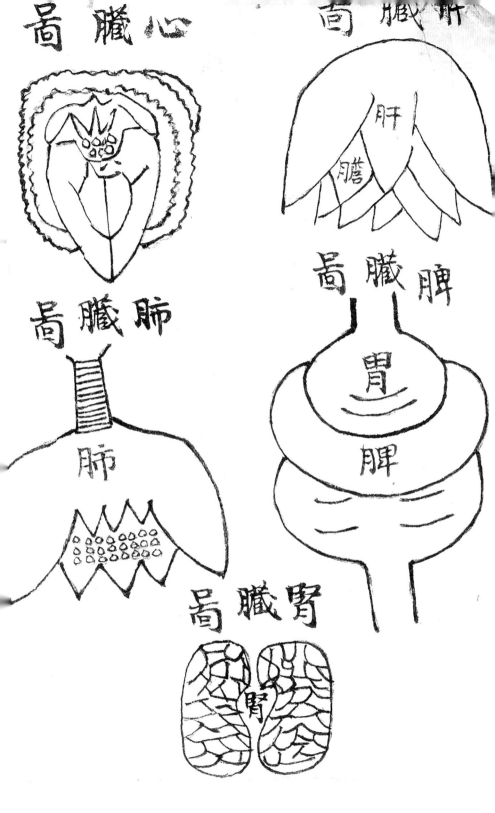

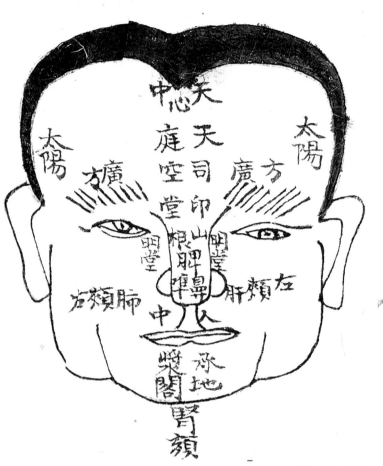

天
中心
天庭
司
空
印
堂
山根
脾
鼻
準
太陽
廣方
明堂
太陽
攅
明堂
肺右頰
肝左頰
中
人
承
地
獎閣
腎頦

명당부위明堂部位. 얼굴 각 부분과 내장 기관의 관계를 설명한 그림이다. 얼굴을 통해 내장 기관의 이상을 진단하는 데 쓰인다.

額為天庭屬
心頦為地閣屬
腎鼻居
中屬脾
屬肝右頰
肺此五蔵
位也察其
以辨其病

날 사람들이 이 그림을 보면서 '내 뱃속에는 이런 게 있군' 하고 생각했다면 크게 틀리지는 않았겠군요.

다만 여기 실려 있는 그림들이 치료에 도움이 될 것 같지는 않습니다. 그림을 보면서 침이라도 놓을 수 있다면 모르겠지만, 그렇게 자세하지는 않습니다. 그저 인간의 몸이 음양오행이라는 질서에 따라 이루어져 있고, 또 신체 각 부위가 서로 밀접하게 연결되어 있다는 사실을 확인할 수 있는 정도입니다.

사실 치료에 별 도움이 되지 않기는 그림만 그런 것이 아닙니다. 이 책의 내용 전부가 그렇습니다. 그러고 보니 이 책은 의학 서적인데도 무슨 병에 무슨 약을 써야 한다든가 하는 내용은 거의 보이지 않습니다. 다만 인간의 몸이 어떠한 원리로 이루어져 있는가를 이해하는 데는 도움이 될 것입니다. 어쩌면 이것이야말로 대중을 위한 의학 서적의 핵심이 아닌가 합니다.

일반적으로 의학 지식이라고 하면 필요할 때 써먹을 수 있는 치료법이라고 생각하기 쉽습니다. 하지만 간단한 응급처치라면 몰라도, 치료는 인간의 신체와 질병에 대한 깊은 이해, 그리고 오랜 임상 경험을 필요로 합니다. 그런 것도 없이 얕은 소견만 믿고 섣불리 병을 고치겠다고 나서는 것은 위험합니다. 치료는 전문가의 영역입니다.

지금 우리에게 필요한 의학 지식 역시 치료법이 아닙니다. 우리는 인간의 몸이 어떻게 이루어져 있는지, 어떤 메커니즘으로 움직이는지를 알아야 합니다. 앞서 최홍원의 사례에서 알 수 있듯이, 옛사람들도 구체적인 치료법이나 약을 조제하는 방법 등은 의원에게 맡겼지요. 이 책이 치료법보다 인간의 몸을 이해하는 데 초점을 맞추고 있는 것도 이 때문이 아닌가 합니다.

지식의 확산과 제한

;

과거 의학 분야의 시대적 과제는 지식의 '확산'이었습니다. 될 수 있는 한 의학 지식을 널리 보급해 한 사람이라도 더 살리는 일이 중요했습니다. 반면 오늘날 우리 사회에서 의학 분야의 이슈는 '제한'입니다. 의료 행위가 고도로 전문화된 오늘날에는 전문 분야별로 역할을 엄격히 규정하고, 그 한계를 넘지 못하도록 금지하고 있습니다. 의사가 아니면 환자를 진료할 수 없고, 약사가 아니면 약을 조제할 수 없으며, 한방과 양방의 구분도 엄격합니다. 부작용과 오남용을 막기 위해서입니다. 『의학입문』을 둘러싼 논란에서도 이 점을 확인할 수 있습니다.

『선조실록』을 보면 선조 임금이 『의학입문』에 대해 언급한 내용이 나옵니다. 선조 임금의 말에 따르면, 옛날에는 약을 조심해서 썼는데 요즘은 약을 지나치게 함부로 쓴다면서, 이런 분위기를 조성한 책으로 『의학입문』을 거론했습니다. 이 책이 양생養生의 도道를 말하여 사람을 속이니, 우리나라 사람이 믿고 배운다면 목숨을 잃을 것이라는 혹평도 곁들였습니다. 부작용과 오남용에 대한 우려에서 나온 발언입니다.

그렇지만 선조 임금과 비슷한 시기에 이 책을 접한 서애西涯 유성룡의 생각은 달랐습니다. 서애 선생은 젊은 시절부터 병치레가 잦았는데, 이 책을 얻고는 몇 년 동안 열심히 읽어보았습니다. 하지만 몹시 어려워서 별로 도움이 되지 않았다고 합니다. 노인이 되어서야 이 책의 침구편鍼灸篇(침과 뜸 놓는 방법을 설명한 부분)을 다시 보고 시험해보았더니 제법 효험이 있었습니다. 침술을 조금만 이해하는 사람이라면 이 책이 도움이 되겠다 싶어 책의 내용을 요약해서 『침경요결鍼經要訣』이라는 책으로 묶었습니다. 서애 선생은 여기에 그치지 않고 "언문으로 번역해 어리석은 부녀자가 보더라도 이해할 수 있게 하겠다"는 원대한 계획을 세웠습니다. 비록 언해본은 전하지 않지만 이 책의 목판본이 여러 곳에 남아 있으니, 의학 지식을 널리 전파하려 했던 서애 선생의 노력은 빛을 본 게지요.

서애 선생이 『의학입문』을 바탕으로 만든 책은 이것뿐만이 아닙니다. 『의학변증지남醫學辨證指南』 역시 『의학입문』을 요약한 책입니다. 이 책을 편찬한 동기를 주목할 필요가 있습니다. "집안 자제에게 주어 구급용으로 쓰려는 것이니, 억측해서 결정하는 것에 비하면 조금 낫지 않겠는가以與家庭子弟, 爲救急之用, 比之臆決者, 差賢乎爾" 하는 생각이었습니다. 이처럼 전근대 의학 서적의 편찬 동기는 의학 지식을 널리 보급하는 데 있었습니다. 앞서 소개한 『침구경험방』 발문에도 이 책에 따라 치료하면 "집집마다 허임의 신묘한 솜씨를 만날 수 있을 것이다家家戶戶, 皆得遇其神手"라고 했고, 사상의학四象醫學으로 유명한 이제마李濟馬 역시 "집집마다 의술을 알고 사람마다 병을 알아야 한다家家知醫, 人人知病"는 신념으로 『동의수세보원東醫壽世保元』을 편찬했지요.

과거 의학 지식을 보급하는 데 힘썼던 사람들은 부작용과 오남용이 있을 수 있다는 사실을 몰랐을까요? 그렇지는 않았을 겁니다. 유진동柳辰소(1497~1561)이라는 사람이 이런 말을 했지요.

"장군이 패전하는 경우가 있지만 병서兵書를 따르지 않을 수 없고, 의원이 사람을 죽이는 경우가 있지만 의서醫書를 사용하지 않을 수 없다."

기묘사화로 사림파가 몰락한 뒤, 사림파의 바이블이었던 『소학』이 금서禁書로 취급받는 현실을 문제 삼은 발언입니다. 전쟁에 질 수도 있지만 병서를 읽지 않을 수 없고, 사람이 죽을 수도 있지만 의서를 읽지 않을 수 없습니다. 마찬가지로 『소학』이 행여 당론의 도구로 쓰일 우려가 있더라도 인간으로서 마땅히 실천해야 할 도리를 담은 『소학』을 읽지 않을 수 없다는 것입니다.

지식은 가능한 한 널리 공개되고 공유되는 것이 옳다고 봅니다. 특히 그것이 사람의 생명과 밀접한 의학 지식이라면 더욱 그렇겠죠. 부작용과 오남용이 우려된다면, 그에 대한 지식도 함께 제공하면 되는 것입니다.

1433년 편찬된 『향약집성방鄕藥集成方』이라는 책이 있습니다. 향약이라는 것은 우리나라에서 나는 약재라는 뜻으로 중국에서 나는 약재인 당약唐藥과 구분짓는 말입니다. 『향약집성방』은 비싸고 구하기 어려운 중국의 약재 대신 구하기 쉽고 효과 좋은 우리나라 약재를 쉽게 구해서 사용할 수 있도록 정리한 책입니다. 『향약집성방』 서문에는 이런 말이 있습니다.

한 사람에게 은혜를 베푼 것도 후세의 칭송을 받는데, 한 번 의서를 편찬하여 치료하는 방법을 널리 알림으로써 억조창생에게 은혜를 베풀고 만세에 덕택을 남기는 것은 어떻겠는가.

다시 말해 『향약집성방』을 편찬한 이유는 많은 사람에게 치료 방법을 널리 알리기 위해서였던 것입니다. 부작용과 오남용에 대한 우려도 잊지 않았습니다. 한 가지 병에는 한 가지 약만 쓰면 충분하다는 것이 이 책의 지론인데, 약재의 효능과 부작용에 대해 자세한 정보를 제공하여 오남용을 방지하고자 했습니다.

지금은 어느 때보다도 정확하고 자세한 의학 지식이 널리 보급되고 있지만, 정작 그 지식을 활용하는 데에는 높은 장벽이 가로막고 있는 것이 현실입니다. 의학 지식의 활용을 제한하는 이유가 부작용과 오남용을 막기 위해서라는 것은 잘 알고 있습니다. 하지만 이 제한으로 말미암아 일어나는 의료인 사이의 분쟁을 곱지 않은 시선으로 바라보는 사람이 많습니다. 거기에 이익이 끼어 있다는 사실을 잘 알고 있기 때문이지요. 지식을 독점하고, 그것을 이용해 이익을 취한다면 안 될 일입니다. 부작용과 오남용은 지식의 보급으로 막아야지 지식의 제한으로 막는 것이 아닙니다. 책의 역사는 좀 더 많은 지식을 좀 더 많은 사람에게 보급하기 위한 역사입니다.

인간의 조건

;

몸에 대한 지식은 건강한 삶을 위해서도 필요하지만, 인간과 사회의 이해를 위해서도 필수적입니다. 우리의 생각과 감정은 인간의 신체적 조건을 벗어날 수 없으며, 우리가 살고 있는 사회는 바로 그러한 신체 조건에 얽매여 있는 인간이 만들어낸 것입니다. 인간과 사회를 이해하기 위해 존재하는 인문학의 근간은 다름 아닌 인간의 신체 조건입니다. 고전이 지금까지 생명력을 이어온 이유도 우리가 옛사람과 똑같은 신체 조건을 공유하고 있기 때문이라고 생각합니다.

고전이라 일컬어지는 책들은 지금으로부터 수백, 수천 년 전에 만들어진 것입니다. 수백 수천 년 전의 세상과 지금 세상은 많이 다르지요. 그런데 한번 생각해봅시다. 수백 수천 년 전의 사람과 지금 사람은 어떤 차이가 있을까요? 지식의 축적과 이에 따른 문명의 발달로 삶의 방식은 분명 많이 달라졌습니다. 하지만 인간의 신체 조건은 어떨까요?

쉽게 말해 수명, 지능, 신장, 체중, 음식물 섭취량, 이동 속도, 이런 것 말입니다.

신체 조건은 지금 사람이나 옛사람이나 별반 차이가 없습니다. 아마 2만 년 전의 크로마뇽인과 비교해봐도 크게 다르지 않을 겁니다. 의학의 발달로 평균 수명은 대폭 늘었지만, 아무리 늘어나도 인간의 수명은 예나 지금이나 오래 살아봐야 100년입니다. 머릿속에 들어 있는 지식의 양은 늘어나고 내용도 달라졌지만, 지능 자체는 큰 차이가 없을 겁니다. 옛날 사람이라고 뇌가 두 개씩 있었던 것은 아니지요. 신장과 체중은 평균적으로 늘어났겠지만, 역시 별 차이가 없습니다. 먹는 음식도 마찬가지입니다. 음식의 종류와 양은 많이 달라졌겠지만, 사람이 한 번에 먹을 수 있는 음식은 한정되어 있습니다. 꼬박꼬박 끼니를 챙겨 먹어야 한다는 점도 같지요. 걷고 달리는 속도도 비슷합니다.

물론 지금의 우리는 그 신체적 조건을 넘어서고 있습니다. 인간이 아무리 빨리 뛰어봐야 10초에 100미터밖에 갈 수 없는데, KTX를 타면 시속 300킬로미터로 갈 수 있지요. 그 덕택에 우리는 서울에서 부산까지 세 시간이 채 안 되어 도달할 수 있습니다. 옛날 사람이 보름 걸려야 겨우 가닿는 거리입니다. 인간은 하늘을 날 수 없지만 비행기를 타면 하늘을 날 수도 있고, 우주까지 날아갈 수도 있습니다.

그렇지만 이것은 모두 과학기술의 발전 덕택입니다. 그것이 우리로 하여금 인간의 신체 조건을 극복하게 해주었지요. 하지만 이것을 가지고 옛날 사람과 지금 사람이 달라졌다고 생각하면 큰 오산입니다. 인간의 신체 조건 자체는 옛날과 별 차이가 없고, 우리는 여전히 거기에 얽매여 있습니다. 학교나 회사에 갈 때 걸어서 가지는 않지만, 차를 타더라도 내리면 두 발로 걸어야 하고, 계단을 올라가야 합니다.

이것은 가볍게 볼 문제가 아닙니다. 우리 일상생활은 여전히 인간의 신체 조건으로부터 제약을 받고 있습니다. 높은 데서 떨어지면 죽고, 굶으면 죽고, 칼에 찔리면 죽습니다. 무엇보다 중요한 것은 높은 데서 떨어지지 않아도, 굶주리지 않아도, 칼에 찔리지 않아도 인간은 모두 죽어야 할 운명이라는 데는 변함이 없다는 것입니다.

바로 이러한 인간의 신체 조건이 모든 고민의 원천입니다. 사람이 왜 살아야 하며 어떻게 살아야 하는가 하는 철학적인 문제의 근원은 죽을 수밖에 없는 인간의 운명에 있습니다. 이 점은 이미 숱한 철학자가 지적해온 사실입니다. 이밖에 어떻게 해야 공부를 잘하고, 어떻게 해야 돈을 많이 벌고, 어떻게 해야 사랑하는 사람의 마음을 얻을 수 있는가 하는 일상의 고민 역시 인간의 신체 조건과 무관하지 않습니다.

인간이 생각하고 느끼는 방식도 예나 지금이나 근본적으로는 비슷합니다. 옛날 사람들은 인간의 감정을 칠정七情이라고 해서 일곱 가지로 분류했지요. 기뻐하고喜, 화내고怒, 슬퍼하고哀, 두려워하고懼, 사랑하고愛, 미워하고惡, 욕망하고慾. 얼마든지 달리 분류할 수도 있겠지만, 우리가 느끼는 감정의 대부분이 이 범주에 드는 건 엄연한 사실입니다.

감정이 일어나는 이유도 같습니다. 좋은 일이 생기면 기뻐하고, 부당한 대우를 받으면 화내고, 가까운 사람이 죽으면 슬퍼하고, 신체에 위협이 가해지면 두려워하고, 누군가를 사랑하기도 하고 미워하기도 하고, 또 권력을 얻고 싶고 부자가 되고 싶은 욕망도 그대로입니다. 인간의 감정이 예나 지금이나 별 차이가 없는 이유는 역시 신체 조건에 차이가 없기 때문이겠지요. 감정이라는 것이 몸을 떠나서 존재할 수 없기 때문입니다. 결국 인간의 신체적 조건은 물론, 정신적 조건까지도 옛날과 지금이 근본적으로 다르지 않다고 할 수 있지요.

그렇다면 그런 인간들이 모여서 만든 사회는 어떨까요? 옛날과 지금 사회는 무시할 수 없을 정도로 달라졌습니다. 전제군주제 사회와 민주주의 사회는 하늘과 땅 차이지요. 그렇지만 과연 모든 것이 달라졌을까요? 민주주의 사회에서는 모든 사람이 인간의 존엄성을 지키며 똑같이 자유를 누리고 평등한 대우를 받을까요? 그게 민주주의 사회의 이상이지만, 현실은 그렇지 않습니다.

가만 보면 사회가 안고 있는 문제도 예나 지금이나 비슷할 때가 많고, 그 문제를 해결하려는 고민도 비슷합니다. 어떻게 하면 전쟁을 없앨 것인가, 어떻게 하면 부의 불평등을 해소할 것인가는 예로부터 많은 사람이 고민했던 문제입니다. 어떤 사람들은 이 사회를 지금 상태로 유지시킬 방법을 고민하고, 어떤 사람들은 이 사회를 전복시킬 방법을 고민하는 것도 똑같습니다. 똑같은 인간이고 똑같은 사회니까요.

이야기가 무척 장황해진 듯합니다만, 인간의 신체적 조건과 정신적 조건, 그리고 그 인간들이 만들어낸 사회의 모습이 예나 지금이나 크게 다르지 않다면, 우리가 안고 있는 고민은 옛날 사람들도 똑같이 고민했을 것입니다.

병에 걸리면 의사를 찾는 것처럼, 고민이 생기면 멘토를 찾는 것이 쉽게 도움을 받을 수 있는 길입니다. 멘토란 나보다 경험이 많고 지혜로워서 나에게 뭔가 조언을 줄 수 있는 사람입니다. 멘토의 말을 100퍼센트 따르지는 않더라도 듣고 생각해볼 기회가 주어진다면 고마운 일입니다. 시중에 널려 있는 재테크 관련 책에도 멘토를 찾으라는 말이 빠지지 않고 등장하지요. 바꾸어 말하면 자기를 멘토로 삼고 자기가 쓴 책을 사보라는 이야기입니다. 그들은 부자가 될 수 있다며 독자를 현혹하지만, 결국 부자가 되는 건 저자뿐입니다. 멘토를 찾으라는 말에는 불순한 의도가 숨어 있을 수 있으니 과연 저자가 믿을 만한 사람인지, 책의 내용이 따를 만한 것인지 의심해봐야 합니다. 멘토를 고를 때는 신중해야 합니다.

지금 고전이라 불리는 책을 지은 사람들은 그 시대 최고 수준의 지식인입니다. 우리가 멘토로 삼기에 충분한 자격을 갖추고 있습니다. 이 사람들이 인간의 문제와 사회의 문제에 대해 남긴 발언은 지금도 충분히 들어볼 가치가 있다고 생각합니다. 우리의 고민과 사회 문제를 해결하는 데 단서를 줄 수 있을지도 모릅니다. 게다가 고전의 내용은 오랜 역사를 통해 철저히 검증된 것입니다.

물론 다른 점을 무시하면 곤란합니다. 옛날과 지금은 같은 점만큼이나 다른 점도 많습니다. 우리가 하는 일은 대부분 과거와 다른 점을 보는 것입니다. 새로운 지식을 배우고, 새로운 기술을 익히고, 새로운 각도에서 보고, 새로운 것을 만드는 일입니다.

그렇지만 새로운 것을 찾기 위해서는 옛것을 봐야 합니다. 전공 서적에 실려 있는 지식과 현장에서 배우는 기술은 짧게는 몇 년, 길게는 몇십 년 전에 그 분야에 종사했던 사람들이 찾아낸 것입니다. 엄밀히 말하면 이미 철 지난 것이지요. 철 지난 것을 배우는 이유는 뭘까요? 과거의 것이 모여 오늘을 만들었고, 오늘을 이해하고 미래를 예측하는 데 과거가 필요하기 때문입니다.

15장

좀 더 많은 사람을 위해

—『사서오경四書五經』

ㅡ
방각본坊刻本 사서오경四書五經.
방각본은 민간에서 판매를 목적으로 간행한 서적이다.
품질은 조악하지만 조선 후기 서적 보급에 크게 기여했다.

방송국 분투기

;

방송을 하게 되었습니다.

방송이라고 해서 대단한 것은 아니고, 라디오 아침 뉴스 프로그램의 쉬어가는 코너를 맡은 것뿐입니다. 뉴스 중간에 3분 정도 등장해서 고전 명구를 소개하는 코너입니다. 아침 뉴스에 뜬금없이 고전 명구라니 어색한 듯하지만, 아침 뉴스 프로그램이 워낙 긴박하게 진행되니 잠시 쉬어가는 간막극 같은 것이 있으면 좋겠다는 담당 피디의 아이디어에서 나온 것입니다. 방송 용어로는 '브리지Bridge 코너'라고 하더군요.

방송국에서 수많은 고전 연구자 가운데 별로 이름도 없는 저를 선택한 이유가 무엇인가 하면, 글쎄요. 사실 저도 잘 모르겠습니다. '우연한 기회'라고밖에 달리 설명할 길이 없군요. 어쨌든 저는 제안을 받고서 좋은 경험이 되겠다는 생각에 하기로 마음먹었습니다.

전공 분야의 연구자들을 위한 논문은 많이 써봤지만, 대중을 상대로, 그것도 독자를 위한 원고가 아니라 청취자를 위한 방송 원고는 써본 적이 없습니다. 대중을 위한 글쓰기는 쉬워야 하지만 그런 글을 쓰기란 쉽지 않습니다.

무엇보다 고민되는 것은 이야기를 전달하는 방식입니다. 우선 훈계조는 피해야 합니다. 부모님의 훈계도 귀에 따가운데 생판 모르는 사람의 훈계가 듣기 좋을 리 없습니다. 대중은 무지몽매하지 않습니다. 어쭙잖은 지식으로 대중을 계몽하려는 태도는 결코 환영받지 못합니다.

고리타분한 도덕군자 같은 말도 피해야겠죠. 신문이나 방송에 나오는 고전 이야기는 으레 윤리의식을 일깨우고 정신적 가치의 중요성을 설파하는 내용입니다. 하지만 정작 그 이야기를 하는 사람들의 뒤를 캐보면 그다지 윤리적이지만은 않은 듯합니다. 다들 적금도 붓고 펀드도 들고 주식도 하고 보험도 있는 것을 보면, 물질적 가치로부터 자유로운 것 같지도 않습니다. 그게 나쁘다는 것이 아니라 자기는 세속적으로 살면서 남에게 탈속적이기를 요구하는 것이 문제라는 말이지요.

저 역시 월급날만 기다리는 평범한 사람이니, 물질적인 가치보다 정신적인 가치를 우선하라는 이야기는 할 수 없습니다. 무엇보다 그런 이야기로는 대중의 공감을 얻을 수 없습니다. 방송을 듣는 청취자에게 옛사람의 생각과 삶의 모습을 그대로 보여주고 생각할 여지를 주면 그것으로 족하다고 봅니다.

이따금 시사와 관련한 이야기를 하기도 합니다. 그럴 때는 주의가 필요합니다. 복잡다단한 사회현상을 함부로 재단하거나 특정인을 매도하는 경솔한 짓은 삼가야 합니다. 논란의 한가운데에 있는 문제를 언급할 때는 어느 한쪽으로 치우치지 않도록 주의해야 합니다. 그렇지 않으면 반대편으로부터 항의가 들어올 수도 있습니다. 항의가 들어와도 별다른 반응은 하지 않지만, 그래도 그런 이야기를 들으면 위축되지 않을 수 없습니다.

마침 제가 방송을 시작할 무렵은 대통령 선거가 한창이었던지라 더욱 각별한 주의가 요구됐지요. 나름대로 중립을 지키려고 애썼지만, 원고를 쓰다보면 사안에 따라서는 어쩔 수 없이 한쪽으로 기울게 마련입니다.

원고를 완성하면 녹음을 하러 방송국에 갑니다. 뉴스는 생방송이지만 제 코너는 녹화방송입니다. 한 주 분량의 원고를 한꺼번에 녹음했다가 하나씩 내보내는 식입니다. 마이크 테스트 결과에 따르면 제 목소리는 방송에 적합하지 않다고 합니다. 기분은 나쁘지만 사실이 그렇다니 어쩔 수 없습니다.

처음에는 성우에게 맡기려 했지만, 짧은 코너니까 좀 어눌한 목소리로 읽어도 상관없다는 방송국의 판단에 따라 제가 원고를 직접 읽게 되었습니다. 가끔 목소리가 잘 나온다는 칭찬을 받기도 하는데, 대개는 과음한 다음 날이거나 목감기에 걸린 날입니다. 방송을 계속하려면 술독에 빠져 살거나 일부러 목감기에 걸려야겠습니다.

스튜디오에 들어가 마이크 앞에 앉습니다. 담당 피디가 신호를 보내면 원고를 읽습니다.

"새누리당 박근혜 후보가 '안거낙업安居樂業'의 나라를 만들겠다고 선언했습니다. 편안히 살고 즐겁게 일한다는 뜻의 안거낙업은 노자의 『도덕경道德經』에 나오는 말인데……"

"저기요."

담당 피디가 녹음을 중단합니다. 표정이 좋지 않습니다.

"지금 선거 때거든요. 방송 내용에 민감한 시기란 말입니다."

"그래서요?"

"다루고 싶으면 양쪽을 같이 언급해야 돼요. 한쪽만 이야기하는 건 좋지 않습니다."

편드는 내용도 아닌데 안 되는가봅니다. 원래 노자가 말한 안거낙업은 더 나은 삶이 있다는 것을 백성이 모르게 함으로써 현재의 삶에 만족하며 살아가게 만드는 것입니다. 국민의 눈과 귀와 입을 막아서 정치에 관심을 끊고 사회 문제를 외면한 채 그저 잘 먹고 잘사는 데만 열중하게 만들면 안거낙업의 나라를 만들기는 어렵지 않습니다. 저는 이런 이야기를 하고 싶었을 뿐인데, 방송에 익숙지 않은 저로서는 무엇이 방송에 적합하지 않은 내용인지 잘 알지 못합니다. 아쉽지만 이 원고는 버려야겠습니다. 이런 일이 있을 줄 알고 예비 원고를 준비해두었습니다. 예비 원고는 시사와 거리가 멀고 재미있는 내용이 좋습니다. 다시 녹음에 들어갑니다.

"TV를 보면 이상한 음식을 먹는 사람들이 나오지요. 옛날에도 엽기적인 음식을 좋아하는 사람들이 있었습니다. 중국 송宋나라의 유용劉邕은 부스럼 딱지를 잘 먹었는데, 복어 맛이 난다며 좋아했습니다. 당唐나라 선우숙명鮮于叔明은 냄새가 심한 벌레만 골라 먹었고, 권장유權長孺는 사람 손톱을 잘 먹었습니다. 심지어 장회소張懷肅는 남자의 정액을, 조휘趙輝는 여자의 생리혈을 잘 먹었는데……"

"잠깐만요!"

담당 피디가 황급히 녹음을 중단시킵니다.

"이거 방송 못 나가요. 아침부터……"

더러운 이야기라 안 되는가봅니다. 하는 수 없습니다. 이 원고도 버려야겠습니다.

"알겠습니다. 다른 거 할게요."

"그래요. 그런데 왜 이렇게 더러운 걸 먹었대요?"

거듭 원고를 퇴짜 놓은 게 미안해서 그런지 피디가 화제를 돌립니다. 하지만 애써 써온 원고를 버리게 된 저로서는 불만이 없을 수 없습니다. '궁금하면 직접 드셔보시든가'라고 말해볼까 하다가 그냥 넘어갑니다. 저는 방송이 처음이지만 담당 피디는 경력이 오래된 베테랑입니다. 시키는 대로 순순히 따르는 게 신상에 좋습니다.

한 편의 뉴스 프로그램을 만들기 위해서는 많은 사람의 힘이 모아져야 합니다. 제작을 지휘하는 피디가 있고, 진행을 맡은 아나운서가 있으며, 방송 원고를 쓰는 작가도 있고, 중간중간 성우도 등장합니다. 그 밖에 시사평론가, 변호사, 기자 등 각 분야의 전문가들이 고정출연을 하고 있습니다. 저도 하루 3분 정도는 책임지고 있으니 새삼 어깨가 무겁습니다.

이 많은 사람이 눈을 부릅뜨고 제작 과정을 지켜보고 있으니, 편파성 있는 견해는 방송에 나가기 어렵습니다. 정액이나 생리혈처럼 방송에 부적합한 내용이 나가는 일도 드뭅니다. 그러고 보면 방송은 공정하기보다 공정하지 않기가 더 어렵지 않은가 합니다. 만약 방송이 공정하지 않다면, 그건 보통 힘 가지고는 할 수 없는 일이겠지요. 프로그램을 만드는 사람들이 알아서 하게 내버려두면 방송의 공정성은 저절로 확보가 됩니다.

TV 프로그램은 인기가 없으면 몇 주 만에 폐지되기도 하지만, 라디오 프로그램은 수명이 비교적 긴 편이라 몇 달쯤은 반응을 지켜본다고 합니다. 그래서인지 제 코너는 신통치 않은 반응에도 1년 넘게 근근이 연명해오고 있습니다.

1년이 넘었으면 요령이 생길 법도 한데, 방송 원고 쓰기는 여전히 어렵게만 느껴집니다. 3분 동안 방송을 하려면 200자 원고지 대여섯 매의 원고가 필요합니다. 많지 않은 분량이지만 월요일부터 금요일까지 쉬지 않고 방송되니, 매일 원고를 쓰다시피 합니다. 그것도 각기 다른 소재로 말입니다. 이쯤 되면 결코 쉬운 일이 아닙니다. 이런저런 고민이 많다보니 3분짜리 원고 한 편을 쓰기 위해 한나절 넘게 공을 들이는 일은 예사입니다.

아쉬운 점도 없지 않습니다. 논문이나 책을 쓰면 읽는 사람이 적기는 하지만 뭔가 유형적인 자산이 남는 느낌이 드는데, 방송 원고는 전파와 함께 허공으로 흩어져버리는 것 같습니다. 방송국 홈페이지에서 '다시 듣기'가 가능하지만, 드라마도 아니고 뉴스를 다시 들을 사람이 얼마나 있을지 의문입니다.

밤새 고민하며 원고를 쓰지만 원고료가 많은 것도 아니고, 어렵게 쓴 원고를 퇴짜 맞는 일도 비일비재합니다. 그래도 지금으로서는 그만두고 싶다는 생각은 들지 않습니다. 같은 전공자조차 잘 읽지 않는 논문이나 초판 1000부조차 팔려나가기 어려운 책에 비하면 방송 매체의 위력은 대단합니다. 라디오 프로그램의 청취자는 아무리 적어도 수천에서 수만 명은 됩니다. 이렇게 많은 사람을 상대로 하고 싶은 이야기를 마음껏 할 기회를 얻기는 어렵습니다. 언제 하차하게 될지는 모르지만, 그때까지는 언론의 자유를 만끽하고 싶습니다.

문고본 사서오경

;

방송의 장점은 많은 사람에게 지식과 정보를 빠르게 전달할 수 있다는 점에 있습니다. 방송을 비롯한 대중매체의 발달은 좀 더 많은 사람에게 지식과 정보를 보급함으로써 대중문화 발전에 기여했습니다.

지금은 방송을 비롯해 신문, 잡지, 인터넷과 같은 수많은 대중매체가 다양한 지식과 정보를 쏟아내고 있지만, 과거에 지식 정보 전달의 매체 역할을 했던 것은 오직 책뿐이었습니다. 따라서 지식 정보의 대중화 역시 책을 통해서만 가능했습니다.

좀 더 많은 사람이 지식 정보에 접근하게 하려면 좀 더 많은 사람이 책을 읽을 수 있어야 합니다. 좀 더 많은 사람이 책을 읽으려면 책의

가격을 낮추어야 합니다. 책의 가격을 낮추려면 품질 저하를 감수하고 대량생산하는 방법밖에 없습니다. 품질 저하를 감수하지 못하겠다는 사람들에게는 고품질을 유지하는 대신 고가에 책을 보급합니다. 이것이 바로 양장본과 문고본을 따로 만드는 이유입니다. 같은 책이라도 호화판 양장본이 있고, 저렴한 문고본이 있는 이유는 독자의 눈높이와 형편에 맞춰 다양한 선택의 여지를 마련하기 위해서입니다.

고서의 경우 관청에서 찍어낸 크고 화려한 책이 양장본이라면, 민간 업자의 손에서 만들어진 작고 소박한 책은 문고본입니다. 형편이 넉넉한 사람은 양장본을 보고, 주머니 사정이 어려운 사람은 문고본을 봤던 것입니다. 크기를 줄이고 품질을 낮춰서라도 책값을 내리려는 시도가 없었다면 독자층은 늘어나지 않았을 것입니다. 책을 원하는 대중을 위한 노력입니다.

여기 크기가 작은 책이 몇 권 있습니다. 『대학大學』『논어論語』『맹자孟子』『주역周易』『예기禮記』, 모두 유교 경전입니다. 여기에 『중용中庸』과 『시경詩經』『서경書經』『춘추春秋』를 더하면 이른바 사서오경四書五經이 됩니다.

사서오경이 우리나라에 들어온 지는 이미 1000년이 넘었습니다. 사서오경은 과거 지식인의 필독서였습니다. 공부를 시작하는 사람이 반드시 봐야 하는 것은 물론, 연륜이 쌓인 학자도 손에서 놓을 수가 없었습니다. 학문의 바탕도, 실무의 준거도 모두 여기에 있었기 때문입니다.

그런데 사서오경은 모두 워낙 오래된 책이라 예로부터 해석이 분분합니다. 사서오경의 내용을 어떻게 해석하느냐에 따라 세상이 바뀔 수 있으니, 국가 입장에서는 제멋대로 해석하게 내버려둘 수 없습니다. 그

「주자초상」, 전 최북, 비단에 채색, 1773년경, 운곡서원

래서 국가는 사서오경의 해석을 하나로 통일합니다. 바로 주자朱子의 해석을 따르는 것이지요.

조선시대에 간행된 사서오경의 저본底本은 대부분 명明나라 영락제 永樂帝 때 간행된 『사서오경대전四書五經大全』입니다. 『사서오경대전』이 표준으로 채택한 것이 바로 주자의 해석이니, 조선시대에 간행된 사서오경 역시 주자의 해석을 함께 수록하고 있습니다. 지금도 주자의 해석이 실려 있는 사서오경은 흔하기 그지없는 고서입니다. 오랜 세월에 걸쳐 여러 차례 간행되었으니 그럴 수밖에요. 내용이 다르려 해도 다를 수가 없습니다.

그런데 형태가 같은 고서는 흔하지 않습니다. 똑같은 사서오경이라도 글자 모양이나 책 크기는 조금씩 다릅니다. 선명하고 큼직한 활자로 간행한 책이 있는가 하면, 여러 번 찍어내느라 마모된 판목板木으로 간행하는 바람에 글자가 알아보기 어려울 만큼 희미한 책도 있습니다.

고서의 크기는 원래 천차만별이지만, 관청에서 찍어낸 번듯한 책은 세로가 30~40센티미터, 가로가 20~30센티미터쯤 됩니다. A4 용지가 넉넉히 들어가는 서류봉투 정도의 크기입니다. 지금 책에 비하면 굉장히 크지요. 이 엄청난 크기는 우리나라 고서의 특징이기도 합니다.

반면 여기 있는 사서오경의 크기는 세로 16센티미터, 가로 13센티미터 정도입니다. 관청에서 찍어낸 책의 절반도 되지 않습니다. 왜 이렇게 작게 만든 것일까요? 가장 큰 이유는 비용을 절감하기 위해서입니다. 책이 크면 종이가 많이 들어가고, 종이가 많이 들어가면 책값이 비싸집니다. 책값의 상당한 비중을 종이 값이 차지하던 시절이니까요. 책 만드는 비용을 아낌없이 팍팍 쓸 수 있는 곳은 국가뿐입니다. 관청에서 찍어낸 책의 크기가 대체로 큰 이유는 바로 여기에 있습니다.

모든 사람이 시원시원한 글씨로 큼직하게 인쇄한 책을 읽으면 좋겠지만, 관청에서 찍어낸 책은 수량이 많지 않습니다. 관원들에게 나누어주고 학교에 비치하면 남는 것이 없습니다. 따라서 민간 업자의 역할이 필요합니다. 자기 자본을 밑천으로 삼아 사업에 뛰어드는 민간 업자는 경제성을 고려하지 않을 수 없습니다. 그래서 민간 업자가 간행한 책은 작은 편입니다. 책이 작으면 글자도 작고, 글자가 작으면 읽기 불편하지만, 저렴한 가격에 책을 보려면 이 정도는 감수해야 합니다. 여기에 있는 사서오경 역시 글자 크기가 상당히 작은 편인데, 민간 업자가 대중에게 널리 판매할 목적으로 간행한 책이기 때문에 그렇습니다. 이른바 '반값 도서'입니다.

중국이나 일본의 고서가 우리 고서에 비해 크기가 작은 이유 역시 일찍부터 상업 출판이 발달했기 때문입니다. 중국 고서는 크기만 작은 게 아니라 두께도 얇습니다. 중국 고서에 쓰이는 종이는 약간의 과장을 보태면 매미 날개 같습니다. 보관 상태가 좋지 않으면 손대는 순간 부스러지기 십상입니다. 반면 우리 고서는 크기만 큰 게 아니라 두께도 두껍습니다. 두껍고 질긴 한지韓紙로 만들었기 때문이지요. 못쓰는 책을 뜯으면 벽도 바르고 창문도 바를 수 있습니다. 중국 고서는 종이가 얇으니 어림없습니다.

앞서 말했지만 책 크기가 작으면 글자 크기도 작을 수밖에 없습니다. 민우수閔遇洙(1694~1756)라는 사람이 이 점에 대해 불평을 늘어놓은 적이 있습니다. 젊은 시절에는 괜찮았는데, 나이가 들고 보니 글자가 작아서 못 읽겠다는 것입니다. 하지만 조선 후기에 중국 책이 대량으로 수입되어 널리 읽힌 것을 보면 글자가 작아서 못 읽겠다고 불평한 사람은 그리 많지 않았던 모양입니다. 게다가 중국 고서는 우리 고서에 비

孟子

公孫丑

왼쪽은 관판본官版本 『맹자』. 33×21센티미터로 일반적인 고서의 크기
다. 오른쪽은 방각본坊刻本 『맹자』. 16×12센티미터로 관판본의 절반도
되지 않는다. 모든 방각본이 작은 것은 아니지만 제작비 절감을 위해
대체로 작게 만들었다.

방각본 사서오경. 글자가 조악하고 촘촘한 편이다. 제작비를
절감해 책값을 낮추려는 노력의 결과다.

周易傳義大全卷之二

周易上經

〔本義〕周代名也易書名其卦本伏羲所畫有交易變易之義故謂之易其辭則文王周公所繫孔子所作之傳十篇是也中經則伏羲之畫文王周公之辭也然易之為書更定著為二卷傳十翼乃後孔氏之失真者或支離近世晁氏始正其失而未能盡合古文吕氏文更定間顏涉諸儒所亂近世晁氏始正其失而未能盡合古文吕氏又更定著為經二卷傳十翼乃復孔氏之舊云

〔本義〕易者陰陽之變太極兩儀四象八卦之名其畫有六十四其別六十有四其辭十有二篇言伏羲則其畫而六十四卦別皆具於其中矣周公乃重之而為六十四卦其辭則文王周公所繫孔子所作之傳十篇是也經則伏羲之畫文王周公之辭也

丁邵看先天圖引入卦傳有六十四卦是伏羲卦也

何叔子曰上但有此此畫而自然有隨如何叔子曰上但有此此畫而自然有隨

問顏涉易之受如何陰陽分只是奇偶二畫分為兩兩復為四位底天地陰陽只是流行底一動一靜一卦一爻凡言易皆指交易變易而言

根便是此四方是也凡言易便是

孟子見梁惠王

〔趙氏曰梁魏都也魏本晉大夫魏斯與韓康趙籍共分晉地號三晉此韓魏趙氏三晉也魏處河內都安邑後為秦所逼徙都大梁故號梁王〕

新安陳氏曰按史記惠王三十五年

論語卷三

雍也第六
凡二十八章篇內第十四章以前大意與前篇同

胡氏曰此篇論人賢否得失

詩□集說大全卷之九

大雅蕩之什

烝民第九
此篇尹吉甫美宣王之詩也命仲山甫城齊事見前篇

仲山甫事跡詳見前篇

木克柔亦不茹剛亦不吐不侮矜寡不畏強禦

해 한 책의 페이지 수도 적은 편입니다. 작고 가벼운 것이 중국 고서의 특징입니다.

정조 임금이 문체반정文體反正을 일으키고 중국 책의 수입을 금지한 사실은 잘 알려져 있는데, 재미있게도 중국 서적의 수입을 금지한 이유 가운데 하나가 바로 작고 가볍다는 것이었습니다. 작고 가벼운 것이 어째서 문제인가 하면, 독서 태도에 영향을 미치기 때문입니다.

사대부 집안의 자제라면 책을 책상 위에 반듯이 올려놓고 똑바로 앉아 읽어야 하는데, 게으른 버릇이 생겨 누워서 보기를 좋아한다. 중국 책은 누워서 보기 편하지만 우리나라 책은 불편하다. 그러므로 많은 사람이 중국 책을 찾는데, 성현聖賢의 경전經傳까지도 누워서 보는 사람이 많으니, 사대부의 풍습이 이래서야 되겠는가. 중국 책의 수입을 엄격히 금지한 것은 이런 게으른 풍속을 바로잡기 위해서이기도 하다.

『홍재전서弘齋全書』「일득록日得錄」에 나오는 내용입니다. 작고 가벼운 중국 책이 유행하자 당시 사대부들 사이에 책을 누워서 보는 풍조가 만연했다는 것입니다. 거룩한 성인께서 남기신 경전을 감히 누워서 보다니, 정조 입장에서는 결코 용납할 수 없었습니다. 이 때문에 정조는 중국 책의 수입을 금지하고 우리나라 책을 읽으라고 권장했습니다. 우리나라 책은 크고 무겁기 때문에 누워서 보려야 볼 수가 없습니다. 똑바로 앉아서 책상이나 바닥에 놓고 봐야 하지요. 정조는 같은 이유로 책 놓는 부분이 비스듬하게 만들어진 책상의 사용도 금지했습니다. 누워서 볼 우려가 있다는 이유 때문이었지요.

어이없는 이야기처럼 들리지만, 책 크기가 독서 태도에 영향을 미치는 것은 사실입니다. 그리고 독서 태도는 책의 내용을 받아들이는 데도 영향을 미칩니다. 책이 성인의 현신現身이라도 되는 듯 공손한 태도로 읽는다면, 비판을 늘어놓거나 회의를 품기는 어려울 것입니다.

비판적 독서가 가능하려면 책의 권위를 의심하고 무시할 수 있어야 합니다. 책의 권위에 압도당하면 비판적 독서는 불가능합니다. 조선시대 지식인들이 사서오경의 주자 해석에서 탈피하기 어려웠던 이유는 이 때문인지도 모르겠습니다. 결국 누워서 책을 보지 말라는 정조의 명령은 흔들리는 지배 이념의 권위를 지키려던 발버둥입니다.

그렇지만 권력자의 발버둥보다 강력한 것이 대중의 요구입니다. 지식과 정보에 접근하려는 대중의 요구는 권력자도 막지 못했습니다. 정조가 작고 가볍다는 이유로 중국 책의 수입을 금하던 당시 조선에서는 점차 성장하고 있던 상업 자본과 대중의 요구가 맞물리면서 작고 가벼운 책이 대량으로 간행되고 있었습니다. 그 결과 소수의 전유물이었던 지식 정보가 대중에게 널리 보급되면서, 어떤 이들은 신분 상승을 꿈꾸고 어떤 이들은 변화를 갈망했습니다. 좀 더 많은 사람이 책을 읽을 수 있는 여건이 마련된 덕택입니다.

인문학의 대중화

;

최근 「진격의 기인」이라는 일본 만화가 화제입니다. 인간을 잡아먹는 거인 무리로부터 살아남기 위해 거대한 성을 쌓고 그 안에서 살아가는 사람들의 이야기입니다.

성안에 사는 젊은이들은 군대에 입대해 거인과 싸우는 훈련을 받습니다. 고된 훈련을 마친 젊은이에게는 선택의 기회가 주어집니다. 성안의 치안을 담당하며 체제를 수호하는 '헌병단', 거인의 침입으로부터 성을 방어하는 '주둔병단', 그리고 이 세계의 수수께끼를 풀고자 성 밖으로 나가 거인이 지배하는 세계를 탐험하는 '조사병단'입니다. 훈련을 마치면 이 세 병과 가운데 하나에 지원할 수 있습니다.

젊은이들이 선망하는 병과는 헌병단입니다. 거인에게 잡아먹힐 위험에 항상 노출되어 있는 여느 병과와 달리 헌병단은 거인을 상대할 일이 없기 때문입니다. 죽고 싶어 안달 난 사람이 아닌 이상 성안 깊숙한 곳에서 안전하게 보호받는 헌병단에 들어가기를 바라는 건 당연합니다. 다만 헌병단에 지원할 자격은 훈련 성적 상위 10명에게만 주어집니다.

그런데 이 상황은 뭔가 아이러니합니다. 훈련 성적이 높다는 것은 거인과 싸울 능력도 뛰어나다는 뜻입니다. 하지만 성적이 높은 훈련병은 대부분 헌병단에 들어갑니다. 결국 거인과 싸울 능력이 뛰어날수록 거인으로부터 멀어지는 아이러니가 벌어집니다.

지금 대학의 상황도 이와 비슷합니다. 대학은 인문학이 외부세계로부터 스스로를 보호하기 위해 쌓은 성입니다. 그 성 깊숙한 곳에서 안전하게 보호받고 있는 이들이 바로 교수 집단입니다. 많은 인문학 연구자가 대학교수 자리에 목매는 이유가 여기에 있습니다. 불안한 신분과 생활고에 허덕이는 그들로서는 당연한 선택입니다.

비리니 연줄이니 말이 많지만, 저는 그래도 교수 채용이 비교적 공정하게 이뤄지고 있다고 생각합니다. 다만 대학의 교수 자리를 차지할 수 있는 사람은 뛰어난 연구 역량과 많은 연구 실적을 가진 극소수의 연구자뿐입니다.

그렇지만 저는 이 상황이야말로 아이러니하다고 생각합니다. 대학교수는 대중을 상대할 일이 거의 없습니다. 그들이 하는 일은 대중이 범접하기 어려운 전문 연구입니다. 대중 강연과 저술은 교수사회에서 여전히 외도로 취급받고 있습니다. 이러한 통념 때문에 인문학의 가치를 가장 설득력 있게 대중에게 전달할 능력을 갖춘 사람이 대중을 상대하지 않는 아이러니가 벌어지고 있는 것입니다.

이공계에서는 이것이 아이러니가 아닐지도 모르겠습니다. 이공계 교수는 대중에게 자신의 연구를 이해시키려고 애쓸 필요가 없습니다. 대중이 그 결과를 향유하도록 하는 것이 그들의 역할입니다. 대중은 핵물리학을 이해할 필요가 없습니다. 핵발전소에서 생산되는 전기를 사용하면 그만입니다. 이공계 분야에서는 대중이 접근할 수 없는 수준의 고도로 전문화된 연구를 하더라도 대중에게 혜택을 줄 수 있습니다.

그렇지만 인문학은 다릅니다. 인문학 연구의 결과는 대중에게 가시적이고 실용적인 혜택을 줄 수 없습니다. 전문적인 인문학 연구의 의의를 부정하는 것은 아니지만, 그 시대를 살아가는 대중에게 인간과 사회에 대한 통찰을 제공하지 못하면 인문학은 무용지물입니다. 인문학은 대중과 함께 숨 쉬지 않으면 존재할 수도 없고, 존재할 필요도 없습니다. 인문학이 지나치게 전문화된 나머지 대중으로부터 멀어짐으로써 소외를 자초했다는 점은 부정하기 어렵습니다. 이런 상황에서 인문학이 살아남는 길은 학제 간 연구를 통한 영역의 확장, 그리고 대중화를 통한 저변 확대뿐입니다.

인문학의 대중화에 비판적인 의견도 없지 않습니다. 대중화는 거기에 특화된 능력을 갖춘 전문적인 이들의 영역이고, 전문 연구자가 대중화를 추구해서는 성공하기 어렵다는 의견입니다. 섣부른 대중화의 폐단을 지적하는 의견도 없지 않습니다. 모두 일리 있는 말입니다. 전문 연구자는 대중의 관심과 취향에 어둡고, 대중을 위한 글쓰기를 훈련받은 적도 없습니다. 수만 부가 팔리는 베스트셀러 인문 서적을 써내는 것은 훈련받은 전문 작가에게나 기대할 일이지요. 그렇다고 연구자들이 마냥 대중과 괴리된 채 자기들만의 관심사에 몰두하며 자기들조차 이해하기 어려운 글만 쓰고 있는 것이 옳은가 하면 그건 분명 아니겠지요.

저는 인문학의 대중화를 거창한 개념이라고 생각하지 않습니다. 대중화의 층위는 다양합니다. 대중의 성향과 수준이 천차만별이기 때문이지요. 전문 연구자에 필적할 만한 지식을 갖춘 대중이 있는가 하면, 초등학생 수준의 지식에 머물러 있는 대중도 있습니다. 거시적인 문제에 관심을 가진 사람이 있는가 하면, 극히 미시적인 문제에 집중하는 사람도 있습니다. 이렇게 대중의 층위가 다양하다면 대중에게 접근하는 방법도 다양할 것입니다. 연구자들이 각자의 관심과 역량에 따라 여러 가지 시도를 해볼 만합니다.

대중에게 다가갈 길은 누구에게나 활짝 열려 있다고 봅니다. 청중이 단 몇 명뿐인 강의라도 그 사람들의 생각을 바꿀 수 있다면, 초판도 다 팔리기 힘든 책이라도 누군가 관심 있는 사람이 그 책을 한번쯤 들여다본다면, 그것이 곧 인문학의 대중화라고 생각합니다. 인문학의 대중화는 하루아침에 되는 것이 아니라 그러한 노력이 쌓여서 이루어지는 것입니다.

대학이라는 성안에 인문학의 미래가 없다는 사실을 깨달은 연구자들은 자꾸 밖으로 나오려 하고 있습니다. 성안에 갇힌 채로 안전하

게 사느니, 차라리 위험을 감수하고 성 밖으로 나가 이 세상을 탐험
하겠다는 의지를 가진 이들이 한 명이라도 더 늘어났으면 하는 바람
입니다.

나
오
며

이 책은 2009년 가을부터 2013년 가을 현재까지 계간 『문헌과해석』에 연재한 글을 엮은 것이다. 『문헌과해석』은 한국학 연구자들이 16년째 펴내고 있는 책으로, 학교와 전공을 따지지 않는 연구 모임 '문헌과해석'이 분과학문의 경계를 허물고 대중에게 다가가기 위한 노력의 산물이다.

오래전부터 '문헌과해석'에 참여하고 있던 필자는 어느 날 이 모임의 연락을 담당하고 있던 윤경아 씨에게서 한 통의 전화를 받았다.

"장 선생님, 어느 분이 우리 모임에 고서를 잔뜩 기증하셨어요. 필요한 분 있으면 가져가시라고요. 그런데 별로 가치가 없는 책들이라 아무도 가져가겠다는 사람이 없어서요. 혹시 필요하지 않나요?"

'문헌과해석'에 모인 사람들은 책이라면 사족을 못 쓰는 사람들이다. 그런데도 가져가지 않겠다고 했다면 그만한 이유가 있는 것이다. 어떤 책인지 대강 짐작이 갔지만, 모임의 막내 격인 필자마저 가져가지 않는다면 그 책들은 조용히 처분될 가능성이 컸다. 차마 그렇게 내버려둘 수는 없었기에 결국 그 책들을 필자가 인수하기로 했다.

며칠 뒤, 두 박스 분량의 고서가 집으로 배달되었다. 짐작대로 과연 쓰레기였다. 아무리 봐도 이걸로 논문을 쓰는 건 불가능해 보였다. 박스째로 방구석에 처박아둔 채 제법 오랜 시간이 흘렀다. 그러잖아도 좁은 방 한켠을 점령하고 있는 고서 더미를 볼 때마다 갈 곳 없는 아이를 억지로 떠맡은 기분이었다. 어쩌다 기분이 내켜 책을 들춰봐도 평범하기 그지없는 내용뿐 특별한 것이라곤 하나도 없었다.

필자도 한때는 스스로를 특별한 존재라고 생각했다. 하지만 자존심이 하늘을 찌르는 사람이라도 몇 번 실패를 겪고 보면 자기도 이 세상에 넘쳐나는 평범한 존재 중 하나일 뿐이라는 사실을 깨닫기 마련이다. 저 방구석에 쌓여 있는 쓰레기 고서처럼, 필자 역시 평범하기 그지없는 존재임을 자각하는 데는 그리 오랜 시간이 걸리지 않았다.

쓰레기 고서들의 웅성거림이 들리기 시작한 것은 그때부터였다. 고서를 잘 아는 수집가들은 쓰레기 고서 더미에서도 희귀한 책을 찾아낸다. 그리고 그 경위를 책으로 펴내 자랑하기도 한다. 하지만 필자와는 거리가 먼 이야기다. '이렇게 희귀한 책을 찾았다'며 자랑하는 그들의 무용담은 흥미롭기는 하나 썩 공감되는 이야기는 아니다. 아마도 필자가 고서에 대해 아는 것이 별로 없어서일 것이다.

특별한 존재와 평범한 존재를 판가름하는 기준은 존재 자체의 가치가 아니라 관계다. 남에게는 평범한 존재가 내게는 특별한 존재가 될 수 있는 이유는 그 존재가 나와 맺고 있는 관계 때문이다. 평범한 존재는 나와 관계를 맺음으로써 특별해진다. 따라서 평범한 존재는 무가치하며 어서 빨리 세상에서 사라져야 한다고 주장할 자격 따위는 누구에게도 없는 것이다.

어차피 세상 대부분의 존재는 평범하다. 그들에게 와닿는 것은 특별한 존재의 무용담이 아니라 평범한 존재의 솔직한 이야기다. 아무도 귀 기울이지 않는 평범한 존재들의 이야기를 전하는 것이 그 이야기를 들을 수 있는 귀를 가진 사람의 할 일이다.

　사람들의 마음에 와닿는 이야기를 들려주지 못한다면 희귀본 고서도 쓰레기 고서와 다를 바 없고, 쓰레기 고서라도 공감할 만한 이야기를 들려줄 수 있다면 희귀본 고서 못지않은 가치를 지닌다고 믿는다. 그런 믿음으로 이 책을 썼다. 그 과정에서 누군가에게는 평범할지 모르지만 나에게는 특별한 사람들의 도움을 받았다.

　미천한 피사체를 사진으로 담아주신 김춘호 작가님께 감사드린다. 유명 인사와 명품을 촬영하던 분에게 쓰레기 고서의 사진을 부탁드린 점, 지금도 송구할 뿐이다. 하지만 아무런 편견 없는 사진작가의 렌즈를 거치며 쓰레기 고서가 화려하게 다시 태어나는 모습을 보면서, 하찮은 존재라도 새로운 각도에서 보면 전혀 달라질 수 있다는 사실을 다시금 깨닫게 되었다. 이 책을 쓰고도 여전히 편견에 사로잡혀 있는 필자가 부끄러울 뿐이다.

　아울러 필자의 글을 일찌감치 접하고 과감히 출판을 제안하신 글항아리의 이은혜 편집장님께 감사드린다. 책을 만드는 과정에서의 수고는 말할 것도 없고, 출판에 앞서 편집장님의 권유로 한국출판문화산업진흥원의 우수저작 및 출판지원 사업에 응모하여 선정되는 행운을 얻었다.

　끝으로, 연재가 진행되는 동안 격식을 벗어난 필자의 글을 용납해준 문헌과해석의 여러분께 감사드린다. 아직 못다 한 이야기가 많이 남아 있으니, 언젠가 다시 풀어낼 기회가 있기를 바란다.

쓰레기 고서들의 반란
ⓒ 장유승 2013

초판 인쇄 2013년 10월 14일
초판 발행 2013년 10월 21일

지은이   장유승
펴낸이   강성민
편집   이은혜 박민수 이두루
촬영   김춘호
마케팅   정현민
온라인 마케팅 김희숙 김상만 이원주 한수진
독자모니터링 황치영

펴낸곳   (주)글항아리 | 출판등록 2009년 1월 19일 제406-2009-000002호

주소   413-120 경기도 파주시 회동길 210
전자우편 bookpot@hanmail.net
전화번호 031-955-8891(마케팅) 031-955-8897(편집부)
팩스   031-955-2557

ISBN   978-89-6735-079-6 03900

• 이 도서의 국립중앙도서관 출판시도서목록(CIP)은 e-CIP 홈페이지
  (http://www.nl.go.kr/ecip)에서 이용하실 수 있습니다.(CIP제어번호: 2013019344)

• 이 책은 한국출판문화산업진흥원의 2013년 〈우수저작 및 출판지원〉 사업
  당선작입니다.